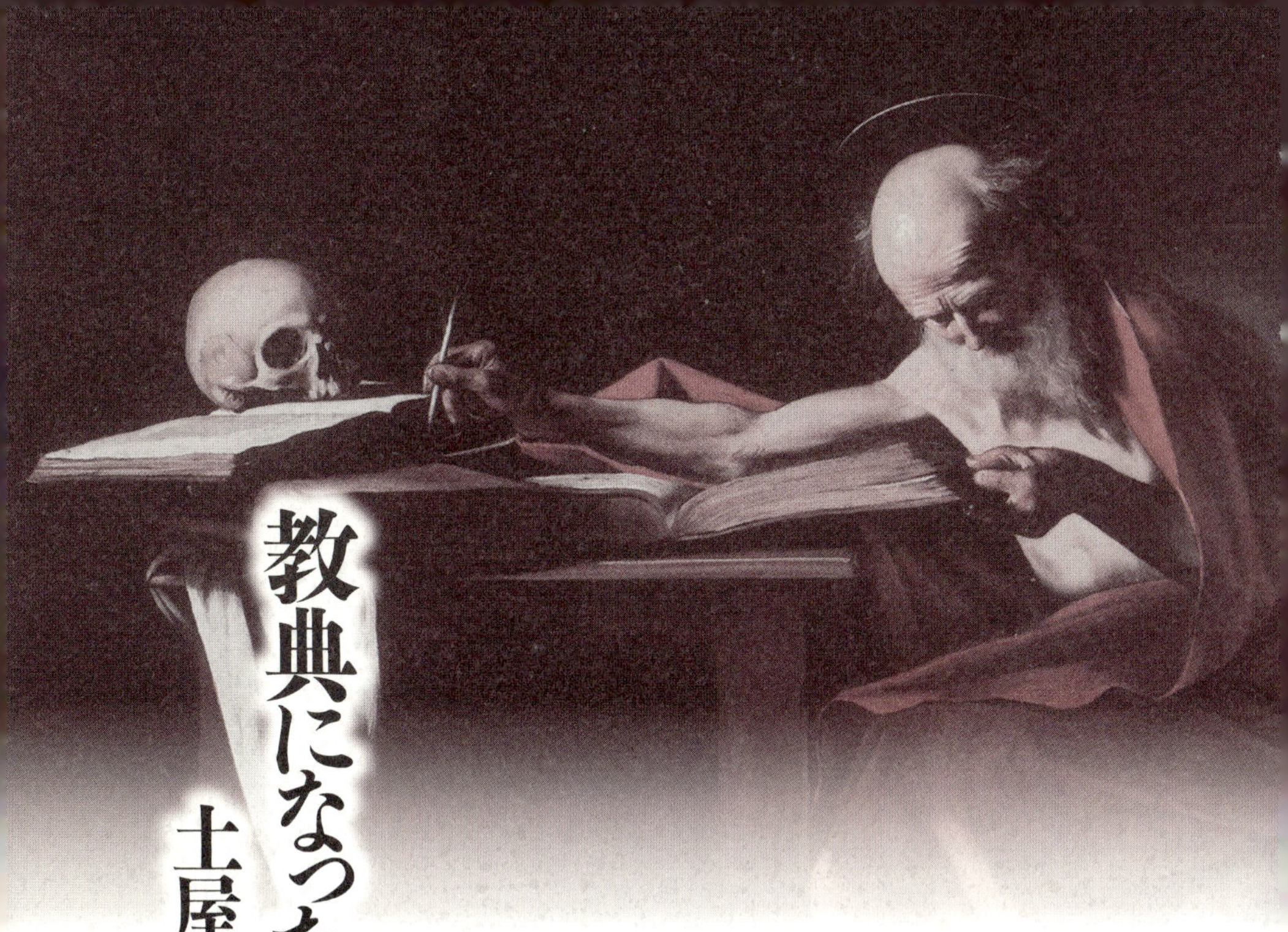

教典になった宗教

土屋　博〔著〕

北海道大学図書刊行会

教典になった宗教——目　次

序　論　諸宗教における教典 …… 1

第一部　宗教学の課題としての教典論

第一章　F・マックス・ミュラーの教典論 …… 15
第二章　教典論の復興 …… 33
第三章　教典論の射程 …… 49
第四章　教典と現代宗教 …… 65

第二部　教典論によって照射されたキリスト教史の諸断面

第一章　福音書文学と比喩――教典形成の動機―― …… 89
　一　歴史と虚構　89
　二　比喩的表現　100
第二章　書簡体文学と模倣――教典継承の動機―― …… 117
　一　「牧会書簡」の表現形態　117
　二　「牧会書簡」の生活世界　142
第三章　日本における聖書の受容とその機能の変化 …… 161

第三部 「新約聖書学者」R・ブルトマン再考
第一章 ブルトマンと「宗教」……187
第二章 ブルトマンにおける「非神話化」と現代の神話論……207
第三章 ブルトマンと「哲学」……219
第四章 ケリュグマとレトリック……239
おわりに……257
参考文献一覧
人名索引
事項索引

序論　諸宗教における教典

1

　今日、「宗教」を理解しようとするにあたって生じる混乱の多くは、教えや思想の面から宗教をとらえるアプローチと、社会的集団行動の面で宗教をおさえるアプローチとの間で、両者の関係を適切に設定する方向が見えないことに起因するのではないかと思われる。この背景には、近代宗教学成立以後の宗教研究をめぐる状況が横たわっている。宗教現象は単一のアプローチでは解明できないことを、結果的に示唆することになったのが、近代宗教学の歩みであったからである。各々の宗教集団内部の自己理解を中心とする近代以前の伝統的宗教研究が、このような新しい認識になじむためには、当然のことながらかなりの時間を必要とした(1)。

　既成宗教集団が自らの宗教について語るときには、教説・教義・教理を語る。また宗教人が宗教について語るときにも、やはりおのれの宗教思想を語り出す。したがって、そこから形成されてきた宗教の伝統的イメージは、どうしても主知主義的にならざるをえなかった。特にヨーロッパでそうした傾向が強かったが、日本語の「宗教」という訳語も、意識的であれ無意識的であれ、教えを中心として宗教現象をとらえようとする方向をさし示しているのである。そして、そのように宗教の実質として理解された教えが、権威によって文字の形に書き記され、教典になったと考えられた。それゆえ、整備された教典をもつ宗教は、すなわちアイデンティティの確立された宗教と見なされ、一段とすぐれた宗教であるかのように扱われるにいたる。教典のモデルとされたのはキリスト教の聖書であったので、教典のあり方をめぐるこのような価値評価は、キリスト教をあらゆる宗教の頂点におこうとするヨーロッパにおける初期宗教史学の進化論的動機とうまく符合した。「教典宗教」(book-religion, Buchreligion, Schriftreligion)という概念には、はじめから多かれ少なかれ、この種の価値判断がつきまとっている。

教説や教典を中心とする宗教の伝統的イメージには、二種類の誤解ないし偏見が含まれているように思われる。ひとつは、宗教を教え(特に道徳的教え)と同一視するという誤解(偏見)であり、もうひとつは、もっぱら文字に書き記されたものによって宗教の内容を判断するという誤解(偏見)である。宗教は確かに何らかの意味で救済の論理を含む教えの上に成り立っているのを常とするが、他方、そのような教えを必ずしも意識しない個人ないし集団の行動として現れることもある。また、文字に書き記された宗教の内容が尊重されているとはいえ、実際には、その内容を正確に理解することよりも、むしろ、音声や動作によって宗教を演ずることに力点がおかれている場合も少なくない。かつて神話と儀礼の先後関係について議論がなされた時代があった。儀礼は神話を行動に移したにすぎないとする従来の説に対して、逆に、神話は儀礼を説明するものだと主張する一九世紀末の儀礼先行論(W・R・スミスなど)は、新たな世紀を開く新鮮な問題提起であった。二〇世紀における宗教社会学の発展は、これによって口火を切られたと言えよう。近年では、イデオロギーの終焉という一般的な状況の中で、こうした視点の重要性はもはや動かしがたいものとなった。

しかしながら、宗教社会学だけでも宗教研究は片よる。宗教現象は、人間の言葉とふるまいの両面にかかわるものとして、総合的にとらえかえされなければならない。教典は元来、文字に書き記された教えという面をもつと同時に、書物という形態によって宗教行動の中で用いられる。したがって教典研究には、宗教現象を両面から総合的にとらえる契機がひそんでいるはずである。近代宗教学の創始者であるF・マックス・ミュラーが、自らの仕事を教典研究から始めたとき、彼の念頭にはすでにそのような事態の展開が予感されていたのかもしれない。少なくとも、書き記されたテクストを分析し、教説をとり出す作業だけが教典研究であるとは考えられていなかったことは明らかであろう。ところが、ミュラー以後の教典研究においては、教典を宗教生活全体の中に位置づけるという方向はほとんど注目されなかった。神話と儀礼の先後関係を論ずる問題意識は、教典研究にまで影響を及ぼさなかったのである。ミュラーが先駆けとなって切り開かれたかもしれない宗教学的教典論は、その後の宗教学においては、いつのまにか忘れられた領域になってしまった。

そうなった主たる原因は、既成宗教集団内部で蓄積された教典研究の自己完結性(閉鎖性)にあった。そこでは教典に基づく教義の確立にエネルギーの大半がそそぎこまれるため、確かに詳細かつ周到な考察が積み重ねられるが、全体としては広い意味での護教的色彩を免れない。教典に依拠しつつ既存の教団の立場を批判する試みも、やはり方法としては護教的なのである。教団内部でのこのような論争を通じて形成された「研究史」の重圧は、それぞれの教典研究の背後にある共通の問題に目を向けることを妨げ、教典に関する宗教学的考察を遠ざけてきた。キリスト教における聖書の研究は、そういう効果をもたらす伝統の最たるものであった。その結果教典は、宗教現象を形づくる諸要素の中のひとつであるにもかかわらず、他の諸要素、例えば儀礼や教団などと比べて、宗教学的テーマになりにくかった。[2] それはせいぜい宗教思想との関連で引用されるか、あるいは、宗教史研究の資料として言及されるにとどまっていた。そのさいには、「宗教と言語」という広い問題設定の中へ教典問題が位置づけられる場合が多かった。それはそれなりに正しい扱い方であったが、そこから先の展開はあまり見られなかった。(3)

ところが近年になって、従来自明なものであるかのように用いられてきた教典という概念を、宗教史にそくして再検討することがあらためて要請されるにいたった。(4) のちに詳しく論ずるように、学問的問題意識の推移に見られる現代の一般的傾向からすれば、この要請は当然のことであるが、教典研究においては、まず教団内部の教典研究の枠が内側からとりはずされる必要があった。そもそも教義や信条は宗教のすべてではなく、宗教生活の一面にすぎないのであるが、時折誤解されるように、教典がそれらをイデオロギー的に定着させているわけではない。信仰と生活の規準を求めて結集されたキリスト教の「正典」と言えども、教団の中で実際に用いられるにあたっては、書き記された文字のままに普遍妥当性を確保し続けることは難しかった。(5) 本書では、教典に書き記された教説・思想がどのようなものであったかを考察するだけでなく、そのような教説・思想あるいは教典そのものがどのように受容され、実際の宗教生活の中でどのように用いられていったかを明らかにするのが本来の教典論であるという作業仮説に基づいて、その根拠と可能性が模索されることになる。そこで本論に入るに先立って、次にとりあえず多少具体的に、宗教における教典の諸相を概観し、問題点のありかを指摘しておきたい。

2

まず何よりも先に、「教典」という用語について説明を加えておかなければならない。本書でこの言葉を採用したのは、複数の宗教に共通する概念の表現として、これが最も中立的であると思われたからであるが、実際には「聖典」も同じように用いられているし、仏教的色彩をもつ「経典」も広く受け入れられている。(6) 近代の欧米諸言語でもそれをさし示す言葉は一定せず、例えば英語であれば、“holy scripture(s)”,“sacred writing(s)”,“sacred book(s)”等々が好みに応じて用いられているように見える。英語の場合、これらの用語は多かれ少なかれキリスト教の教典のイメージを引きずっており、書き記された文書あるいは印刷された書物としての「聖書」を思い起こさせる。(7) しかしながら、それぞれの宗教集団の活動に見られる教典の位置づけは、必ずしもキリスト教の場合と同一ではなく、この概念の意味するところにはかなりの幅がある。また「宗教的なもの」のとらえ方如何によっては、これはさらに広範囲の文書を示す概念ともなる。(8) したがって欧米諸言語では、キリスト教色の希薄な表現を求めて、いろいろと工夫がこらされるわけであるが、幸い日本語の「教典」は、対象の流動性に比較的適合した言葉であるように見える。これに最も近い英語は“scripture”であろう。

宗教集団は教典もしくはそれに準ずるものをもつのが常であるが、宗教と言語表現との関係は実際にはアンビヴァレントである。それは、宗教と神話との関係がアンビヴァレントであるのに類似している。生きた宗教生活においては、文字で書き記された教典はなにがしかの自己否定的契機を内に含んでいる。(9) 禅宗で主張される「不立文字、教外別伝」、「直指人心、見性成仏」という考え方は、それを表面化したものであろう。また「いはゆる経巻は、尽十方界これなり。経巻にあらざる時処なし」、「山河大地をもて経をうけ経をとく。日月星辰をもて経をうけ経をとく」という道元の発言も、宗教と言語表現との関係をめぐる同様の見方を別な角度から展開したものと思われる。(10) 宗教のこのような面に目をとめれば、文字に書き記された教典のテクストを正確に解釈することを宗教と見なすのは、宗教現象の理解としては狭きに失することが明らかになるであろう。宗教生活のどのような場面で、どのように用いられるかが、教典に関して重要な事柄なのである。イスラムのクルアーン(コーラン)は朗誦されることによってはじめて意味をもつし、仏教の教典も看経《かんきん》・読経《どきょう》・諷経《ふぎん》・写経等々の用いられ方に従って、異なる機能を果たしている。[11]

歴史的諸宗教における教典の諸相に多少立ち入って検討すれば、教典の内容の多様性のみならず、教典概念そのものの多様性がただちに浮かび上がる。例えば、創唱者（教祖）の言行についての記述を含むもの（キリスト教、仏教、天理教など）と主として神話から成り立っているもの（ヒンドゥー教、神道など）という分け方もできるが、両者の境目は必ずしも明瞭ではない。それに対して、特に選別された文書から成り立っているもの（キリスト教など）と比較的ゆるやかなまとまりをなす文書群から成り立っているもの（仏教など）という区別は、前者の典型であるキリスト教の教典が教典理解一般のモデルにされてきた点で重要である。ユダヤ教やイスラムの教典も前者に属するように見えるが、厳密な意味で選別された文書に固執するのはキリスト教であろう。キリスト教の場合、このような文書すなわち正典（Canon）の概念は、選ばれなかった文書すなわち外典（Apocrypha）・偽典（Pseudepigrapha）を前提とし、信仰と生活の規準を公に確定するという動機を内包する。教典に宗教の教義的アイデンティティを見出そうとする傾向はここから生じたのである。

キリスト教、特にプロテスタンティズムにおいては、正典のイメージは明確である。しかし、これが確定されたのは実際には紀元後四世紀であること、正典と言ってもひとつの文書ではなく、旧・新約聖書合わせて六六の文書から成っていることには注目しておかなければならない。のちに述べるように、この点が今日の問題につながっている。それに対してユダヤ教では、紀元後九〇年頃ヤムニアで開かれたラビ会議において、現在の教典（キリスト教が「旧約聖書」と呼ぶもの）が公認されたことに一応はなっているが、その後も議論が絶えず、これを厳密な意味での正典とは言いがたい。これに加えて、タルムードやミドラシュもかなりの権威をもっている。またイスラムでは、ムハンマド（マホメット）に啓示されたアラーの言葉であるクルアーンとともに、ムハンマドの言行に関する後世の伝承であるハディースを、クルアーン解釈の第一のよりどころとして用いる。この場合も、キリスト教の正典の場合とはややニュアンスを異にするように見える。ところが仏教になると、事態は大きく変わる。仏教における「経」(sūtra)は、「糸」あるいは「綱要」という元来の意味から一定の文書を表すようになるが、その内容は三蔵の一部としての経蔵にとどまらず、中国・日本では、三蔵全体さらにその他の文書をも総称して、大蔵経・一切経という呼び名が用いられる。つまり仏教の教典観は、本質的に正典理念とはなじまないのである。

このように、諸宗教における教典の諸相は多様であるが、それらに共通する教典の意義もまた否定できない。それはいつも何らかの形で、宗教集団のアイデンティティの形成にかかわっている。通常考えられているように、宗教集団のアイデンティティの形成には、確かに教義が大きな役割を果たしているが、それは決してすべてではない。教典は、本来の形で用いられている限り、静的な教義体系を表現するものではなく、むしろ将来に向かって動的にアイデンティティを作り出すためのきっかけとなるのではないかと思われる。しかし、特定の文書が集団に対してそのような意義をもっているのは、宗教集団の場合だけに限られたことではない。[12] 文書とのそのような関係は、時に応じて「宗教的」と呼ばれてもよいであろう。実際「……のバイブル」という言い方はしばしば用いられる。そのさいには、どこまで厳密に正典として考えられているかは別として、キリスト教の聖書が教典のモデルとなっていることは明らかであろう。宗教学における諸概念には、元来特定の宗教史的現象をさしていた言葉が一般化され、定着するにいたったものが多いが、教典という概念もそうである。宗教学的概念である以上、もちろん宗教現象としての共通基盤をさぐる中から定着していくわけであるが、どうしても最初の宗教史的現象の影を引きずることになる。そこで、ある概念を宗教学に転用するときには、そのような歴史的しがらみ、教典の場合であれば聖書のイメージを、できるだけ相対化するべく努めることが必要になる。しかしその反面、キリスト教における聖書という文書の性格を徹底的に見ぬくことも同時に必要であろう。

正典という教典のあり方は、確かにキリスト教に特有のものではあるが、キリスト教の教会において実際に営まれている生きた宗教活動は、プロテスタンティズムの場合といえども、正典に書かれている教えの内容を誤りなく遵守するということにたえず意識的に気を配っているわけではない。聖書の言葉は適宜に敷衍されて、招詞・交読文・式文などを構成し、会衆は声に出してこれをともにとなえるという形で、礼拝その他の儀礼に参加する。讃美歌・聖画・聖像なども、聖書に基づいてはいるが、ここで人々がさしあたり出会うのは、メロディ・色彩などの表現形式である。さらに儀礼にさいしては、光・香り・動作などもこれに加わる。つまり、キリスト教も宗教である限り、その生きた姿は、人間の五感全体にかかわる文化現象であり、教典はその中で多様な機能を果たしながらダイナミックに働くのである。プロテスタント教会の礼拝は、カトリック教会のミサよりも、正典としての聖書に重要な地位を与えているが、そこにおいてさえも、聖書を説き明かす説教には声や動作の要素が入りこんでいることを否定できない[13]。このような事実は、キリスト教の聖書も宗教学的教典論の中で扱われなければならないという本書の主張を正当化するであろう。

(1) その結果、現代の宗教学はもう一度過去へ立ちかえり、「宗教」という概念それ自体の由来を問いなおすにいたるが、本書はその問題には直接ふれていない。したがって、ここでは「宗教」は、何となくまとまりをなしている宗教集団を中心とする従来のイメージにとどまっている。

現代宗教学における「宗教」概念の批判はW・C・スミスに始まる。W. C. Smith, *The Meaning and End of Religion* (Minneapolis: 1962). この問題をめぐる最近の議論については、R. T. McCutcheon, "The Category 'Religion' in Recent Publication: A Critical Survey", *Numen* 42 (Leiden: 1995), 磯前順一／R・カリチマン訳「『宗教』カテゴリーをめぐる近年の議論」、および、磯前順一「宗教概念および宗教学の成立をめぐる研究概況」、ともに『現代思想』八(感情労働)、二〇〇〇年、二一〇—二四五ページ。

（2）　近代宗教学の創始者と言われるF・マックス・ミュラーは、周知のように、『東方聖典』の編集・翻訳を行い、教典の研究に基づいて比較言語学・比較宗教学を提唱したが、その後の自立した宗教学・宗教史学は、もはやその手段をとらず、教典研究は、かえって関心の中心からはずされていった。特に日本の宗教学においてはそうであり、姉崎正治（一九〇〇年）、加藤玄智（一九一二年）、佐野勝也（一九二三年）、宇野円空（一九三一年）、石橋智信（一九四九年）等の『宗教学概論』もしくは『宗教学』という表題をもった著書は、いずれも教典については、ほとんどふれないか、ふれてもごく簡単に扱っているにすぎない。

（3）　G・ランツコフスキーが、そのような扱い方の例を示している。G. Lanczkowski, *Einführung in die Religionswissenschaft* (Darmstadt: 1980) S. 39-45, 三小田敏雄他訳『宗教学入門』東海大学出版会、一九八三年、八六―九七ページ。岸本英夫『宗教学』大明堂、一九六一年、一一六―一一九ページにおいては、教典（著者の言葉では「聖典」）を、儀礼形式・宗教美術・宗教音楽・宗教建築などとともに、「宗教文化材」（「財」ではない）の「第一の種類」としてとらえるという興味深い方向が示唆されている。しかしその後ここで示唆された方向にそって、美学的観点をふまえつつ教典を考えようとする研究は、あまり現れなかったように思われる。

（4）　例えばW・A・グラハムは、教典のもつ口承的機能の側面(oral aspects)を重視し、宗教史を通してそれを見直そうとする。W. A. Graham, *Beyond the Written Word: Oral Aspects of Scripture in the History of Religion* (Cambridge: 1987). そのさい彼が注目するのは、教典が書き記される以前の口頭伝承の段階だけではなく、むしろ、一旦書き記された教典がのちに口頭で用いられるような場面である。そこでは朗誦の仕方とかレトリックとかが問題になってくる。グラハムがこの点に気づかされたのは、イスラムとの出会いを通してであったと述べていることは十分に納得できるであろう(*ibid.*, p. x)。また最近では、哲学的視点を加味して教典の問題を考えようとする試みも見られる。S. Biderman, *Scripture and Knowledge: An Essay on Religious Epistemology* (Leiden: 1995). それをふまえて、日本においても、教典の諸相を多角的に検討したすぐれた論文集が出版されている。市川裕・鎌田繁編『聖典と人間』大明堂、一九九八年。

（5）　しかしこのような問題をとりあげる前提として、書かれたものの力に対する信仰が人間の宗教生活に深く根ざしていることも、十分に考慮に入れておかなければならない。cf. A. Bertholet, *Die Macht der Schrift in Glauben und Aberglauben* (Berlin: 1949).

（6）　小口偉一・堀一郎監修『宗教学辞典』東京大学出版会、一九七三年では、「教典」という項目が設けられている。

（7） 大文字を用いた"the Scripture(s)"はキリスト教の聖書のことである。しかし逆に、この聖書も書物一般の性格をもっているという点は、繰り返し強調されなければならない。その意味で、田川建三『書物としての新約聖書』勁草書房、一九九七年は注目に価する。これは新約聖書の「書物」としての性格を論じて、あますところがない。

（8） N. Smart/R. D. Hecht (eds.), *Sacred Texts of the World: A Universal Anthology* (Bath: 1982) には、古代の神話的文書や現代の政治的文書が、"Sacred Texts"として集録されている。

（9） 八木誠一は、「神学が広い意味での経験——厳密にいえば直接経験を欠いたまま、すくなくとも無視したままで言説を立てている」ことを批判し、そのような経験の自覚を表出しない宗教言語、単なる記述言語や命令・約束言語と誤解され、またそのようなものに変質した宗教言語は無意味であると言う。八木誠一『宗教と言語・宗教の言語』日本基督教団出版局、一九九五年。

（10） 道元『正法眼蔵』第四七・仏経。神秘体験を言葉に言い表せないものと考える神秘主義理解は、必ずしも適切ではない。しかし、神秘主義と呼ばれる宗教現象において用いられる言葉や文章は、文字どおりの意味にとどまらないことも確かである。近年S・T・カッツの編集による神秘主義関連の論文集が連続して出版されているが、神秘主義と言葉の問題については、次の二冊が参考になる。S. T. Katz (ed.), *Mysticism and Language* (New York: 1992), idem, *Mysticism and Sacred Scripture* (New York: 2000).

（11） W・A・グラハムは、教典の主な機能として、⑴聖なる書きものとしての教典(Scripture as Hory Writ)、⑵語られた言葉としての教典(Scripture as spoken word)、⑶公的儀礼における教典(Scripture in public ritual)、⑷信仰的・霊的生活における教典(Scripture in devotional and spiritual life)、⑸教典の呪術的・迷信的使用(Magical and superstitious use of scripture)をあげている。Art., "Scripture" (W. A. Graham) in M. Eliade (ed. in chief), *The Encyclopedia of Religion*, Vol. 13 (New York: 1987) pp. 133-145. 異なった宗教的伝統における教典を比較すると、どうしても機能を離れて内容を比較することになりやすい。例えば、R. Fernhout, *Canonical Texts: Bearers of absolute Authority. Bible, Koran, Veda, Tipitaka* (Amsterdam: 1994).

（12） 前記注(8)参照。

（13） E. C. Dargan, *A History of Preaching*, Vol. 1-3 (Michigan: 1905-1950), 関田寛雄監修・中嶋正昭訳『世界説教史』Ⅰ—Ⅳ、教文館、一九九四年—一九九七年。この問題をめぐる広い視野からの考察としては、P. J. Griffiths, *Religious Read-*

ing: The Place of Reading in the Practice of Religion (New York: 1999).

第一部　宗教学の課題としての教典論

第一章　F・マックス・ミュラーの教典論

1

近代の宗教学はF・マックス・ミュラーに始まると考えられている。彼の学問観は、未分化なるがゆえに総合的性格をもっており、また彼の個性と分かちがたく結びついていたが、一種の象徴的意味合いをこめて彼を宗教学の開祖と呼ぶことには、何ら問題はないであろう。そのミュラーの宗教学は、実際には、アジアの諸宗教の教典の研究と並行する形で提唱された。宗教学で用いられる諸概念が、当初は特定の宗教史的現象と結びついていたにもかかわらず、やがて中立的方向へ広げられることによって、共通概念として形成されてきたという事実は、すでに指摘したとおりである。宗教学の出発点においてもそのことがあてはまるのであり、元来キリスト教的色合いをもっていた教典という概念を宗教学的に見なおす試みが、ミュラーの宗教学の最初の具体的内容となった。そこでは同時に、言語や神話についてのミュラー独自の考え方も密接にかかわっていたと思われる。W・A・グラハムは、ミュラーが『東方聖典』の翻訳・編集作業にとりかかった一八七九年以来[1]、キリスト教の教典概念の広範な適用に対する抵抗感がなくなってきたと言う[2]。そこで本章では、もう一度ミュラーの著作に立ちかえり、彼自身の教典論がどのようなものであったのかを明らかにしていきたい。それは、宗教学の草創期における教典のイメージをさぐり、同時に、ミュラーの意図が果たしてキリスト教の教典概念の一般化であったのかどうかを問おうとする試みである。

東方諸宗教によって伝えられてきた各種の文献を、ミュラーが『東方聖典』と総称し、同じレベルで扱おうとしたとき、そこには彼なりの教典論があったはずであり、それは、彼の提唱した「宗教学」(science of religion)の重要な契機ともなっていたと思われる。ところが、このように歴史的に見れば、宗教学の出発点は教典論であったにもかかわらず、のちの宗教学の流れにおいては、ミュラーの教典論が注目されることはなく、教典をめぐる議論は、各教団内部の教義論争へと後退していってしまった。しかし、宗教学のバランスのとれた展開のためには、本来の教典論に然るべき位置を与え、今日提起されている前述の問題意識ともつき合わせてみる必要があるのではないだろうか[3]。

『東方聖典』の翻訳・編集作業開始に先立つこと六年、一八七三年に、ミュラーは『宗教学入門』を出版し、これが事実上狭義の宗教学の成立宣言となった[4]。彼の考える宗教学とは「世界の諸宗教に関する真に学問的な研究」(a truly scientific study of the religions of the world)である[5]。それは、宗教の歴史的形態を扱う「比較神学」(comparative theology)と宗教を可能にするための諸条件を説明する「理論神学」(theoretic theology)とに分けられるが、さしあたり「比較」の方法をとる前者に優先権が与えられる[6]。比較神学の研究が十分になされたあとで、はじめて理論神学が研究されるべきなのである。比較から出発する場合、当然の結果として、歴史的諸宗教の「分類」という課題に直面せざるをえない[7]。ミュラーは、これまでに試みられてきた種々の分類を批判的に検討し、結局、「宗教の唯一学問的で真に発生論的な分類は言語の分類と同一である」という認識に到達する。[8] しかし、言語の比較研究にあたっては文法書や辞書が使えるが、宗教の比較研究の場合にはそれに相当するものが存在しない。そこで、そのかわりになるものをしいて探すところから、教典が浮かび上がる。「規範的な書物」(canonical books)は、不完全であるとはいえ、宗教研究者にとってきわめて重要であると考えられた。それに対してカテキズム・信条・信仰告白などは、宗教の「影」(shadow)にすぎないものと見なされる。[9] ミュラーの言語論は、まず書かれた言葉を手がかりとするのである。

ミュラーは「教典宗教」(book-religion)と「非教典宗教」(bookless religion)という分類の仕方について再三言及する。そのさい彼は同時にここに価値的観点をもちこみ、教典宗教は宗教の中の「貴族」(aristocracy)であると言う。[10] 彼によれば、教典宗教のみが「現実の宗教」(real religions)であり、たとえ誤った教えを含んでいたとしてもある程度大目に見られるが、非教典宗教という一般大衆は審理の対象にすらならないのである。[11] もっとも何が「教典」(sacred book)であって何がそうでないかを決定するのは容易でないことを、ミュラーも承知している。彼が一応設定した教典の条件は、「宗教問題についての最高の権威を有するものとして、教団から公式に認められている」こと、「一種の規範的強制力」(a kind of canonical sanction)をそなえていることであった。[12] このような教典観のモデルとなっているのは、明らかに正典的性格をもつキリスト教の聖書である。ところがミュラーはそうは言わず、あらゆる教典は東方に由来し、ヨーロッパでできたものはないとの見方をとる。教典誕生の地はインド、ペルシア、中国、パレスティナ、アラビアの五つの東方地域であり、それらに対応する形で大きな宗教の系統が整理できるのである。[13] したがって東方聖典という名称は、西方聖典・南方聖典などを前提とするものではなく、教典は元来東方に属するという意味合いを含んでいる。

確かに教典宗教は、教典によって一定の方向づけを与えられる。しかしながらそれは、教典が当該宗教の創唱者によって書き記されたためではない。ミュラーによれば、教典宗教もはじめは父から子へ、教師から弟子へと教義や慣習を口頭で伝える点で、非教典宗教と同じ状況にあった[14]。法典以前に法が存在したように、教典以前にも宗教は存在していたのである。書くということは「比較的最近の発明」であり、それが起こるかどうかは「全くの偶然」(a pure accident)であった[15]。最初の起源からのへだたりのゆえに、時には教典が、疑いをさしはさまない黙従的信仰を要求する一種のフェティッシュになってしまったことは、東方諸宗教の研究のさし示すところである。その場合には、信者が自らの宗教に対して有する責任は消滅する。こうした点を考え合わせるならば、非教典宗教をのけものにすることは適当ではない。それらには不利な条件もあるが、若干の有利な条件もある[16]。そこで「如何なる教典であれ、われわれ自身の間で安全かつ堅固な基盤を見出すようになるには、われわれすべてが自らの非教典宗教をもっていなければならない」という注目すべき見解が示される[17]。ミュラーはこのような形で、いわゆる「自然的宗教」(natural religion)の意義を示唆するように見えるのである。

啓蒙主義の時代以来ヨーロッパの知識人に深い影響を及ぼしてきた自然的宗教の思想は、ミュラーの考え方の背景にもなっており、彼は著作の中でこの言葉を頻繁に用いている。しかし自然的宗教それ自体は現実に存在するものではない――「宗教学における自然的宗教は、言語学において一般文法(Grammaire gênérale)と呼びならわされているものに対応する。……自然的宗教の純粋で単純な教義だけから成り立っているような現実の宗教はかつて存在したことがない。自らの宗教が完全に合理的であり、実際のところ純粋で単純な理神論であると信じるにいたった幾人かの哲学者は存在したのであるが[18]」。啓蒙主義的思考のひとつの問題点はその非歴史性にある。ミュラーは終始一貫、宗教の歴史的形態を探求する宗教史学の方法を重視しているので、とりあえず全体としては、そのような問題点を克服する方向へ向かっていると言えるであろう――「それゆえ比較神学の研究者は、自らの宗教がどのようなものであれ、そのための特権、そのための何らかの例外的地位を要求することはできない。比較神学の研究者の目的にとっては、あらゆる宗教が自然的で歴史的(natural and historical)なのである」[19]。ここでは「自然的」は「歴史的」とともに、個々人の宗教的信念を相対化するために用いられているが、それでもなお歴史的宗教を越えたところで、自然的宗教に相対化の最終的歯どめを求めようとする点に、ミュラーの考え方の特徴があるのではないかと思われる。

前述のように『宗教学入門』では、ミュラーは言語の分類にそくした宗教の分類を主張していたにもかかわらず、のちにそれとはやや趣を異にする宗教の分類方法を提示し、彼の説としてはこちらの方がかえって有名になった。結局彼は歴史的諸宗教を扱うだけでは満足できず、彼の関心はたえず自然的宗教へと引きもどされていたのであろう。その新たな分類方法は、要するに自然的宗教の分類だったからである。ミュラーによれば、無限なるものが知覚されるのは自然・人間・自己においてであるので[20]、自然的宗教の全領域はこれらに対応する形で分けられうる。したがって「物の宗教」(physical religion)、「人の宗教」(anthropological religion)、「心の宗教」(psychological religion)という分類が可能になるのである[21]。彼は一八八九年の著書『自然的宗教』を皮切りに、三種類の宗教の名称を表題とする著書を相次いで公刊していった[22]。現在の時点からふりかえってこのような分類方法の妥当性について詳しく論評することには、さほどの意味があるとは思われない。ここではさしあたり、ミュラーの関心がどこへ向かっていたかを確認しておけばそれで十分であろう。ただしひとつだけ、この分類方法の隠された神学的性格については注意をうながしておきたい。『自然的宗教』の最後の部分でミュラーが述べているところによれば、「物の宗教」・「人の宗教」・「心の宗教」の完成形態はそれぞれ父・子・聖霊を暗示する。つまり、彼の思い描く自然的宗教の構造は、まさにキリスト教神学の説く三位一体そのものになっているのである。ミュラーの業績全体は、自然的宗教を志向する合理主義的動機、ヴェーダにあこがれるロマン主義的動機に加えて、もうひとつキリスト教神学の動機が暗黙のうちにまざり合ったところから生み出されてきたように見える。このキリスト教神学の動機には、さらに進化の図式が結びついていく。次に再び教典論に焦点を合わせつつ、この点を詳しく検討してみたい。

2

ミュラーの教典論を再構成するにあたってまず注目しなければならないのは、教典成立の基盤に人間のもつ非教典宗教が存在するという、先に引用した発言である。[23] この「われわれ自らの非教典宗教」(our own bookless religion)が、歴史的形態をとった既成宗教(positive religion)でないことは明らかである。それではこれはどこに求められるのであろうか。こうした発言の背後には、人間の本性的能力をめぐるミュラー独自の考え方があると思われる。彼は『純粋理性批判』の英訳を出版し[24]、カント哲学の影響を受けているが、同時にそれに対して一定の疑問をもち続けていたように見える。ミュラーによれば、カントは先天的綜合判断の可能性を証明したことに満足してそれ以上進もうとせず、人間の知性に対して、有限なるものを超越する力、すなわち無限なるものに近づく能力を否定した。それによってカントは、無限をのぞき見ることができた「古代の門」を閉鎖してしまったのである。ところが他方『実践理性批判』では、義務の感覚および神的なものの感覚を容認すべく、「横木戸」(side-door)を開かざるをえなかった。ミュラーはここに「カント哲学の弱点」を見出す。[25]

カントがふれなかったものとしてミュラーが強調する人間の本性的能力は、「感覚」(sense)や「理性」(reason)と同等であるがそれらからは独立している「人間の第三の能力」(third faculty of man)、「無限なるものの能力」(the faculty of the Infinite)である。[26] それはひとつの心的能力ないし心的傾向であり、「信仰の能力」(the faculty of faith)と呼ぶしかないものである。ギリシア語で人間を意味する「アントローポス」の語源を「目をあげるもの」に求める説が正しいにせよ誤っているにせよ、それがあるがために人間は自らの顔を天に向けることができる――「その能力がなければ、いかなる宗教も、いな最も低い偶像・呪物崇拝すらもありえないであろう」[27]。ミュラーの言う非教典宗教がこのような考え方と結びついていることは明白である。いつもそうであるように、ここでも彼は言語の問題と類比的に宗教の問題を語る――「あらゆる歴史的言語形態から独立して、話す能力が存在するように、あらゆる歴史的宗教から独立して、人間の中の信仰の能力が存在する」。人間の有する信仰の能力が「話す能力」(a faculty of speech) と対比されていることは、偶然用いられた比喩とはいえ、本書の問題意識からすれば注目に価するであろう。

ミュラーの用いる「能力」(faculty) という概念が、カント哲学との関連で見たときに、かなり不明瞭な印象を与えることは否定できない。彼自身もそれに気づいており、あとから加えた長い注によって説明を補おうとしている。実際、純粋に想像の産物で中世スコラ哲学の非嫡出子にすぎない「能力」概念は、啓蒙主義的な一九世紀にふさわしくないという批判がなされていたようである。しかしミュラーにとってそれは、「われわれの自己の暗い奥底に座を占めている緑色の目をもつ怪物」であった[28]。今日カント哲学に関するミュラーの理解が適切であったかどうかを問題にすれば、あまり肯定的な評価は出てこないであろう。確かにミュラーの考え方は、カントが避けようとした旧来の独断的形而上学へ、ともすれば逆もどりしかねない。だが他方、宗教を安易に道徳法則と結びつける弊害にはおちいっていないとも言えよう。何よりもミュラーは歴史的諸宗教をめぐるあれこれの事実をつぶさに知っており、それらに対して共感をいだいている。宗教を論じるさいに重要なのはまさにその点であり、それがある限り、カント解釈の是非にかかわらず、ミュラーの主張に耳を傾けなければならない。

諸宗教をめぐる事実に対する認識と共感は、ミュラーの発想をたえず歴史的なものへと引きもどす[29]。彼の言う「信仰の能力」は、人間本性に属するものである限り非歴史的であり、自然的宗教の不可欠性を示唆するように見える。ところが、「人間が無限をのぞき見た古代の門(the ancient gates)」をその「信仰の能力」と関連づけるに及んで、彼の目は依然として歴史に向けられていることが明らかになる。ヴェーダ研究者、いなむしろヴェーダ鑚仰者であったミュラーは、「古代」の宗教に、そしてさらにその根源に価値を見出す。歴史の出発点すなわち古代に価値が見出されるがゆえに、歴史的なもの全体が肯定される――「古い貴金属のように古代の宗教は、時代のさびが除去されたあとで、その純粋さと輝きの全体をもって現れ出るであろう。そしてそれが明らかにするイメージは、『父』すなわち地上の万民の『父』のイメージであろう」[30]。

この古代の宗教は各種の教典を通して知られている。それらの教典は何世紀にもわたって人々の間で育てられてきた宗教思想の集成であり、宗教の創唱者が作り出したものではない。したがって、ミュラーの考える古代の宗教は個人的宗教ではない――「言葉の真の意味での個人的宗教は存在しない」[31]。ところが、諸民族の宗教の歴史的形態には、「真の宗教」(true religion)にふさわしくないような諸特徴が見出される。ミュラーによれば、それらは「すべての宗教の不可避のこぶ」(the inevitable excrescences of all religions)なのである。そこで諸宗教の「聖なる源泉」(sacred springs)に達するためには、「各宗教の創唱者の心」(the mind of its founder)に目を向けなければならない[32]。「信仰の能力」はまさにそこへ直結するのである。こうした言い方からわかるようにミュラーは、教典宗教を重視しつつも、さらにその前提として非教典宗教を考え、宗教の問題を取り扱うためには歴史的な諸民族の宗教からアプローチせざるをえないことを知りながらも、その根源にある人間の心へと思いをめぐらすのである。

根源にあるものとそこから派生したものとを常に区別しようとするミュラーの発想法は、神話に対する見方においても貫徹されている。「言語疾病説」として知られる彼の神話起源論は、のちに彼を有名にした学説のひとつであるが、同時に誤解されやすい学説でもある。それによれば、太陽の姿の変化を表す名詞の性がきっかけとなって、擬人法的神話表現が生まれたとされるのであるが、こうした推移が「言語の疾病」(disease of language)と呼ばれたため、ともすればミュラーが神話を否定的にとらえていたかのような印象を与えやすかった。しかし彼のねらいは、神話の形成に対する言語の不可避の影響(言語による神話の発生)と回避できる影響(言語の疾病)とを区別することであり、歴史の根源において言語との本来のかかわりの中で形成された神話を低く評価しようとすることではない[33]。神話の出発点にある詩的直観に基づく構想は、おそらく彼にとって重要なものであったに違いない。ともに言語に起因する神話と教典は、いずれも積極的意味づけと消極的意味づけとが歴史を舞台に互に交錯する形で説明されるのである[34]。

ところが他方、歴史的形態の真実をその根源に求める発想とは一見矛盾するような傾向も、時折ミュラーの論述の中に現れる。それは、歴史の進行方向に真実を見出すという傾向である。先に述べたように、啓蒙主義の流れをくむミュラーの意識には、一種楽観的な進化の図式がしみついており、それがキリスト教神学の動機と結びついて、ひそかに彼の信念を形づくっていた。彼にとってはキリスト教の信仰が最も「進化」した宗教の歴史的形態であり、将来においてもそれが純化されていくことが期待されている[35]。要するにミュラーの価値観によれば、歴史の根源と進行方向の両方に真実が現れることになり、時間の流れは直線というよりもむしろ円環のようにすら見えてくるのである。しかし彼が考えている時間は決して静的な円環ではなく、それをつかさどる進化の図式は、何らかの形で前進しようとするエネルギーを示唆する。宗教には「言語の物質的性格に対する心の戦い」と「精神的なものから物質的なものへのたえざる逆行」という二種類の傾向が存在し、「この作用と反作用(action and reaction)は宗教の言語において最初から起こっており、今でも続いている」[36]。それは、言葉をかえて言えば、宗教における「弁証法的な成長と衰微」(dialectic growth and decay)であり、ここに「宗教の弁証法的生命」(dialectic life of religion)がある[37]。ミュラーは一見矛盾した表現で、一筋縄ではいかない宗教史の活力を語りたかったのであろう。

「物の宗教」・「人の宗教」・「心の宗教」という前述の分類も、単純にわりきるわけにはいかないとはいえ、一応三段階の発展方向を示している――「一般法則として、物の宗教がどこでも最初に現れ、人の宗教がそれに続き、最後に心の宗教が現れる。……これら三類型の発展のきざしは大抵の宗教の中に発見される。あるときにはこれらのうちのひとつが、またあるときには別のひとつが目立ってくる」(38)。最後の段階である「心の宗教」では、ウパニシャッド哲学、スーフィズム、フィロン、新プラトン主義、ディオニシウス・アレオパギタ、キリスト教神智学など、広義の神秘主義がとりあげられる。それらは、ミュラーが本来の意味での神智学と考えるものである――「心霊叩音やテーブル回転、あるいはその他の神秘学や黒魔術を信じるものという嫌疑をかけられることなしに、人は自らを神智学者(theosophist)と呼びうるのだということが、はっきりと認識されなければならない」(39)。このようにして「心の宗教」は次第に非歴史的性格を帯びてくる。合理主義者ミュラーが究極の宗教として思い描いたのが神智学であったという事実はきわめて興味深い。

ミュラーの信念によれば、諸々の歴史的宗教の背後もしくは根底には、人間にとって最も価値あるものが存在しており、それはおそらく歴史的宗教の純化された最終形態と同じものである――「もしわれわれが偏見なしに見さえすれば、もしわれわれが常にそうすべきであるように、倦むことのない愛と思いやりとをもって判断しさえすれば、春の空の青い色のごとく、古代神話の雲の背後からわれわれの前に現れてくる美と真理の新しい世界に驚かされるであろう」(40)。真理とともに美にこだわるところから見ても、この新しい世界を感得しうるのは、詩人の鋭敏な直観のようなものではないかと思われる。ミュラーはさほど頻繁に「直観」(intuition)について語っているわけではない。しかし彼は、「直観なき概念は空虚であり、概念なき直観は盲目である」というカントの原則を、あらゆる哲学の基礎と考えている(41)。またヴェーダのうちに「最も原初的な形態における神的なものの直観」を見出し、「宗教的知識の真の基礎としての直観」を擁護する。[42] さほど意識的には言及されないところが、直観の直観たる所以であり、彼の発想の根源にはやはり直観があったのではないかと思われる。

ミュラーによれば、古代宗教の研究にあたっては、まずメタファーを理解することが重要である――「古代言語は扱いにくい道具であり、宗教的な目的にとっては特にそうである。メタファーによらずして抽象的な観念を表現することは不可能である。古代宗教の辞典はすべてメタファーから作り上げられていると言っても過言ではない」[43]。また究極的宗教としての心の宗教に関しても、神と人間との間を架橋するものは、メタファーによってはじめて語られると考えられている――「神に立ちかえることはメタファーである。神の玉座の前に立つことはメタファーである。キリストとともにパラダイスにあることはメタファーである」[44]。メタファーの理解は直観とイマジネーションに基づくわけであるから、ここからもミュラーが終始直観を重視していたことがうかがわれるであろう。

以上のような教典論に基づいて、ミュラーは「宗教学」の可能性を展望した。教典の本質は、書き記された教説にあるのではなく、それぞれの教説の差異を越えた共通の根源にあるという認識に立ちいたったからである。新たな宗教学の出発にとって本当に必要であったのは、さまざまな宗教の教義の比較・調停などではなく、まさにこのような教典論にほかならなかったのである。元来比較言語学から比較宗教学へという道を歩んだミュラーにとっては、言語を基盤として発展する神話と教典は相互連関のうちにとらえられていたように見える。神話の発生が言語疾病説から説明されることによって、その歴史的形態が相対化されたように、教典の歴史的形態も相対化される。それは、各々の宗教の教義や倫理的教説が相対化されていくことを意味するのである。ミュラーのものの見方の原点は、神話・教典を成り立たしめた根源的直観、すなわち、無限を認知すると同時に至高の美に向かうような人間の詩的直観であった。言語の表現形態としては、その直観はメタファーの形で表される。

しかしここから展開されるべき宗教学は、ミュラーによってどのような方向づけを与えられたのであろうか。前述のように彼は「世界の諸宗教に関する真に学問的な研究」を目ざしており、この「学問」(science)を素朴に「自然科学のひとつ」(one of the natural sciences)と理解していた[45]。自然科学をモデルとする実証的方法が、学問の将来の豊かな成果を約束するかのように見えた時代にあっては、こうした楽観的展望が出てくるのも無理からぬところであったが、彼の根本的動機は必ずしもその後の自然科学とはなじまないものであった。少なくとも「科学的」方法にこだわった宗教学は、彼の動機から離れ、それを忘れ去っていく。ミュラーの目ざした学問は一種の総合的性格を有し、それを実現するための手法は彼の詩人的素質とないまぜになっていた[46]。彼が宗教学を「最後の学問(＝科学)」(the last of sciences)と呼ぶとき、もしかすると彼の「直観」が、その後の宗教学の困難な運命をすでに見通していたのかもしれない[47]。ミュラーの時代からほぼ一世紀が経過した現在、宗教学に関心をもつものは、彼以後に残された課題が何であったのかをあらためて問うてみる必要があるのではないだろうか。

『東方聖典』を編集したミュラーが、書き記された教典テクストの重要性を認識していたことには、疑問の余地はない。しかしそれと同時に彼は、「われわれ自らの非教典宗教」という言い方に現れているように、書かれた教典だけで宗教を理解するわけにはいかないと考えていた。それは、諸々の教典の根源にある一種の言語感覚が、いわゆる自然的宗教に通じるものと理解されていたからである。そこからまず口頭伝承が生まれ、やがて文字に書き写されていく[48]――「多くの古代教典は、記述にゆだねられる前には、長い世代にわたって口頭伝承の形で伝えられてきた[49]」。だが、続けてミュラーがウパニシャッドの聖音「オーム」について論じているところから判断すると、単に文字伝承の前段階として口頭伝承を想定しただけではなく、もっと本質的に彼には「音」に対するこだわりがあったようにも思われる。残念ながらその点は、彼の論述からは必ずしもはっきりしない。いずれにしても彼のまなざしは、文字で記された教典を越えて歴史の根源へさかのぼるとともに、ひるがえって歴史の進行過程へも向けられている。それゆえに彼の仕事は単に非歴史的方向へ流れることなく、たえず宗教の歴史的形態をも見つめ続けるものとなったのである。(50)

あくまで歴史的形態を保持しつつ、書かれたものを相対化していく宗教のあり方は、儀礼のうちに求められる。音や語り言葉による表現も儀礼に含まれるので、ミュラーの教典論は何らかの形で儀礼研究と結びついて然るべきものと思われるが、彼の問題意識はそこまで及んでいない。一般的に言って、彼は宗教的行為をあまり重視していない。慣習や法と宗教との関係についても一応考察してはいるが、あくまでそれらの起源や目的を特定の観念と結びつけようとする。(51) ミュラーはやはり言語から出発し、言語に帰る研究者なのである。そういう意味では彼の業績はある種の完結性をもっているが、教典論というテーマに限定して今日の時点から再検討してみると、書き記された教典という面だけではすまない問題が浮かび上がってくる。それは文字の意義を否定することではなく、ミュラー自身がすでに無意識のうちに考えていた事柄をも含めて、さまざまな角度から文字表現の性格を相対化していくことであろう。(52)

（1）『東方聖典』については、次の版を参照。F. Max Müller (ed.), *The Sacred Books of the East*, transl. by various oriental scholars, 50 vols. (Oxford: 1900, Rep. Delhi: 1981).

（2）W. A. Graham, *Beyond the Written Word: Oral Aspects of Scripture in the History of Riligion* (Cambridge: 1987), pp. 1, 57. もちろんグラハムは、キリスト教の教典概念の広範な適用の開始をミュラーに帰しているわけではない。“scripture”(およびその語源となっている言葉)が世俗的文書という意味に加えて、宗教的文書という意味を獲得し、さらに聖書をさして用いられるようになるまでには、長い歴史がある。ミュラーによる『東方聖典』という命名は、“sacred book”の概念を広く用いる試みが、すでに一般的に承認されていたことを示すものなのである。

（3）拙稿「教典論の新しい可能性」日本宗教学会『宗教研究』二五八号、一九八三年、九五—一一四ページ。

（4）F. Max Müller, *Introduction to the Science of Religion* (London: 1873). 周知のようにこの著作は、一八七〇年二月、三月にロンドンの王立研究所で話され、二月、三月、四月、五月の *Frazer's Magazine* に掲載された連続講義を基礎にしたものである。序文によれば、ミュラーは本書をもっと充実した形にしたかったのであるが、時間がないために、最低限の追加・修正にとどめ、出版にふみきったようである。本書の日本語訳としては、比屋根安定訳『宗教学概論』誠信書房、一九六〇年がかつて出版されたが、恣意的な基準による内容の省略、そして何よりも許容範囲を越えた不正確な訳文のゆえに、今日では使いものにならない。その後塚田貫康訳『宗教学入門』晃洋書房、一九九〇年が出て、かなりの改善が見られたが、依然として本書にとって重要な脚注と補遺(Notes and Illustrations)が訳されていないのは惜しまれる。

（5）*ibid.*, p. 4, 塚田訳、三ページ。以下引用する訳文はすべて私訳。

（6）*ibid.*, pp. 16f., 塚田訳、一五ページ。

（7）「真の学問はすべて分類に基づく。信仰の多様な方言の分類に成功しえなくなったときにはじめて、われわれは、宗教学など実は不可能なのだという告白をなすべきであろう」(*ibid.*, p. 68, 塚田訳、五九ページ)。

（8）*ibid.*, p. 82, 塚田訳、七一ページ。

（9）*ibid.*, pp. 52f., 塚田訳、四五—四六ページ。

（10）*ibid.*, p. 53, 塚田訳、四五ページ。教典宗教と非教典宗教という二分法は、教典に積極的意義を見出す立場をすでに前提としているので、あまり公正なものとは言えない。それにもかかわらず、これは今日にいたるまで、なにがしかの影響を及ぼしている。例えばF・ハイラーによれば、「教典の成立は諸宗教の歴史におけるひとつの深い切れ目であり、教典宗教(Schriftreligion)は非教典宗教を越えて高くそびえ立っている」——F. Heiler, *Erscheinungsformen und Wesen der Religion* (Stuttgart: 1961), S. 343. さらに同じ箇所でハイラーが、教典宗教の中でも正典を定めたものを高く評価しようとするとき、彼のキリスト教的視点が明らかになる。それに対してG・メンシングは、教典宗教(Buchreligion)なるものが一義的ではなく、ある宗教が教典宗教であるかどうかも歴史的段階によって異なると言う。彼は「啓示宗教」(Offenbarungsreligion)というそれ自体問題のある概念と教典宗教とのかかわりを論ずるが、あまり歯切れがよくない——G. Mensching, *Die Religion: Erscheinungsformen, Strukturtypen und Lebensgesetze* (Stuttgart: 1959), S. 97-108, 下宮守之・田中元訳『宗教とは何か——現象形式・構造類型・生の法則』法政大学出版局、一九八三年、八八—一〇〇ページ。

（11）F. Max Müller, *Natural Religion: Gifford Lectures 1888* (London: 1889, Rep. New York: 1975), pp. 549f. この著書は、成熟した段階におけるミュラーの思想を総括的に示している。

（12）*ibid.*, p. 539.

（13）*ibid.*, pp. 214, 538-549. あらゆる教典が東方に由来すると言うが、それは起源についてのみ妥当することで、キリスト教の正典が最終的に確定されたのは、四世紀の西方教会においてであった。

（14）*ibid.*, p. 563.

（15）*ibid.*, p. 550.

（16）*ibid.*, pp. 563-565. ミュラーは、新しい時代への不適応に由来する教典の固定化を指摘しつつ、非教典宗教にも利点があることを説くが、逆に教典宗教の方向をさらに推し進めて、新たに「第二の教典」を作っていく可能性もないわけではない。cf. D. J. Silver, *The Story of Scripture: From Oral Tradition to the Written Word* (New York: 1990).

（17）F. Max Müller, *Natural Religion*, p. 569.

（18）idem, *Introduction to the Science of Religion*, pp. 70f., 塚田訳、六一ページ。

（19）idem, *Natural Religion*, p. 52.

（20）周知のとおりミュラーは、「無限なるものの知覚」を中心として宗教を定義する（*ibid.*, p. 188）――「宗教とは、人間の道徳的性格に影響を与えうるような現れ方をする無限なるものの知覚である」(Religion consists in the perception of the infinite under such manifestations as are able to influence the moral character of man)。また別の箇所で彼は、「この物質的生の現実を越えて人間を高めるものが宗教である」と言い、それを「超越の感覚」(the sense of a Beyond)と呼ぶ（*ibid.*, pp. 568f.）。したがって「無限なるもの」(the infinite)は「超越」(the Beyond)とも言いかえられるわけである（*ibid.*, p. 573）。

（21）*ibid.*, p. 164.

（22）idem, *Physical Religion: Gifford Lectures 1890* (London: 1891, Rep. New York: 1975), idem, *Anthropological Religion: Gifford Lectures 1891* (London: 1892, Rep. New York: 1975), idem, *Theosophy or Psychological Religion: Gifford Lectures 1892* (London: 1893).

（23）注(17)の引用箇所参照。また別の箇所では、「宗教はもっぱら書物の中に生きているのではないし、主として書物の中に生きているのですらない。宗教は人間の心(human hearts)の中に生きている」(idem, *Natural Religion*, p. 215)とも言われている。

(24) *Emmanuel Kant's Critique of Pure Reason*, Incommemoration of the centenary of its first publication, transl. by F. Max Müller, with an introduction by L. Noire (London: 1881).

(25) F. Max Müller, *Introduction to the Science of Religion*, p. 15, 塚田訳、一四ページ。

(26) ミュラーは注において、「無限なるもの」はカント的な意味で「不定なるもの」(the Indefinite)からは区別されており、このような表現は「絶対的なるもの」(the Absolute)・「無制約なるもの」(the Unconditioned)・「不可知なるもの」(the Unknowable)などと比べて誤解されにくいと述べている(*ibid.*, p. 14, n. 1)。cf. idem, *Lectures on the Origin and Growth of Religion: As illustrated by the Religions of India: Hibbert Lectures 1878* (London: 1882, Rep. New York: 1976), pp. 47-49.

(27) idem, *Introduction to the Science of Religion*, p. 13, 塚田訳、一二―一三ページ。

(28) *ibid.*, p. 16, n. 1.

(29) idem, *Natural Religion*, p. 553 ――「宗教は言語と同様に、どこにあっても歴史的形成物である。全く新しい宗教を発明することは、全く新しい言語を発明することと同じくらい望みのない仕事である」。

(30) idem, *Introduction to the Science of Religion*, pp. 50f., 塚田訳、四三ページ。

(31) idem, *Natural Religion*, p. 557.

(32) idem, *Introduction to the Science of Religion*, p. 191, 塚田訳、一六九ページ。

(33) *ibid.*, p. 41, n. 1では、E・B・タイラーの見解との関連で、そのことが明確に述べられている――「もっと高い見地から見れば、心を支配するものはもちろん言語それ自体ではない。思想と言語は同じエネルギーの相互に決定し合う二種類の現れにすぎない。このことに気づかないと、タイラーのように、すべての神話の明白な源泉として、旧来のいわゆる神人同形同性論(anthropomorphism)へ逃避せざるをえない。しかしこれはわれわれに神話についての同語反復的説明を与えるだけで、その発生論的説明にはならない。言語の特性の不可避の影響と回避できる影響との間には、重要な相違がある。神話の最も深い源泉は言語の特性の不可避の影響のうちにあり、のちに時々生じる言語の疾病からは注意深く区別されなければならない」。

（34）ミュラーは言語を基礎において神話や教典を考えている――「言語以上に古くから存在するものはないということを、われわれは見てきた。神話は言語の変容にすぎない。われわれの教典は最も高度に発展した言語である。われわれの慣習や伝統はしばしば衰微し誤解された言葉に基づいている」(idem, *Natural Religion*, p. 385)。慣習や伝統については、本章の最後の部分であらためて考察する。
（35）idem, *Lectures on the Origin and Growth of Religion*, p. 380――「キリストの教えが世界の最良の部分を征服したのは、それが他の宗教の創唱者の教えを越えて、はじめに最高の真理の表現を提供したからにほかならない。ユダヤの大工たちも、ローマの取税人たちも、ギリシアの哲学者たちも、心からその真理にあずかることができたのである」。
（36）idem, *Introduction to the Science of Religion*, p. 197, 塚田訳、一七四―一七五ページ。この「作用と反作用」は、それに続く箇所で「人間の思想の流れと逆流」(flux and reflux of human thought) と言いかえられている。
（37）*ibid.*, p. 201, 塚田訳、一七八ページ。
（38）idem, *Physical Religion*, p. 5.
（39）idem, *Theosophy or Psychological Religion*, p. xvi.
（40）idem, *Introduction to the Science of Religion*, p. 150, 塚田訳、一三一ページ。
（41）idem, *Natural Religion*, p. 143.
（42）*ibid.*, pp. 228f.
（43）idem, *Introduction to the Science of Religion*, p. 196, 塚田訳、一七四ページ。
（44）idem, *Theosophy or Psychological Religion*, p. 539.
（45）idem, *Natural Religion*, p. 27――「もし宗教学が自然科学のひとつとして扱われるべきであるとするならば、われわれは宗教の起源・成長・衰退を説明しながら、諸々の事実を注意深く収集することから始めなければならないのは明らかである」。
（46）マックス・ミュラーの父ウィルヘルム・ミュラーが著名な叙情詩人であり、マックス・ミュラー自身も詩や音楽の素質に恵まれていたことはよく知られている。その一端は、多くの版を重ねた彼の唯一の文学作品 *Deutsche Liebe: Aus den Papieren eines Fremdlings* (Leipzig: 1857), 相良守峯訳『愛は永遠に』角川書店、一九五一年からうかがわれる。それのみならず彼は、デッサウの博愛主義学校(Philanthropinum)の創立者であった曽祖父からの「隔世遺伝」をも自覚していたようである。cf. idem, *Introduction to the Science of Religion*, p. 6, n. 2.

(47) idem, *Chips from a German Workshop*, Vol. 1: Essays on the Science of Religion (London: 1867), p. xix ——「宗教学は、人間が推敲するように運命づけられている最後の学問かもしれない。しかし推敲が果たされるならば、それは世界の様相を変え、キリスト教それ自体に新しい生命を与えるであろう」。ここにもキリスト教中心の見方が顔を出しているが、そのことが本質的意味をもっているわけではない。

(48) idem (ed.), *The Sacred Books of the East*, Vol. 1: The Upanishads, transl. by F. Max Müller, p. xiii.

(49) *ibid.*, pp. xxiii-xxvi.

(50) ちなみに折口信夫は、日本文学の発生を論じつつ次のように言う——「一度発生した原因は、ある状態の発生した後も、終熄するものではない。……だから、其力は発生させたものを、その発生した形において、更なる発生を促すと共に、ある発生をさせたと同じ方向に、やはり動いても居る。だから、発生の終へた後にも、おなじ原因は存してゐて、既に在る状態をも、相変らず起し、促してゐる訳なのだ」(『折口信夫全集』第七巻、中央公論社、一九七六年、二二七―二二八ページ)。さらにまた「文化現象に於ける本質とは、変化を約束されてゐる『事実』なのだ」(前掲書、四一七ページ)とも言う。文化的素材の相違を別にすれば、この発想はミュラーのそれとかなり類似している。

(51) F. Max Müller, *Natural Religion*, pp. 519-537.

(52) Sam D. Gill, "Nonliterate Traditions and Holy Books: Toward a New Model," F. M. Denny/R. L. Taylor (eds.), *The Holy Book in Comparative Perspective* (Columbia: 1985), pp. 224-239. S・D・ギルによれば、特定の宗教を信じる人々の大部分にとって、その宗教の教典は実際にはひとつの「物体」であり、「文化的・宗教的記号」となっている。したがって、教典の「情報提供的機能」(informative function)とともに、「行為遂行的機能」(performative function)も考慮されなければならない。そこから彼は、礼拝様式・歌唱法・建築様式・衣装等々との関連も生じてくることを示唆する。

第二章　教典論の復興

1

前章で見たように、ミュラーは『東方聖典』を編集しながら、同時に、文字に書き記された教典が、宗教現象全体の中では相対的役割を果たすにすぎないことを知っていた。しかしながら、それを語る彼の表現は、啓蒙主義の自然的宗教の主張と重なり合っている。ミュラーの考えは決してそれにつきるものではなかったが、自然的宗教の概念が後退するにともなって、ミュラーの教典論の重要なポイント(文字に書き記された教典の相対化)も忘れ去られていった。それぞれの既成教団の弁証の業として、自らの教典の独自性を基礎づける研究が進むにつれて、宗教学は、もう少し抵抗の少ないところで、諸宗教の共通性をさぐる方向に傾いていった。現代におけるいくつかの体系的な宗教学の試みを見ると、そのことが明らかになる。

G・メンシングは、複数の角度から宗教の全体像をとらえようとする試みの中で、教典の問題をも取り扱う。

まず、「宗教構造の諸類型」(Strukturtypen der Religion) にそくした宗教類型論の展開にあたり、「教典宗教」という概念が提示される。(1) そのさい、メンシングは、「啓示宗教」(Offenbarungsreligion) という概念を引き合いに出し、すべての啓示宗教が教典宗教であるわけではないが、教典宗教はすべて啓示宗教であると言う。また他方、「宗教の生の諸法則」(Lebensgesetze der Religion) にそくした緊張の諸類型の論述にあたり、「文書伝統」(Schrifttradition) という概念が提示される。(2) メンシングによれば、これは、ひとつの宗教のもつ創造的な力の物質化と硬直化なのであり、新しい創造との間に緊張関係を作り出すものである。要するに、いずれの箇所においても、教典は、非合理的なもの、ヌミノーゼ的なものと対置されつつ消極的にとらえられているが、啓示の強調からもわかるとおり、基本的観点がキリスト教に制約されていることは明らかであろう。

K・ゴルダマーは、「体系的宗教学」の構想を描くにさいして、「宗教の形状・形態・形式」(Gestalten, Gestaltungen und Formen der Religion) の一部として、「聖なる文書と聖なる伝承」(Heilige Schrift und heilige Überlieferung) について論じる。(3) ここでは、宗教文書が次第に正典的権威を帯びて定着していく経緯が概括的にとらえられている。さらに、G・ヴィデングレンも、「宗教現象学」の試みの中で、聖なる言葉から「正典形成」(Kanonbildung) にいたる動的過程にそって教典問題を論じ、教団という社会的場をぬきにしては正典形成がありえないことを的確に指摘する。(4) これらの著述は、いずれも、教典の幅を正しく把握しているとしても、やはり一般的解説の域を出ていないと言わざるをえないであろう。

このように、従来、宗教学的教典論は、あまり多くの成果を生み出すにはいたらなかった。教典研究は、主として個別教団内部の教義研究と結びつけられてきたのである。教義というものは、宗教現象を構成するひとつの要素にすぎないにもかかわらず、神学の場合、特定の宗教を内側から弁証するので、どうしても教義を中心に考え、その教義の根拠を教典に求めるということになりがちである。しかも、それぞれの宗教が、自らの神学の一環として教典を研究するとすれば、それらの研究は、互に相対化を拒みつつ孤立した形で並存せざるをえない。そのさい、前述のように、研究成果のうつ然たる蓄積が、外側からの発言を封じる効果を発揮する。さらに、正典が制定される場合には、閉鎖的傾向はますます強まる。その傾向をもつ聖書学においては、「バイブル」は、「書物の中の書物」もしくは「唯一の書物」と考えられる。[5] しかしながら、教典を研究するにあたっては、内容の真理性の評価とは別に、論じるべき問題がいくつか存在するはずである。狭義の神学の世界で、そのような問題の意義が十分に認められないだけなのである。

2

以上見てきたようなこれまでの状況をふまえながら、現在あらためて、宗教学的教典研究の可能性を問うにいたったのには、それなりの理由がある。簡単に言えば、今世紀に入って急速に展開された歴史的・批判的方法に基づく旧・新約聖書研究の結果、少なくともキリスト教神学に関する限り、かなり事情が変わってきたためである。そこには、かつての宗教史学派の問題意識を継承するという面もうかがわれたが、文献学的手法を用いた旧・新約聖書の徹底的分析は、単に自由主義神学の残滓として片づけるわけにはいかないものを含んでいた。教典研究の方法に関しては、キリスト教のそれがモデルとされる場合が多かっただけに、この変化の及ぼす影響は大きかったと思われる。最も顕著な変化は、おそらく、旧・新約聖書が伝承の過程にそくして動的にとらえなおされ、その中の多様な流れ、多様な思想が浮かび上がってきたことであろう。そして、旧・新約聖書自体が多様な要素をかかえこんでいるという事実の認識は、当然、普遍的統一理念を前提とする正典性に対する疑問につながっていった。[6] しかし、問題はそこでとどまらず、他方においては、逆に、歴史的相対主義、結論の仮説的性格、全体的見通しの喪失等々の事態をめぐる疑問が、歴史的・批判的方法に向かって投げかえされることになる。[7]

そもそも歴史的・批判的方法は、啓蒙主義の内側からその非歴史性をうつという形で展開されたものと思われるが、聖書に関して言えば、啓蒙主義そのものがすでに伝統的聖書観を批判する契機を含んでいた。したがって、この点から見ても、啓蒙主義の産物として出発した近代宗教学は、ヨーロッパのコンテクストでは最初から、正典としての聖書を相対化するという意味で、教典論を志向していたことがわかる。今日では、歴史的・批判的方法それ自体がもつ一種の近代合理主義的性格が次第に認識されつつあるわけであるが、問題は、それをどういう方向でのり越えようと志すかである。ひとつの方向は、いわゆるファンダメンタリズムであり、歴史的・批判的方法を全面的に否定し、旧・新約聖書の正典性を無条件に肯定するものである。ファンダメンタリズムという名称自体は歴史的意味をもっており、第一次世界大戦後主としてアメリカで起こったプロテスタント教会の保守的運動をさすが、その聖書理解の仕方は、歴史的限定を越えて、かなり一般性をもった類型を示している。第四章で述べるように、近年、キリスト教以外の宗教に関しても、ファンダメンタリズムという概念が用いられることから判断すると、この類型は、聖書論ばかりでなく、広く宗教学的教典論にも適用しうるのではないかと思われる。歴史的・批判的方法は、その反動として、このファンダメンタリズムに一層明確な自己規定を迫ったと言えるであろう。

ファンダメンタリズムの聖書理解の特徴は、聖書の真の著者を神とし、聖書の記述を霊感によって書かれた誤りなきものと見なすことである。[8] この場合、誤りがないということは、神学的に誤りがないだけでなく、歴史的・地理的・科学的にも誤りがないということを意味する。つまり、聖書に書いてあることは、全くそのままの形で史実であったと見なされるのである。そこには、歴史的・批判的方法が介入する余地はない。ファンダメンタリズムに基づく聖書理解においては、まず何よりも、「教典を教典と照らし合わせること」(comparing scripture with scripture) が重要になる。ところが、そのさい、聖書の記述の正確さを証明するための手段として、自然科学的説明や歴史学的知識がとり入れられるので、それは、一見すると科学的であり、史的実証作業を尊重しているように見えるし、当事者たちもそのつもりになっている。なかんずく、本文批評・言語学・考古学などの領域には力を入れるため、歴史的・批判的方法を拒否するファンダメンタリズムが、かえって歴史学的であるという印象すら与えるのである。なお、ファンダメンタリズムとカトリシズムとの関係はかなり微妙である。J・バーによれば、ごく最近にいたるまで、カトリシズムの公式の立場は、ファンダメンタリズムの立場と明白な共通点をもっていた。[9] しかし最近になって、カトリシズムはそこから抜け出ようとしている。カトリシズムの場合には、聖書の位置づけがプロテスタンティズムの場合とは異なるので、聖書理解の問題に余裕をもって対処しうるのである。

ファンダメンタリズムは、自らの聖書理解が聖書それ自体に根拠をもっていると主張する。そのためによく引用されるのは、二テモ三・一六(「聖書はすべて神の霊の導きの下に書かれ、人を教え、戒め、誤りを正し、義に導く訓練をするうえに有益です」)および二ペト一・二〇―二一(「聖書の預言は何一つ、自分勝手に解釈すべきではないということです。なぜなら、預言は、決して人間の意志に基づいて語られたのではなく、人々が聖霊に導かれて神からの言葉を語ったものだからです」)である。[10] これらの箇所で「聖書」と訳されている "γραφή" は、通常の用法では旧約聖書をさす。テモテへの手紙二の場合、新共同訳のように、すぐ前の三・一五を「また、自分が幼い日から聖書に親しんできたこと」と訳しうるとすれば、この「聖書」が旧約聖書であることは明らかであろう。[11] だがペトロの手紙二においては、若干事情が異なる。この手紙の著者は、三・一六から判断すると、すでにパウロの手紙を「聖書」とならぶものと見なし始めているからである。[12] とは言っても、この「聖書」が新約聖書をも含むと考えるわけにはいかない。[13] また、当然ながら、テモテへの手紙二やペトロの手紙二のようなやや特殊な文書に書かれていることを、旧・新約聖書全体を判断するための基準とするわけにはいかない。したがって、ファンダメンタリズムが主張する聖書的根拠は存在しないことになる。(14) 正典主義の極北とも言えるファンダメンタリズムの聖書理解は、ほかならぬ聖書のテクストそれ自体の解釈において破綻する。しかし見方を変えれば、これはまさに教典受容の一形態であるとも言えよう。

歴史的・批判的方法は、つきつめて言えば、史的実証作業を基礎にすえた歴史科学的方法であり、自然科学的方法とともに近代の学問を支配してきた方法である。この力がいかに根強いかは、反近代的性格をもつはずのファンダメンタリズムですら、前述のように、外見的には自然科学や歴史科学を重んじるように見えるところからもうかがわれる。そうであるとすれば、歴史的・批判的方法にかわる方法を見出すのは、さほど容易ではないことが予想されるであろう。構造主義的方法が、結局、歴史的・批判的方法を補完する役割しか果たせなかったのも不思議ではない。(15) 実際歴史的・批判的方法は、自らの内部で問題点の是正をはかり、正典理念にかわる統一の根拠を、史的イエスの原像に求めようとする。これは一種の根源主義であり、宗教史の転換期には繰り返し現れる主張である。聖書研究におけるこのような試みは本質的に歴史的・批判的方法の延長線上に位置づけられ、史的イエスの再構成は結局仮説的性格を免れない。そして、研究者自身のいだく理想的人間像の反映にとどまる限り、それは一九世紀のイエス伝の再来となり、脱宗教化の道をたどる。しかし今や、歴史的・批判的方法の問題点はある程度はっきりしており、ファンダメンタリズムとは別な方向でこれをのり越えようとする試みもないわけではない。そのひとつが文芸学的傾向であり、「方法」と言いうるほどに成熟していないので、さしあたりこう呼んでおくしかない。もうひとつ、社会学的傾向があるが、これは、一部は歴史的・批判的方法を補完するものであり、他の一部は文芸学的傾向と微妙に交錯しているように見える。

「文芸学的傾向」という名称は、本当はあまり適切ではない。元来、「文芸学」(Literaturwissenschaft) という概念は、一九世紀中頃、ドイツにおいて、「精神科学」(Geisteswissenschaft)の概念にともなって現れた。[16] それは、旧来の関連諸分野から明確に区別されるべき方法的自覚であり、[17] その強調点は、「文芸の科学的認識」を確立するというところにあった。[18] 文芸批評は、文芸学とは区別され、重要性を否定されないまでも、あくまで「なかば芸術的、なかば科学的な認識形式」にとどまる。[19] D・H・ザルネッツキーの比喩によれば、文芸批評と文芸学とは、文芸という一つの恒星をめぐって運行する二つの遊星のごときものなのである。[20] ところが、近年の旧・新約聖書研究、特に新約聖書研究における文芸学的傾向は、このような厳密な意味での文芸学とはニュアンスを異にし、文芸批評に接近する。[21] 少なくとも、「科学」という概念に対しては、意識的に距離をおいているように見える。[22] そういう点を考慮に入れれば、むしろ、「文学批評」的傾向とでも言った方がよいのかもしれない。[23] 要するに、旧・新約聖書の文学作品としての性格に焦点を合わせ、美学や言語論をも含めた広い意味での文学理論と旧・新約聖書研究とをつき合わせようとするのである。[24]

それに対して、もう一つの「社会学的傾向」は、一見したところ、このような文芸学的傾向とは動機を異にするように見える。確かに、そのことを示唆する発言もあるし、社会学的傾向をもつ研究は、意識的には歴史的・批判的方法と同一線上に立っている。しかし、この傾向を自由主義神学や社会的福音の再来としか考えられない場合には、これが現れた意味はわからないであろう。[25] H・C・キーは、自らの関心が美学にはなく、「社会史的起源」(sociohistorical origins)にあると言うが、[26] 彼の主張する「社会学的視点」(sociological perspective)なるものは、主として知識社会学的問題意識と結びつけられているように思われる。そのねらいは、「社会科学においてこれまでに展開されてきた方法論的資産、もしくは、現に展開されつつある方法論的資産のうち、初期キリスト教文献の分析に新たな範型(fresh paradigms)を提供しうるものの範囲を明らかにし、それによって、〔初期キリスト教文献で〕報告された出来事および報告にかかわった人々の環境と生活世界(life world)の理解を増大させること」であった[27]。ここで問われているのは、単なる史実ではなく、初期キリスト教徒たちの「思想世界」(thought worlds)であり、「世界観」(Weltanschauung)である[28]。「歴史学者は、言われたことの意味と語られずに残されたこととの含みとをともにはっきりさせようと試みるべきである。初期キリスト教の研究者は、新約聖書記者たちのテクストの中にある暗黙の意味の網の目に注意を払わなければならない[29]」。このような要請は、もはや、通常の歴史学の課題を越えるものであろう。キーによって明確に示された社会学的傾向は、若干ニュアンスの違いがあるとはいえ、G・タイセン等によるドイツ語圏の研究ともつながっていく[30]。そこでは、「文学社会学」(Literatursoziologie)という概念を用いて、文芸学的傾向と社会学的傾向との接点が積極的に求められている[31]。

ともかく、旧・新約聖書研究におけるこうした方向は、神の言葉としての正典をますます固守しようとするファンダメンタリズムの方向とは対照的に、歴史的・批判的方法を通して結果的に顕在化した正典の相対性という認識をふまえつつ、その歴史的・批判的方法自体の限界をも問う形で、旧・新約聖書をさらに広い地平へと解放する。その基礎になっているのは、要するに、旧・新約聖書も広い意味では一種の文学作品であるという問題意識であり、さらに、古代イスラエル宗教から初期キリスト教にいたる宗教の歴史的形態に即応する文書として、こうした教典が結晶し、そこから正典が生まれてくる過程を照射すべく、知識社会学的手法などが援用されるのである。キリスト教教義学に基づく評価はさておき、少なくともこれによって、旧・新約聖書研究は、人間学的な幅を与えられ、閉鎖性を脱して宗教学の一環としての教典研究になる可能性をさし示されたのではないかと思われる。

3

ともかく旧・新約聖書をとりかこんでいた正典概念の枠組が、キリスト教神学の内部から相対化されていくことによって、これらの諸文書を教典という本来の地平へもどし、今までに蓄積された研究をも生かしながら、他の宗教の教典とならべて考察することが次第に可能になってきた。この可能性は、原理的には従来も開かれていたのであるが、現在では、これに新たな視点が付け加えられる。そのさいの基本的前提は、前述のように、教典の文学的性格である。その背後には、今世紀における文学理論の発展があったが、特定の教典を継承する人々は、しばしば、それがあくまで教典であって、単なる文学ではないことを主張して、文学的性格の強調に抵抗するのが常であった。[32] もとより、文学と区別された教典概念の確定は重要な課題であり、その成否は、ひとえに宗教概念の確定の可能性にかかっている。しかしここでは、それ以前のところで、教典が人間の言語表現として成立する場面をまず問題にしようとしているわけである。歴史的・批判的方法をきっかけとする聖書学の模索が、文学批評・文学社会学などの手法を適用する方向へ向かいつつあることは、その問題意識を無意識のうちに浮かび上がらせてきた。こうした動向は、かつてミュラーの教典論を成り立たしめていた出発点を思い起こさせるものである。そこでは、人間のふるまいと相関的に発生する言語表現が宗教とどのようにかかわるかが問題とされていたのである。

宗教現象と文学との間に根源的な関係を仮定すること自体は、別に特殊な発想ではない。[33] 文学信仰起源説は、いろいろな形で唱えられてきたが、その典型を折口信夫において見ることができる。彼は、日本文学の発生を探求し、「神授(と信ぜられた)の呪言」をさぐりあてた。[34] この原初形態は、「日本文学の根柢に常に横たわって滅びない唱導精神」を通して示唆されるものであるが、そこには、「ほかひを携へ、くゞつを提げて、行き〳〵て、又、行き行く流民の群れ」を思い浮かべる彼の直観的・詩的構想力が働いていた。[35]「貴種流離譚」すなわち「ひ弱くて、か細い、神の胤の様な尊いお人が、諸国をさすらひ歩くと言ふ形の物語」とか、「まれびと」とかいう折口独自の概念も、この考え方の延長線上にあり、同様の問題意識を表している。彼は、すでに文学になっているものから見始めるのではなく、「文学に一歩足を懸けてゐる時」から見ようとするのである。[36]

また、N・フライは、文学の「原型」(archetype)を広い意味での「神話」(myth)に求める。彼によれば、物語・筋としての文学は「ミュトス」(mythos)であり、神話が「転位」(displacement)されたものである。[37]いかなる時代の文学にも、中心となる「百科全書的形式」(encyclopaedic form)が存在するが、神話様式におけるそれが「教典」(scripture or sacred book)である。そのため、世界で最も体系的にできた教典としての聖書は、明らかに一個の文学作品である。「聖書は、基礎的な神話であり、創造から黙示にいたる単一の原型的構造を示すものである」。「聖書は単なる文学『以上』のものだと言われているけれども、それは、文学以外としての扱い方も可能であることを意味しているにすぎない[38]」。

折口の日本文学発生論は、歴史上の特定の時点のことだけを問題にしているのではない。その発生は、次々に繰り返す発生である。ここでは、歴史的考察と本質的なものに対する直観とがいりまじっている。また、フライは、自らの仕事を「批評」(criticism)と規定し、その内容としては、「教養教育・文化・人文科学研究などさまざまに呼ばれているものの一部をなし、文学に関係する学問および趣味の全業績」を考えている。[39]このような批評は、芸術であると同時に科学でもあるが、「純粋」科学や「精密」科学ではない。[40]したがって、宗教現象と文学との共通の根源をさぐる試みは、史学的に実証されうるわけではないし、科学的に証明されうるわけでもない。それは一種の直観的仮定であり、問題は、その仮定によって新たに何が見えてくるかである。そもそも、「宗教」

とか「文学」とかいう概念も仮説的性格をもつのであるから、それらを関係づける理論が同様の性格をもつのは当然かもしれない。ともかく、その仮定によれば、一方において、人間の限定された営為としての言語表現は宗教的色彩を帯びやすいことになるし、他方、教典は文学として成立することになる。したがって、文学理論の展開は教典研究の方向と無関係ではありえない。

しかし教典の文学的性格を考える場合、いわゆる美的価値をもった文学作品だけが問題になっているわけでないことは言うまでもないであろう。教典は、通常、教団生活と結びついた口頭伝承の蓄積の中から生まれてくるのであるから、その最終的形態がすぐれた作品であっても、それだけを見ているわけにはいかないのである。日本で「口承文芸」を最初にとりあげて論じたのは、柳田国男であった(一九三二年)[41]。彼は、すべての口承文芸を総括して、「口碑」という伝統的用語をあてはめようとしたが、この着想は結局根づかなかったようである。しかしながら、口承文芸の特質を作者と読者の関係に見た点において、柳田は、明らかに時代に先んじていた[42]。彼によれば、口承文芸は、読者の要望によって常に一定の方向へ導かれる。例えば、日本では、薄命の美人は必ず救われねばならないし、桃太郎は凱旋しなければならない。柳田は、「モチーフ」の訳語としての「趣向」をこの一定の方向を表すために用いた[43]。それは、「この国民の胸を波うたせていた、古い大きな感動」であり、「なつかしさもなつかしく」愛惜さるべきものなのである。現代の文学理論の一部では、文学と読者との関係が意識的にとりあげられ、口承文芸ならざるすでに出来上がった文学作品が、読者とのかかわりの中で見なおされている。そして、おそらくこの点が、文学理論と教典論を関係づけるところから生まれる最も意味のある認識の方向になるのではないかと思われる。したがって、柳田自身の価値観に対する評価はさておき、彼の口承文芸論は、予見的意義をもっていたのである。

（1）G. Mensching, *Die Religion: Erscheinungsformen Strukturtypen und Lebensgesetze* (Stuttgart: 1959), S. 97-108, 下宮守之・田中元訳『宗教とは何か――現象形式・構造類型・生の法則』法政大学出版局、一九八三年、八八―一〇〇ページ。

（2）*ibid.*, S. 327-334, 下宮他訳、三二六―三三四ページ。

（3）K. Goldammer, *Die Formenwelt des Religiösen: Grundriss der systematischen Religionswissenschaft* (Stuttgart: 1960), S. 250-266.

（4）G. Widengren, *Religionsphänomenologie* (Berlin: 1969), S. 574-593, 特にS. 591-593.

（5）「バイブル」の語源となっている“*βιβλία*”（「小さな書物」）は、元来、ギリシア語では中性複数形であったが、ラテン語に移されるさいに、女性単数形になった。多様な文書の結集であった旧・新約聖書を統一理念に基づく正典と見なす道が、ここから開かれていった。B・F・ウェストコットは、これを「幸運な文法違反」(happy solecism)と呼んだが、果たして「幸運」であったかどうかはわからない。『新聖書大辞典』キリスト新聞社、一九七一年における「聖書」の項目参照。

（6）E. Käsemann (herausg.), *Das Neue Testament als Kanon: Dokumentation und kritische Analyse zur gegenwärtigen Diskussion* (Göttingen: 1970) は、旧・新約聖書の正典性をめぐる神学者たちの問題意識もしくは危機意識を表していた。

こうした状況の中で、従来の「旧・新約聖書神学」は、方法の明確化を迫られる。W. G. Kümmel, *Die Theologie des Neuen Testaments: nach seinen Hauptzeugen: Jesus・Paulus・Johannes* (Göttingen: 1969) S. 11-16, 山内真訳『新約聖書神学――イエス・パウロ・ヨハネ』日本基督教団出版局、一九八一年、一五―二三ページは、この点の自覚を示している。

（7）著者は、一九七〇年頃から折にふれて、新約聖書、特に福音書の研究方法について論じてきた。本章はその問題意識の延長線上にある。拙稿「編集史における多様性と統一性」日本基督教学会『日本の神学』一〇、一九七一年、一八六―一九六ページ、同「共観福音書研究における編集史的方法」〈旧・新約合同学会シンポジウム発題要旨〉日本新約学会『新約学研究』創刊号、一九七三年、五六―五八ページ、同「福音書研究の方法に関する一考察」日本オリエント学会『オリエント』二〇―一、一九七七年、一二一―一三六ページ。また、W. A. Beardslee, *Literary Criticism of the New Testament* (Philadelphia: 1970), 拙訳『新約聖書と文学批評』ヨルダン社、一九八三年における「訳者あとがき」と本章はきわめて密接な関係にあり、相補的である。

（8）ファンダメンタリズムの特徴とその問題点を適切にまとめたのは、J. Barr, *Fundamentalism* (London: 1977, 1981²), 喜田川信・柳生望・谷本正尚・橋本秀生訳『ファンダメンタリズム――その聖書解釈と教理』ヨルダン社、一九八二年。聖書理解については、特に pp. 40-89、喜田川他訳、六七—一一九ページ参照。

(9) *ibid.*, pp. 105-108、喜田川他訳、一三六—一三九ページ。

(10) *ibid.*, pp. 66-67、喜田川他訳、九五—九六ページ。聖書の引用は、広く知られているという意味で「新共同訳」によったが、ファンダメンタリストの用いる「新改訳」でも、多少言葉づかいの相違はあるが、ほとんど同じである。

(11) 原文では、三・一五の「聖書」は "*ἱερὰ γράμματα*" である。三・一五—一六の訳し方をめぐって、さまざまな議論がなされてきたが、A・T・ハンソンは、一五節の "*ἱερὰ γράμματα*" を "the sacred writings"、一六節の "*γραφή*" を "every passage of scripture" と訳し、いずれも旧約聖書をさすと考える。彼は、この手紙の著者が当時のある種の旧約聖書理解と対決しようとしていたことを、正しく指摘している。A. T. Hanson, *Studies in the Pastoral Epistles* (London: 1968), pp. 42-44. idem, *The Pastoral Epistles* (The New Century Bible Commentary) (London: 1982), pp. 151-152. 拙著『牧会書簡』日本基督教団出版局、一九九〇年の該当箇所参照。

(12) 三・一六には、次のように記されている。「彼〔パウロ〕は、どの手紙の中でもこのことについて述べています。その手紙には難しく理解しにくい個所があって、無学な人や心の定まらない人は、それを聖書のほかの部分と同様に曲解し、自分の滅びを招いています」(新共同訳)。ただし、この三・一六をどのように理解するにせよ、一・二〇—二一の「聖書」は旧約聖書である。cf. Ch. Bigg, *Epistles of St. Peter and St. Jude* (The International Critical Commentary) (Edinburgh: 1901, 1956^2) p. 269.

(13) 新約聖書に対してこの言葉が用いられるようになるのは、クレメンスの手紙二、二・四以降である。cf. K. H. Schelkle, *Die Petrusbriefe, Der Judasbrief* (Herders theologischer Kommentar zum Neuen Testament) (Freiburg: 1961, 1976^4), S. 237.

(14) J. Barr, *op. cit.*, p. 78、喜田川他訳、一〇七—一〇八ページ。

(15) 注(7)の拙稿参照。

(16) 学術用語としての「文芸学」は、一八四二年に出版されたT・ムントの著書に始まると言われている。竹内敏雄『文芸学序説』岩波書店、一九二五年、一ページ。

(17) 同書、二〇—二一ページには、次のように記されている——「この概念をもって表示される文芸認識はまづ一科の学として文芸批評乃至鑑賞論から区別され、つぎに精神科学の一分科として文献学乃至文献学的文学史から区別され、さらに芸術学の一分科として一方では旧来の『文学史』から、他方では旧来の『詩学』から自己を区別する。……しかしそれはまたそれ自身の領域のうちに新しい文芸理論と文芸史とを包容し、ある意味においてこの両者を綜合しようとするものである」。

(18) 同書、一一八ページ。

(19) 同書、一三三ページ。

(20) 同書、一三六ページ。

(21) ドイツにおける文芸学の本流は、新約聖書研究よりも、むしろ、旧約聖書研究に影響を与えてきた。その動向については、野本真也「旧約学における文芸学的方法の位置」同志社大学『基督教研究』四二―一、一九七八年、参照。この論文は、旧約聖書研究においても、「テキスト言語学」(Textlinguistik)や「テキスト理論」(Texttheorie)の導入によって、従来の文芸学的方法をのり越える学際的理論が志向されていることを的確に指摘する。

(22) 文芸学がすべて単純な科学主義の立場をとってきたわけではない。岡崎義恵は、文芸学における「直観法」を強調する。彼によれば、文芸学の研究方法は、「一般精神文化学の持つ直観的特性を一層強化したもの」なのである。しかし他方、次のようにも言われている――「文芸学の如きものは、恐らく科学中最も直観力を多く働かせてよいものに属するであらう。しかしそれには限度がある。直観が理論と実証との総和を超える程になると、もはや科学としての立場を失ふのではないかと思ふ」。岡崎義恵『文芸学概論』勁草書房、一九五一年、一一一―一一四ページ。
また、E・シュタイガーも、文芸学に含まれたディレンマを感じとっている――「つまり、ありていに言ってしまえば、文芸学については事が変な具合になっているわけである。それに携わっている者は、学問をやり損うか、文学をやり損うか、どちらかである」。E. Staiger, "Die Kunst der Interpretation", in *Die Kunst der Interpretation: Studien zur deutschen Literaturgeschichte* (Zürich: 1955), 新田博衛訳「文芸解釈の方法」世界の名著八一『近代の芸術論』中央公論社、一九七九年、五五〇―五五一ページ。

(23) 英語の "literary criticism" がこれにあてはまる。注(7)にあげた拙訳書における「訳者あとがき」を参照。

(24) J・R・マイルズによれば、近代の旧・新約聖書研究には、歴史に対する疑似宗教的コミットメントが見られたが、最近では、文学理論への関心がこの傾向にとってかわりつつある。J. R. Miles, "Radical Editing: Redaktionsgeschichte and the Aesthetic of Willed Confusion", R. E. Friedman (ed.), *The Creation of Sacred Literature: Composition and Redaction of the Biblical Text* (Berkeley: 1981), pp. 85-99.

(25) R. Scroggs, "The Sociological Interpretation of the New Testament: The Present State of Research", *New Testament Studies*, 26, 1980, pp. 164-179.「これが新自由主義の結果であるのか、ベトナム戦争や学生反乱や世界各地のきびしい経済的・政治的圧迫のような社会的緊張の結果であるのか、それとも、これらすべての結果であるのかは、今のところはっきりしない」(p. 165)。

(26) H. C. Kee, *Christian Origins in Sociological Perspective: Methods and Resources* (Philadelphia: 1980), p. 29, 拙訳『初期キリスト教の社会学』ヨルダン社、一九八八年、二七ページ。

(27) *ibid.*, pp. 18f., 拙訳、一七ページ。

(28) *ibid.*, p. 21, 拙訳、一九―二〇ページ。

(29) *ibid.*, p. 24, 拙訳、二二ページ。

(30) W. A. Meeks (herausg.), *Zur Soziologie des Urchristentums* (München: 1979). G. Theißen, *Studien zur Soziologie des Urchristentums* (Tübingen: 1979).

(31) これについては、注(7)であげたいくつかの拙稿ですでに論及した。最近の「社会史的聖書解釈」(sozialgeschichtliche Bibelauslegung)と称するものも、社会学的傾向との関係の中でとらえられるべきであろう。フランスを中心とした新しい歴史学の方法である「社会史」をこれと結びつけるわけにはいかない。なお、大貫隆 "Zur literatursoziologischen Analyse des Johannesevangeliums: Auf dem Wege zur Methodenintegration", *Annual of the Japanese Biblical Institute*, Vol. VIII, 1982, pp. 162-216 は、ドイツ文芸学の成果を意識的にとり入れつつ、近年の諸傾向の統合を企てたものであるが、結論的には、あらゆる傾向を歴史的・批判的方法の中に位置づけてしまう。

(32) 例えば、E. Käsemann, *An die Römer* (Handbuch zum Neuen Testament) (Tübingen: 1973, 1980⁴), S. 1, 岩本修一訳『ローマ人への手紙』日本基督教団出版局、一九八〇年、一七ページでは、パウロ書簡が「文学的書簡」(Kunstbrief)ではないことが強調されている。

(33) 折口信夫「国文学の発生(第四稿)――唱導的方面を中心として」『折口信夫全集』第一巻、中央公論社、一九六五年、一二四ページでは、「たゞ今、文学の信仰起原説を最、頑なに把って居るのは、恐らく私であらう」と言われている。

(34) 同書、一二五ページ。

(35) 同書、二一六ページ。

(36)　折口信夫「日本文学の発生　序説」『折口信夫全集』第七巻、一九六六年、特に三四三―三四四ページ。「文学」という言葉は、明治初年以降 "literature" の訳語として定着したが、元来その意味には、さまざまなニュアンスがあったようである。鈴木修次『文学としての論語』東京書籍、一九七九年、特に三四―八〇ページ参照。

(37)　N. Frye, *Anatomy of Criticism: Four Essays* (Princeton: 1957), 海老根宏他訳『批評の解剖』法政大学出版局、一九八〇年。

(38)　*ibid.*, p. 315, 海老根他訳、四四八―四四九ページ。cf. idem, *The Great Code: The Bible and Literature* (London: 1982). F. Kermode, *The Genesis of Secrecy: On the Interpretation of Narrative* (Cambridge: 1979), 山形和美訳『秘義の発生――物語の解釈をめぐって』ヨルダン社、一九八二年。

(39)　N. Frye, *Anatomy of Criticism*, p. 3, 海老根他訳、五ページ。

(40)　*ibid.*, p, 7, 海老根他訳、一二ページ。

(41)　柳田国男「口承文芸史考」『定本　柳田国男集』第六巻、筑摩書房、一九六三年。

(42)　同書、一六―一八ページ。ただし、柳田国男の考えでは、作者と読者(看客・聴衆)との関係の中でとらえられる「所謂読者文芸」は、口承文芸に限られていた。

(43)　同書、一三八―一四六ページ。

第三章　教典論の射程

1

前章で述べたような状況の中で、伝統的聖書学、特に新約聖書学は、さまざまな方法的装置を外側から導入して、歴史的・批判的方法から生じる問題点を修正・補完しようとしてきた。しかしながら、教典としての聖書を複数の研究方法へ向かって開放することは不可避的なのであるが、それが聖書学の枠内でアプリオリな前提からなされる場合には、結局、一段とこみいった形で仮説を積み重ねることにならざるをえなかったように見える。それは開放的な教典論へは向かわず、結局自己完結的な護教論へ向かうのではないであろうか。例えば文学社会学の方法は、本来の広い意味で理解されていれば、書物としての教典の成り立ちやその社会的機能を問う可能性をも含んでいるはずであるが[1]、新約聖書学では相変わらず、イエスをめぐる出来事を説明する装置として用いられたにすぎなかった。日本の新約聖書研究における文学社会学的方法は、周知のように、荒井献等によって提唱されたが、その背景にはG・タイセンの学説があった。[2] しかしタイセンが、のちに自らの学説を展開していく中で、社会学的方法をひとつの下位理論として位置づけようとするとき、まさに伝統的な新約聖書学の根本的性格があらわになる。彼によれば、「史的イエスによって人間の生に呼び起こされた『突然変異』」を説明する「原始キリスト教の理論」(eine Theorie der urchristlichen Religion) こそが上位理論なのである。この理論には、社会学・心理学・記号論の三つの側面がある。したがって、「宗教社会学は、より包括的な原始キリスト教の理論のひとつの側面にすぎない」。[3] ここで言われている「原始キリスト教の理論」とは、「原始キリスト教」を理想的モデルとして実体化しようとするすぐれて護教的な仮説である。したがって、タイセンの主張する宗教社会学・文学社会学は、「新約聖書の宗教社会学・文学社会学」なのである。[4] 文学社会学を「様式史の徹底」と位置づける見方も、[5] この枠の中でのみ説得力をもつ。しかし旧・新約聖書は実際には、種々の異なる文化にそれなりの屈折を経て受容され、そこで生きた宗教としてのキリスト教を形成する一要素となったのであり、原始キリスト教における伝承の伝え手と受け手との関係は、その一例ではあるが、必ずしも理想的モデルとはなりえない。[6] 歴史上のあらゆる場面において伝達と受容の種々相を明らかにすることはとうてい不可能であるとしても、さしあたり身近なところからその問題を考えることによって、無自覚な主観的モデルを相対化する試みはたえず積み重ねていく必要がある。教典を成り立たせている伝承には、そして教典そのものの伝達にも、常に伝え手と受け手があり、両者の間には微妙なずれが生じうるのである。

そういうわけでタイセン流「新約聖書の文学社会学」からは、直接教典論への道は開かれなかったが、旧・新約聖書研究における社会学的傾向は、他方特に英語圏で、「レトリック批評」(rhetorical criticism) と呼ばれる方法を生み出した。これは一九七〇年代半ば以降に、アメリカ合衆国を中心として提唱されるようになったもので、[7] 由来からすれば、従来聖書学で用いられてきた意味での「文学批評」(literary criticism) の延長線上にある。しかしB・L・マックの回顧と展望によれば、ここには学派も公認の指導者も方法的規準もないので、さしあたりせいぜい共通のテーマをめぐる議論の大まかな傾向をおさえておくしかない。[8] 彼の理解では、レトリック批評が目を向けている「レトリック」は、主として、語り手と聞き手の関係を考慮に入れた「説得術」(art of persuasion)としてのレトリックなのである。[9] 文学社会学がそうであったように、レトリック批評も聖書学の中ではじめて生まれたものではなく、あくまで外側からとり入れられた方法にすぎない。そしてこの場合にも聖書学では、方法を生み出した元来の現代的動機は不明瞭になるか、もしくは狭く限定されてしまっている。そもそも一九三〇年代以降広範な領域で芽生えてきたレトリック再評価の動きは、説得技法・修辞技法としてのレトリックという旧来の性格規定を越えたところを志向していた。佐々木健一によれば、二〇世紀のレトリック研究は、「言語の創造性、新しい意味の産出に対する関心」に基づき、「その新しい意味を現実化する理解もしくは解釈のダイナミックな仕組の分析」を深めたのであり、その結果「レトリックの一般化」が起こった。[10] このような「創造のレトリック」は、聖書学のレトリック批評では、少なくとも意識的には強調されない。ここではやはり何よりも既存の文書テクストの解釈に重点がおかれているためであろう。語り手と聞き手の関係と言っても、それは旧・新約諸文書を成り立たしめた伝承の枠内でのみ考えられている。しかし本来のレトリック批評は、文書の背後へ向かってうしろ向きになされるのではなく、むしろ文書が用いられていく場面へ向かって前向きになされねばならないのではないだろうか。

とはいえ、文学社会学やレトリック論を聖書研究へ適用しようとする試みは、すでに歴史的・批判的方法によって生じた聖書学の流動化をさらに一段と推し進めるものとなったように思われる。これらの「方法」は元来歴史的・批判的方法の問題点を補完するために導入されたものであるが、結果的に見れば、旧来の聖書学の閉鎖的状況を自己批判的に突破していく可能性をますます顕在化させたのではないだろうか。それは、聖書学以外の非キリスト教的(世俗的)学問の領域で芽生えた新たな問題意識のいくつかが意外にも聖書学の動向と対応することを、これらの試みが示唆することになったためである。そこで次に、聖書学の外側にあってこれと対応するように見える二、三の問題意識を、聖書学の枠にとらわれずにさぐってみたい。歴史的・批判的方法に始まる動向を教典論再認識の第一のきっかけとすれば、それらは事実上、教典論再認識の第二のきっかけになると思われる。もちろん第一のきっかけと第二のきっかけとは表裏一体である。

まずとりあげられなければならないのは、二〇世紀に入ってから多岐にわたって展開された文学理論であろう。なかんずく重要なのは文学作品と読者とのかかわりを問う文学理論で、文芸学の伝統のあるドイツでは、H・R・ヤウスやW・イーザーによって代表され、「受容美学」とか「美的作用理論」とか呼ばれる。(11) イーザーによれば、文学作品は、作者によって作られるテクストと読者がなしとげる具体化との二つの極をもつ。つまり、テクストと読者とが収斂する場所に、文学作品が位置しているのである。この場所は潜在的であり、文学作品は、テクストから呼びかけられた読者が遂行する構成過程においてのみ、姿を現す。(12) したがって、この詩は、このドラマは、この小説は何を意味するのかという旧来の問いは、読者を通して虚構テクストがよみがえるとき読者に何が生じるのかという問いによっておきかえられなければならない。(13) イーザーは、テクストにおける「不確定性」(Unbestimmtheit)が、テクストと読者の相互作用を引き起こし、また、それをある程度調整すると考えており、その基本構造を「空所」(Leerstellen)および「否定」(Negationen)と呼ぶ。(14) 読者は、それらを契機として、自らのイメージによる構成活動へ向かわしめられるのである。

T・イーグルトンが的確に指摘するように、「ソシュール、ヴィトゲンシュタインから現代の文学理論へといたる二〇世紀の『言語革命』(linguistic revolution)の特徴をなすのは、意味は言語の中に単純に『表出』されたり『反映』されたりするものではないという共通の認識である。それは、言語の方が実際に意味を産出するのだという認識と言ってもよい」[15]。そのことを近代の文学理論の展開にそって見ていくと、そこにはおよそ三つの段階が認められる[16]。第一はもっぱら作者に対して関心を向けた段階（ロマン主義および一九世紀）、第二はテクストのみに関心を限定した段階（ニュー・クリティシズム）、第三は読者へと関心を移行させた段階（受容理論）である。この整理の仕方にはほとんど疑問の余地がなく、作者からテクストへ、そしてテクストから読者へという関心の移り変わりが、一九世紀から二〇世紀にかけての多様な文学理論の展開の基本的道筋をなしていたことは確かであると思われる。言語行為理論も、記号内容から記号表現を分断するポスト構造主義も、この中に位置づけられる。最近の聖書学において、テクストの構造分析や文学社会学やレトリックに関心がよせられた背景には、文学理論のこうした展開があった。そこに明らかに対応関係が見られるという事実は、書き記されたテクストとしての教典には、広い意味での文学理論があてはまることを示している。そうであるとすれば、今度は意識的に、文学理論に基づいて教典を見なおしてみることも可能であるし、また必要でもあろう。

旧・新約聖書について言えば、その「正典」としての性格ゆえに、イーグルトンの提示する第一の段階と第二の段階の文学理論になじみやすいことが当然予想される。狭義の神学的関心に基づく旧・新約聖書研究は現にその方向を目ざしており、パウロ神学研究とか五書研究とかの形をとる。しかし、宗教学的教典研究はそこにとどまるわけにはいかない。そもそも歴史的・批判的方法における様式史から編集史への移行も、テクストの背後の口頭伝承から文書の最終的編集者へと目を転じることになった点で、文学理論に見られる読者の再発見と無関係ではない。ただその射程が文書テクスト形成論の範囲を出なかっただけである。第三の段階における文学理論の中核をなす読者の役割を考慮に入れようとするとき、教典研究で問題になるのは、宗教体験の共通性をどこで確保するかということであろう。特定の宗教体験に基づいて形成されたテクストは、同一の宗教体験を再生産するきっかけとなる限りにおいてのみ教典であると考えるならば、多少ずれた読みをもたらす読者の存在は問題とするに足りないことになる。だが、宗教体験の内実がそのまま再生産されて、継続していくとは考えにくい。本来宗教体験は特定のテクストの読みだけから成立するものではなく、テクストの用いられる状況全体の中で成立する。状況が変われば、そのテクストの「不適切性」(infelicity)も生じうるであろう。(17) 重要なことは、テクストがおかれた新たな場面で、宗教体験と呼びうるものが生起するかどうかであって、それが元来の宗教体験と完全に一致するかどうかではない。創唱者もしくはそれにかわるものの宗教体験がほとんど変化しないままで継承されることは、必ずしもある宗教集団のアイデンティティを形成するための条件ではない。時と場面に制約されつつ宗教体験も次第に変化していく中から、ひとつの歴史的形態としてその宗教集団のイメージがゆるやかに浮かび上がってくるというのが実態なのではないだろうか。厳格な正典理念に固執するキリスト教の場合も現実には同様であろう。ただし、新たな場面で生起する体験が宗教的であるかどうかを判断することは意外にむずかしいと思われる。

　これまでの教典研究は、そこに示された教えの内容をひとつの無時間的な教義体系として抽出するか、あるいは、教典形成期の歴史的状況の中で、創唱者の人格や思想の史的原像を探求するかであった。その場合、抽出された教義体系も、探求された史的原像も、それ自体に内在する価値以上に、教典なるがゆえの価値を賦与される。結果的には正典の相対化をもたらした歴史的・批判的方法に基づく聖書研究の場合でも、教典の権威による正当化を求める性格はあまり変わらない。そうである限り、特定の教義体系にあてはまらないと思われる考え方や特定の史的原像にかかわらないと見なされている史実は、教典の中に含まれたものであっても、関心の対象からはずされることになる。意識されているにせよ、されていないにせよ、教典はすでにそのつど一定の方向で読まれているのである。同じように、ファンダメンタリズムすら、やはりひとつの読み方と見なすことができよう。したがって、教典を文学的テクストとしてとらえ、これと読者との相互作用を問うことは、従来の教典研究のうちに事実上存在した問題を意識化することを意味する。ただし教典は通常、一人の作者が一気に書き上げたものではないから、この読者という概念は、教典成立以前の口頭伝承や断片的文書伝承の受容者をも含む広い意味で用いられなければならない。

視点をそこへすえなおすことによって、教典は、読者をとりかこむ社会的場の中に位置づけられる[18]。そこでは、教典のどのような受け取り方も、それなりの意味をもつのであり、従来関心の外におかれていた事柄にも光があてられる[19]。そして、教典のさまざまな機能が明らかになってくるにつれて、その機能を媒介として、異なった宗教の教典を互に関係づけていくことも可能になるであろう[20]。長い歴史をもつ宗教の教典は、一種の文化遺産でもあるから、既成教団の意図にかかわりなく、普通の読みものとして、多くの人々によって自由に読まれるべき運命にある。したがって、それぞれの教団における教典研究が、教典をめぐる史的状況の復元に努力を重ねても、他方において、人々の多様な要望に対応する形で、かなり自由に教典が読み継がれていくのを阻止するのはむずかしい[21]。現代宗教の重要な特徴が宗教の個人化という点にあるとすれば、教典の読み方は、今後ますます教団の枠を越えていくことになるのかもしれない。

2

聖書学において生じた変化に対応する外側の動きとして、文学理論の展開とともに注目すべきものは、新しい歴史学理論の提唱であろう。近年旧・新約聖書研究ではしばしば「社会史」という概念が用いられ、時には前述の文学社会学的方法の適用がこれと結びついたものとして理解されてきた。さらにレトリック批評も、伝承がかつて語られた状況をさぐり、テクストをもう一度社会史的連関へもどしてとらえなおす試みである限り、社会史と無関係ではないことになる。むしろレトリック批評は、テクストの文学形式と生活背景の双方に注意を払うわけであるから、結果的に文学批評と社会史的分析とを媒介する役割を積極的に果たすものとなることを期待されている。このような方法としての社会史の主張は、明らかに新しい歴史学理論の出発点であったアナール学派の社会史を意識している。ところが、聖書学における社会史的方法の展開過程を見ると、アナール学派の考え方とは全く重なり合わず、ここでも相変わらず聖書学の枠内での内向的変質が認められる。例えばW・A・ミークスは「社会史」(social history)に注目し、「紀元一世紀に通常のキリスト教徒になること、キリスト教徒であることとは、どのような事態だったのか」を問いつつ、「キリスト教運動が誕生した直接の環境における通常の生活パターン」を明らかにしようとする。(22)またH・C・キーも「宗教史的方法」(history-of-religions method)と対置して、「社会史的方法」(sociohistorical method)を提唱する。(23)前者が歴史上の並行事例を比較しながらある現象を説明するのに対して、後者は、史料の背後にある「生活世界」に目を向けるのである。ミークスの場合にもキーの場合にも、「社会史」は確かにアナール学派のものと何となく似てはいるが、実際には初期キリスト教と新約聖書を中心におき、それとうまく適合する限りでの歴史的事実を、背景となっている古代世界から集めてきたというにすぎない。(24)

ところで、本来の社会史理論すなわちアナール学派の理論は、かつての「心性史」(histoire des mentalités)研究の段階から、近年さらに一段と深化されてきたように見える。この学派の第四世代に属するR・シャルチエによれば、従来の歴史研究を支配してきた歴史認識の原則には亀裂が生じており、複数のアプローチや多元的なとらえ方に道が開かれるようになってきたのである。そこで「心性」の歴史学にかかわるものとして、「表象」(représentation)、「日常的行為」(pratique)、「領有(＝自らのものとすること)」(appropriation)に視点をおく歴史学という言い方が提唱されることになる。(25)ここでは、能動的な個人の日常的行為がおりなす網の目を通して社会を解読することが試みられる。そのような日常的行為を作り出すものこそ表象であり、矛盾し対立し合う表象によって、各個人・各集団は自らの世界に意味を付与するのだと考えられている。シャルチエによれば、この力点の移動は、「文化の社会史から、社会的なものの文化史へ」と表現される。二宮宏之が言うように、この場合の「文化史」は「経済史や政治史と並ぶ、歴史の一分野なのではなく、歴史をまるごと文化として読み解こうとする歴史学」である。[26]このような文化の歴史学においては、すべての歴史現象が、生きた人間による表象としてとらえなおされることになる。それに対して「かつて社会史は、歴史の諸現象を客観的な実在と考え、それを発見するためのさまざまな分析手法を開発してきた」。社会史にかわるものとして文化史が提唱されなければならない理由は、その方向を転換させるためである。ただしこうした新たな展開は、あくまで『アナール』の伝統に対する批判的忠誠の立場[27]と見なされるべきであろう。シャルチエの関心は、文書資料を扱う従来の歴史学の手法を批判的に検討するために、印刷物の所有形態や読書行為の具体的なあり方に向けられる。そしてそこから得られる知見によれば、「書物が提供する新しい表象は、読者たちの考えに自ずと刻みこまれるものではない。いずれにしても、書物は多様な使われ方、理解のされ方を許すのである」。[28]したがってシャルチエの手法は、読者が自らのものとしたところのその意味を読み解こうとする「読解の歴史学」なのである。[29]

このように見てくると、現代においては文学理論も歴史学理論も、きわめて類似した問題意識をもって展開されていることがわかる。それはひとことで言えば、単純な意味での客観的実在に最終的よりどころを求めるのではなく、個々の人間の能動性を最大限に認めながら、それをあくまで他者(テクスト)とのかかわりの中でおさえていこうとすることであろう。そもそも既存の学問分野は本質的に孤立したものではなく、根源的問題においては互に通底しているのであり、そのため、各分野間の境界は常に流動的なのである。[30]聖書学における方法の推移も、このような状況の中で理解されなければならない。聖書学が閉鎖的な教団の学を脱して、現代の諸学と正面から向かい合うためには、そうした展開を避けるわけにはいかなかった。ただしそれはさしあたり、外側の方法の内側への適用にすぎず、聖書学から内発的に芽生えてきた問題意識が、文学理論や歴史学理論のそれへと通底したというわけではなかった。現に前述のとおり、方法の適用にあたって結局は、旧来の聖書学の枠組を打破するまでにはいたらなかったのである。なかんずくイエスもしくは原始キリスト教という歴史現象を、特別な意味をもった客観的実在と見なす傾向は、歴史的・批判的方法の適用以来、聖書学につきまとっている。しかし外側の方法を適用しただけでも、長い目で見れば、聖書学の閉鎖的な体質にひとつの風穴をあけるのには役立つのではないかと思われる。少なくともここから、教典論への通路は見通せるであろう。文学社会学や社会史の方法が聖書との関連で語られることによって、本来の文学理論や歴史学理論へ目が向けられる。そしてそこからもう一度聖書を見なおせば、旧・新約聖書も一種の教典であり、教典である限り宗教の一要素にすぎず、宗教のすべてではないこと、文字に書かれた教典は、現実の宗教生活の中ではさまざまな機能を果たしうること、多様な読まれ方をするだけでなく、朗誦されたり儀礼の道具として「もの」のように用いられたりする可能性もあることなどが当然明らかになるはずである。[31]

最も長い伝統と膨大な蓄積を誇る教団内教典研究としての聖書学も、その方法の推移にともなって、教典論という一段と広い地平で自らが相対化されることを黙認せざるをえなくなった背景には、あまり意識されないある現実的変化があったのではないかと思われる。それは、宗教現象の中での教典の比重の減少という事実である。一〇年ほど前に行われたNHK世論調査部の「日本人の意識」調査によれば、「宗教とか信仰とかに関係すると思われることがらで、あなたが信じているものがありますか」という設問に対する回答として、「聖書や経典などの教え」をあげた人は一〇%以下で、「奇跡」とか「お守りやおふだなどの力」をあげた人よりも少なく、しかも調査のたびごとに確実に減少している。[32]この結果を受け入れるとすれば、教典の内容に宗教の核心を求めるアプローチがもはや成り立ちにくくなっていることは明らかである。実際、一般にキリスト教の教会活動において、聖書研究の占める比重は次第に減少しつつあるように見える。教典の教えの内容がそれ自体としてはあまり重視されなくなる傾向は、書き記された文字の文化の相対化という現代の一般的傾向と連動しているのではないかと思われる。[33] したがってこの調査に現れた傾向は、日本以外の地域にもある程度あてはまるであろう。のちに見るように、近代の日本社会においては、他の地域と比べて、むしろ文字文化に過大な期待がよせられていたとも言えるのであり、ＮＨＫの調査結果はそのような社会におけるものであることを十分考慮する必要があろう。いずれにしても今や、宗教文化材としての教典は、文化全体のコンテクストの中であらためてその機能を問われることになる。そこでなお宗教の機能との重なり合いが見出される限りにおいて、教典は教典であり続けるであろう。プロテスタンティズムの正典主義も教典のあり方には違いないが、宗教学的教典論はそれを「ひとつの」あり方として相対化しつつ、歴史的に位置づけざるをえないのである。

（1）文学社会学をそのような意味で理解した例としては、R. Escarpit, *Sociologie de la littérature* (Collection QUE SAIS-JE?) (Paris: 1958), 大塚幸男訳『文学の社会学』白水社、一九五九年。ドイツの社会学の理念的性格に引きずられることなく、このような方向にそって文学社会学をとり入れようとする論稿は、少なくとも聖書学には見られない。エスカルピの方法はのちの社会史的方法にもつながるもので、聖書学にとっては早すぎた着想だったのかもしれない。

（2）荒井献『イエスとその時代』岩波書店、一九七四年、一九ページ。日本基督教団出版局編『聖書学方法論』日本基督教団出版局、一九七九年、一〇七―一二三ページ。ここでは例によって、だれが創始者の栄誉を担うかというどうでもよい議論が繰り返されている。

（3）G. Theißen, *Studien zur Soziologie des Urchristentums* (Tübingen: 1979), S. 22.

（4）大貫隆『福音書研究と文学社会学』岩波書店、一九九一年のように、S・J・シュミットの「効用論的テクスト理論」やP・L・バーガーとT・ルックマンの「日常知の社会学」などをこれに付け加えてみても、原始キリスト教に理想的モデルを想定するという前提から出発する限り、議論を複雑にするだけで、事態は本質的に変わらない。

（5）日本基督教団出版局編『聖書学方法論』一一八ページ。

（6）発生期の原初的形態に宗教のあるべき姿を求める傾向は、「原始仏教」をめぐる議論を見ても明らかなように、いくつかの宗教に共通するものであり、それは教典がらみで理解されることが多い。しかし現実の宗教現象は、原初的形態からなにがしかずれながら文化を形成していくのであり、むしろそのずれこそが宗教を生かしていくものなのである。

（7）聖書学における「文学批評」(literary criticism)の輻輳した意味については、W. A. Beardslee, *Literary Criticism of the New Testament* (Philadelphia: 1970), 拙訳『新約聖書と文学批評』ヨルダン社、一九八三年、「訳者あとがき」(一七一—一九五ページ)参照。

（8）B. L. Mack, *Rhetoric and the New Testament* (Minneapolis: 1990), p. 19. さらにその後、旧・新約聖書の「レトリック批評」に関する諸文献を包括的に整理したものが出版された。D. F. Watson/A. J. Hauser, *Rhetorical Criticism of the Bible: A Comprehensive Bibliography with Notes on History and Method* (Leiden: 1994).

（9）B. L. Mack, *op. cit.*, pp. 14f.

（10）佐々木健一編『創造のレトリック』勁草書房、一九八六年におさめられた編者解説「レトリックの蘇生」(二五九—二八五ページ、特に二七六ページ)参照。この解説は美学的視点からのものであるが、その射程は美学にとどまらない。なお、現代におけるレトリック再評価の諸相については、雑誌『思想』六八二、岩波書店、一九八一年四月および『理想』五九五、理想社、一九八二年一二月が、それぞれレトリック特集号となっており、適切な展望を与えてくれる。

（11）H. R. Jauss, *Literaturgeschichte als Provokation* (Frankfurt am Main: 1970), 轡田収訳『挑発としての文学史』岩波書店、一九七六年。W. Iser, *Der Akt des Lesens: Theorie isthetischer Wirkung* (Müinchen: 1976), 轡田収訳『行為としての読書——美的作用の理論』岩波書店、一九八二年。この問題意識は、もちろんドイツ語圏だけのものではなく、広く共有されており、"reader-response criticism"と呼ばれるひとつの流れを形づくっている。J. P. Tompkins (ed.), *Reader-Response Criticism: From Formalism to Post-Structuralism* (Baltimore: 1980).

（12）W. Iser, *op. cit.*, S. 38-49, 轡田訳、三三—三四ページ。

（13）*ibid.*, S. 41, 轡田訳、三六ページ。

（14）*ibid.*, S. 283, 轡田訳、三一二ページ。

(15) T. Eagleton, *Literary Theory: An Introduction* (Oxford: 1983, 1996^2), p. 60, 大橋洋一訳『文学とは何か』岩波書店、一九八五年、新版、一九九七年、九六ページ。

(16) *ibid.*, p. 74, 大橋訳、一一六ページ。近代文学理論の展開の詳細については、すでに幾多の著訳書によって紹介がなされているので、ここではこれ以上立ち入らないことにする。

(17) J. L. Austin, *How to Do Things with Words* (Oxford: 1960), 坂本百代訳『言語と行為』大修館書店、一九七八年、二五―七八ページ。

(18) プロテスタントとカトリックとの共同作業による最新の新約聖書註解シリーズ Evangelisch-Katholischer Kommentar zum Neuen Testament (EKK) では、各巻に「影響史」(Wirkungsgeschichte) という章がもうけられている。これは、「受容史」ではなく、あくまで新約聖書を主体にして影響の及ぶ範囲を問う点で、旧来の手法の延長線上にあるが、ともかく新しい問題意識が反映していることは確かであろう。なお、"Wirkungsgeschichte" という言葉は、H-G・ガダマーが用いている。H.G. Gadamer, *Wahrheit und Methode* (Tübingen: 1960).

(19) 拙稿「『牧会書簡』の表現形態」北海道大学『文学部紀要』三一―一、一九八二年は、従来あまり注目されなかった「牧会書簡」の宗教学的意味を明らかにしようと試みたものである。本書第二部第二章参照。

(20) 島薗進「新宗教の宗教意識と聖典――『おふでさき』の文体について」池田英俊・大濱徹也・圭室文雄編『日本人の宗教の歩み』大学教育社、一九八一年、二九八―三一二ページは、天理教の教典を宗教意識の変化と関係づけながら論じたもので、すぐれた着眼点を示している。

　他方、井筒俊彦『コーランを読む』岩波書店、一九八三年は、現代の文学理論の趨勢をふまえながらも、むしろ、コーランの史的原型を明らかにしようと試みる。ここには、史実に対する一種の楽観主義があるように思われる。

(21) 歴史的・批判的方法に基づく詳細な旧・新約聖書研究とならんで、*The Reader's Digest Bible* (要約聖書) とか *The Topical Bible* (項目聖書) とかが広く用いられている現象は興味深い。

(22) W. A. Meeks, *The First Urban Christians: The Social World of the Apostle Paul* (New Haven: 1983), p. 2, 加山久夫監訳『古代都市のキリスト教』ヨルダン社、一九八九年、一六―一七ページ。

(23) H. C. Kee, *Miracle in the Early Christian World: A Study in Sociohistorical Method* (New Haven: 1983).

(24) この問題についてはすでに拙稿「パウロにおける都市と人間」『聖書と教会』日本基督教団出版局、一九八九年九月号、二―七ページで言及した。

(25) R. Chartier, "Le monde comme représentation", *Annales* ESC, 1989, No. 6, 二宮宏之訳「表象としての世界」『思想』八一二、岩波書店、一九九二年二月、五―二八ページ。

(26) 二宮宏之「思想の言葉」前掲『思想』八一二、二―四ページ。

(27) R. Chartier, *op. cit.*, 二宮訳、二一ページ。

(28) R. Chartier, "Marchés du livre et pratiques de lecture dans la France moderne. Aux origines culturelles de la Révolution française", 1991, 関根素子訳「近世フランスにおける書物市場と読書行為――フランス革命の文化的起源によせて」前掲『思想』八一二、四三ページ。

(29) 同論文の別な翻訳として、福井憲彦訳『読書の文化史――テクスト・書物・読解』新曜社、一九九二年がある。さらに、R. Chartier (direction), *Pratique de la lecture* (Paris: 1985), 水林章他訳『書物から読書へ』みすず書房、一九九二年、idem, *Lectures et lecteurs dans la France d'Ancien Régime* (Paris: 1987), 長谷川輝夫他訳『読書と読者――アンシャン・レジーム期フランスにおける』みすず書房、一九九四年参照。

(30) T・イーグルトンはそのすぐれた文学理論の分析を次のような刺激的発言でしめくくる――「文学理論が自分のなかに含まれている可能性を開放しすぎれば、結局、文学理論が気づくのは、文学理論など存在しないことを自分自身で論議していたということだろう。まさにそうするのが、文学理論にとってもっとも良いことではないかと、私はここで提言したい。文学とは幻想にすぎぬという確認で始まったプロセスを完成させる詰めの一手は、文学理論もまた幻想にすぎぬという確認にほかなるまい。……したがって私たちはこう結論せざるをえない。本書は、文学理論への手引書ではなくて文学理論への追悼文であり、本書のなかで多くの人に理解してもらえるよう苦心惨憺して掘り起してきた文学理論を、いま私たちは埋葬して終らんとしている」と」(T. Eagleton, *op. cit.*, p. 204, 大橋訳、三一三―三一四ページ)。この一見ラディカルな発言と同じことは、今日多くの分野にあてはまるのではないかと思われる。

(31) W. A. Graham, *Beyond the Written Word: Oral Aspects of Scripture in the History of Religion* (Cambridge: 1987). M. Levering (ed.), *Rethinking Scripture: Essays from a Comparative Perspective* (New York: 1989).

(32) NHK世論調査部(のちにNHK放送文化研究所)編『現代日本人の意識構造〔第三版〕』日本放送出版協会、一九九一年、八八―八九ページ。もっとも、これらとならべて「神」や「仏」を選択肢に加える調査のやり方に問題がないわけではない。

その後今日（〔第五版〕二〇〇〇年）にいたるまでに、少しずつ設問を変えて、同様な調査が繰り返し行われたが、基本的傾向は変化していない。

（33） M. McLuhan, *The Gutenberg Galaxy: The Making of Typographic Man* (Toronto: 1962), 森常治訳『グーテンベルクの銀河系——活字人間の形成』みすず書房、一九八六年。W. J. Ong, *Orality and Literacy: The Technologizing of the Word* (London: 1982), 桜井直文他訳『声の文化と文字の文化』藤原書店、一九九一年。

第四章　教典と現代宗教

これまで述べてきたような問題意識に基づき、宗教現象における教典の機能を考えようとする教典論の可能性を見すえながら、今日そのための地平となる現代宗教がどのような特徴をもつにいたったかを次に明らかにし、それと教典とのかかわりについて検討してみたい。ここでは特に、ファンダメンタリズムと呼ばれる運動とグローバリゼーションの傾向とをとりあげ、教典論の視点から見てこの二つがどのように関連しているのかを考察する。

1

宗教学で用いられる概念には、①宗教学的問題意識から特定の研究者によって構成されたもの（アニミズム、共感呪術など）と②特定の宗教史的現象をさす言葉が、仮説的に一般的概念としても用いられるようになったもの（シャマニズムなど）とがあり、序論で述べたように、教典という概念にはどちらかといえば②のニュアンスが強いが、ファンダメンタリズムという概念はまさに②の典型である。しかもこれは今なお元来の宗教史的現象とのつながりを明瞭に引きずっており、なかなか一般的概念になりきれないところを残している。だがそれにもかかわらず、近年類似した宗教現象の出現がこの概念の一般化をうながしつつあることも確かである。こうした要請に従って、アメリカ合衆国では、ファンダメンタリズムに関する大がかりなプロジェクトが立てられ、その成果が出版されている。(1) 今後ファンダメンタリズムが宗教学的概念としての有効性を発揮するためには、最初にこの言葉を生み出した歴史的宗教現象とのつながりを失わず、しかも近年では諸宗教を横断する形で見出されるような現象、そしてこの言葉でなければうまく表現できない現象を、まずこの時点でできるだけ明確な形で反省的に把握しなければならない。

ファンダメンタリズムという呼称は、周知のように、第一次世界大戦のころからアメリカ合衆国を中心として、プロテスタント社会の中で顕著になってきたひとつの思想傾向をさして用いられるようになったものである。(2) 直接的にはそれは、一九一〇年から一九一五年にかけてアメリカ合衆国で出版された一連の小冊子の題名（*The Fundamentals*）に由来すると言われている。その当時は、この言葉をキリスト教以外の宗教にあてはめるなどということは考えられておらず、キリスト教内部でも、この呼称は必ずしも合意を得ているわけではなかった。何よりもこのレッテルをはられた人々が、ファンダメンタリストと言われることを好まず、「エヴァンジェリカル」（evangelical）もしくはそれに類した呼称を自らに対して用いるのが常であった。そのような事情もあって、この呼称が定着するのはややあとになってからであり、出発点と射程とが明確化されないままに用いられてきた。

M・エリアーデが編集者代表となっている『宗教百科事典』では、ファンダメンタリズムは「エヴァンジェリカリズム」（evangelicalism）の亜種（subspecies）として扱われている。(3) これはファンダメンタリストの側の意向をも尊重した説明であるが、エヴァンジェリカリズムの意味はいまひとつはっきりしない。福音主義ということであれば、プロテスタンティズムはすべて福音主義であるが、エヴァンジェリカリズムは多少ニュアンスを異にするように思われる。ただしドイツ語では、"evangelisch"はルター派プロテスタントのことをさす。要するにファンダメンタリズムは、一九二〇年頃に始まったキリスト教内部でのある種の運動を漠然と言い表したもので、ここには、その意味内容が拡張されていく可能性が、はじめから潜在的に含まれていたのではないかと思われる。しかし、最初の段階でこの言葉に付与された否定的ひびきは、概念が一般化されていく過程でも失われず、現在にいたるまでつきまとっていることには注意しておく必要がある。

厳密な概念規定がなかったとはいえ、最初期のキリスト教ファンダメンタリズムは、J・バーが言うように、文字どおり「根本的なもの」(the fundamentals)を固く保持するという点で、明らかな特徴を有していた。[4] 根本的なものとは、聖書の霊感と権威、イエス・キリストの神性、処女降誕などの伝統的教義であった。ファンダメンタリストたちは、特に近代神学と聖書の歴史的・批判的研究に対して拒否反応を示し、聖書の無謬性を強く主張した。しかしながら、思想的・歴史的・地理的・科学的なくいちがいを聖書の中に一切認めようとしない彼らの聖書解釈には、どうしても無理がともなう。聖書をできる限りありのままに受けとろうとする点では、ファンダメンタリストがしりぞけようとする歴史的・批判的方法に基づく解釈の方がむしろ一歩進んでいるとも言える。だが今日次第に明らかになってきたところによれば、歴史的・批判的方法も、実は最終的判断においては、仮説的性格を免れることができないのである。そもそも最初期のファンダメンタリズムを宗教学的に再検討するにあたって重要なことは、ファンダメンタリストの聖書解釈が聖書そのものにそくしているかどうかではない。いずれにしても、聖書の「正しい」解釈を誇るという姿勢が、すでに何らかの価値判断の導入に基づく取捨選択なくしては不可能であると言えよう。

ファンダメンタリズムが歴史的・批判的方法による聖書解釈と衝突する本当の原因は、聖書解釈それ自体の相違ではなく、その背後にあるそれぞれの神学の相違であるというバーの指摘はまさに適切である。[5] したがって人は、ファンダメンタリズムを論ずるために、聖書解釈の問題にまでふみこむ必要はない。さしあたり注目すべきことは、ファンダメンタリストが宗教的伝統を守るために、聖書的権威の「内実」(reality)よりもむしろ「形式」(form)を用いているという事実である。[6] 彼らにとっての究極的よりどころは、書き記され印刷された聖書、誤りなき霊感の言葉である聖書というこの客観的な「もの」なのである。この「もの」の形式は決して変更されてはならず、読まれるにあたっては、「教典を教典と照らし合わせる」ことが要求される。[7] つまり聖書が聖書を解釈するのであり、これは閉じられた解釈学的循環である。W・A・グラハムは、聖書を頭上高く掲げながら「汝の聖書を掲げよ」(Lift up your Bibles)と叫ぶ現代のキリスト教ファンダメンタリストの姿を描いている。[8] この場合、書物としての教典は、あたかも一種の「聖像」(icon)であるかのように機能している。

このような視点からすれば、最初期のキリスト教ファンダメンタリズムの特徴は元来その聖書解釈の内容にあるのではなく、教典としての聖書総体に対するかかわり方にあることになる。その意味では、書き記され印刷された聖書を重んじるプロテスタンティズムは、多かれ少なかれファンダメンタリズムの傾向をもつとも言えよう。したがって、ファンダメンタリズムとエヴァンジェリカリズムを重ね合わせる前述の説明には、それなりの根拠がある。そのプロテスタンティズムも、実際の宗教生活においては、必ずしも聖書にすべての関心を集中させるわけではなく、種々の儀礼の実行を通して適度にバランスを保っている。ところが、儀礼的要素の少ない無教会主義運動などでは、このバランスがくずれてプロテスタンティズム本来の潜在的傾向が突出し、時にはファンダメンタリズムに近くなるように見える。そこで問題は、ファンダメンタリズム概念の一般化が志向されている今日の状況の中で、教典に対する独特なかかわり方が、依然としてファンダメンタリズムの特徴になりうるかどうかということである。もしそれが特徴になりえないとすれば、別なところに共通性を発見するか、もしくは、ファンダメンタリズム概念の一般化は不可能という結論に達せざるをえないことになるであろう。

2

先に言及したアメリカ合衆国のプロジェクトの中には、いくつかの宗教におけるファンダメンタリズム的運動についての詳細な報告がおさめられているので、次に、そこからいくつかの例をとりあげ、教典に対するそれらの運動のかかわり方をさぐってみたい。

まず、アメリカ合衆国におけるローマ・カトリック教会の伝統主義を見ると、プロテスタントのファンダメンタリズムにとっての「聖書」の役割が、ここでは「教会」によって果たされていることがわかる。トリエント総会議以来の伝統に基づきサクラメントを執行する教会は、変化することのない客観的な制度として、カトリック教会の伝統主義のよりどころとなったのである。(9) また、ユダヤ教におけるシオニスト・ファンダメンタリズム（グッシュ・エムニム＝忠実な信者の連合）は、タルムードなどのラビ文献とともにトーラーに客観的権威を求める。これらの教典に現れる地名が領土問題と結びつくとき、この運動は必然的に政治的色彩を帯びてくる。(10) さらに、イスラム・ファンダメンタリズムの場合にも、同様な事態が見られる。スンナ派とシーア派で、地域的には南アジアとマレーシアとインドネシアで、それぞれファンダメンタリズムのニュアンスに相違があるが、やはりクルアーンとハディースがそのよりどころとなることには変わりはない。(11) ところがそれに対して、ヒンドゥー教においては、よりどころとすべき教典の輪郭がもともとあまり明確でない。したがって、ヴェーダに直接依拠しようとする点で、プロテスタントのファンダメンタリズムに最も近い形をとるアーリヤ・サマージの運動も、教典の明確化から始めなければならなかった。(12) またシーク教では、教典は重んじられるが、それに帰依することは、それに基づいて行動することであると考えられている。そのため、シーク教ファンダメンタリズムが主張するのは、「正しい教え」(orthodox)ではなく「正しい行動」(orthoprax)である。(13) さらに上座部仏教に目を転じると、書き記された教典の権威や正統的信仰に依拠するファンダメンタリズムというイメージはますます不明確になっていく。(14)

以上概観してきたいくつかの例から判断する限り、従来ファンダメンタリズムの特徴とされてきたこと、つまり教典に対する独特なかかわり方は、ヒンドゥー教・シーク教・仏教・儒教などよりも、ユダヤ教・キリスト教・イスラムなどのいわゆる「教典宗教」に一層よくあてはまるように見える。ファンダメンタリズム・プロジェクトの報告書の編者は、後者のグループを「アブラハム系統の信仰」(the Abrahamic faiths)と呼んでいる。(15) しかしここで考えてみなければならないことは、近年になって「教典」のイメージが次第に変化しつつあるという事実である。従来の教典のイメージは、キリスト教特にプロテスタンティズムにおける聖書というモデルに制約されており、「教典宗教」・「アブラハム系統の信仰」はそれを共有している。前述のように、新しい教典論はそのイメージを相対化し、教典をその機能とともに広い視野からとらえかえそうとする試みであり、ファンダメンタリズムをめぐる「アブラハム系統の信仰」とそれ以外の宗教との区別も、そこからもう一度見なおさなければならないであろう。

教典イメージを再検討する最近のすぐれた試みとしては、W・C・スミスと彼のグループによる業績があげられる。(16) その中の一人であるM・レベリングは、広義のテクストに対する人間のかかわりのダイナミックスという次元で教典をとらえる見方を提起する。すなわち、一定の形式に書き記され、閉じられた規範として働く教典のイメージだけでなく、流動的性格をもち、口頭で語られつつ開かれている教典のイメージをこれに対置し、二つの「極」(polarity)のダイナミズムにおいて教典を考えようとするのである。[17] さらに受容の仕方の多様性がこれに加われば、生きた宗教生活における教典の様相はますます広がりを見せる。このような視点から教典をとらえるならば、ファンダメンタリズム概念の出発点であったプロテスタント・ファンダメンタリズムにおける教典は、教典のひとつのあり方を示すにすぎないことになる。そこで、教典に対する独特なかかわり方というプロテスタント・ファンダメンタリズムに典型的に現れた特徴は、教典概念を拡大し、教典の位置にそれにかわるものをおいてみる可能性をも考慮に入れたとき、どこまで一般化されうるのかをあらためて問わなければならない。前述の例で言えば、教典がやや流動的である場合、あるいは、教典のかわりに教会や一定の行動の型がおかれている場合に、それに対するかかわり方のゆえに、このような傾向をファンダメンタリズムと呼びうるかどうかが問われなければならないのである。

ファンダメンタリズムは、世俗化に対抗して起こった運動と見なされてきた。確かにそれは正しいが、ファンダメンタリズム運動において主張されている事柄は、当該宗教集団にとって全く新しいことではなく、元来そなわっていた性格の一面が誇張されたものにすぎない。プロテスタント・ファンダメンタリズムの教典観は、書かれたものとしての聖書に固執するというプロテスタントの根本的性格が、誇張された形で現れたものなのである。世俗化の流れにアイデンティティ喪失の危機を直感的に感じとったとき、宗教集団は、過去から伝えられてきたある「もの」に反動的に立ちかえることになる。それは目に見えるものであった方がよく、プロテスタンティズムの場合には、ごく自然に聖書になったのである。しかし、同じ役割を果たすものであれば、書き記された教典のかわりに、特定のイメージとしての教会や一定の型の行動が拠点とされてもよいわけであり、こうした宗教運動を総称してファンダメンタリズムと呼ぶことは可能であろう。この動きは、どちらかと言えば、直観的・無意識的反応であるので、当然集団的形態をとりやすい。したがってまた、のちに述べるように、今日のいわゆるグローバリゼーションの傾向とも無関係ではないのである。

ここであらためて確認しておきたいことは、ファンダメンタリズムの運動を、世俗主義の対極にある定型化された伝統主義と見なすのは、必ずしも適切ではないということである。確かにファンダメンタリズムの特徴を「組織化された闘争心」(organized militancy)に求めることは妥当であると思われるし、[18]ファンダメンタリズム・プロジェクトでも「闘争」(fight)をキーワードにして、この現象を解明しようとしている。[19]急激な世俗化の流れの中で、既成の宗教集団が自らのアイデンティティの喪失もしくは欠如の予感をもったことが、ファンダメンタリズムの根本動機になったのであるから、とりあえずそれが現状に対する強い反発の形をとり、伝統として存在した何かある「もの」をその楯とすることは十分に考えられる。しかし先に述べたように、ファンダメンタリズムは、その宗教に潜在的に含まれている特徴のひとつを誇張した形で表現しているにすぎないので、特定の形態に固定化されているわけではない。"militancy"や"fight"がそれ自体動的な概念であるように、ファンダメンタリズムも動的にとらえられるべきであろう。

近代化・世俗化が急速に進んでいくと、伝統的社会においては、どうしてもさまざまな面で現実にギャップが生じてくる。ファンダメンタリズムは、そのギャップを少しでもうめようとする宗教集団内部でのゆりもどしである。したがってそれは、アナクロニスティックな外見をそなえてはいるが、実は本質的には調停的性格をもった運動なのではないかと思われる。ファンダメンタリズム・プロジェクトで集められたいくつかのファンダメンタリズム的運動の実例も、そのことを示しているように見える。そうした幅をもった動的概念としてファンダメンタリズムをとらえなおすことによってはじめて、これは宗教学的一般概念となりうるのではないかと考えられる。[20]

3

現代宗教の問題を検討するにあたって引き合いに出される重要な概念としては、世俗化やファンダメンタリズムとならんで、もうひとつグローバリゼーションという概念がある。これもまた教典をめぐる状況と無関係ではないので、ここでは教典を媒介としてこれらの概念が相互にどのようにかかわっているのかを考察してみたい。

グローバリゼーションが特に社会科学的概念として盛んに論じられるようになったのは、一九七〇年代の後半から一九八〇年代にかけてであるが、それに関する基本的問題提起はすでに一九六〇年代にさかのぼる。したがって、宗教学の領域に引きつけて言えば、世俗化をめぐる議論と時間的にほぼ重なり合っており、同じような現代の時代状況を反映しているものと思われる。そしてファンダメンタリズムに関心がよせられるのは、これからさらに一〇年ほどたってからであり、これらの概念が話題になるという現象の底流には、何らかの時代感覚がひそんでいるのではないかと考えられる。ところが、それぞれの概念を論じた文献には、それらの相互関連を示す痕跡はあまり見あたらない。そこでここでは少し視点をずらして、この共通性をさぐっていくことにする。

P・バイヤーは、グローバリゼーションをめぐる議論の四つの方向が、I・ウォーラーステイン、J・W・マイヤー、R・ロバートソン、N・ルーマンの仕事によって示されていると考える(21)。すなわち、それぞれによってグローバルな経済、グローバルな政治、グローバルな文化、グローバルな社会が扱われているわけである。これらの諸側面を統合してあらためてグローバリゼーションをとらえなおすとき、そこには、バイヤーが指摘するように、現代における一種の「終末論的」世界理解というニュアンスがただよっている。四つの方向のうち本書の問題にとって最も重要なものは、ロバートソンによって代表される議論であろう。したがって、これを手がかりにして考察を進めていくことになるが、ロバートソンは、宗教とのかかわりでグローバリゼーションをとりあげるにあたって、意識的にウォーラーステインに言及するので、まずはじめに彼の「世界システム論」にふれておく必要がある。[22]

ウォーラーステインの学説の要点は、彼自身の言葉で言えば、「ふつう社会システムとよばれているもの――『部族』、共同体、国民国家など――が、どれもたいてい実際には、トータルなシステムではないこと」、「本当に意味のあるシステムといえば、ひとつには比較的小規模な、高度に自立的で自給的な経済であり、いまひとつは世界システム」しかないことである。[23] そしてかつて存在した世界システムは「世界帝国」と「世界経済」の二種類であり、近代の「世界経済」は実際には「中核諸国」・「辺境地域」・「半辺境地域」から成る「ヨーロッパ世界経済」、資本主義的「世界経済」であった。[24] したがって、「ブルジョワ革命」などというものは存在しなかったし、これをモデルとして作られた「プロレタリア革命」のイメージも再考されなければならないことになる。今や史的システムとしての資本主義がまさにその発展の極に近づいているのである。[25]

このようなウォーラーステインの説に対してロバートソンは、今日あらゆる社会が次第にグローバルな強制力に従属するようになってきたという認識の妥当性を肯定しながらも、グローバルな状況をもっと流動的・多面的に見ることを主張する。すなわち、グローバルな人間の条件を四つの次元においてとらえ、「全体社会化」(societalization)、「個人化」(individuation)、「国際化」(internationalization)、「人間化」(humanization)、が相互にダイナミックに関連し合っているところに、近代世界の特徴を見ようとするのである。これは、ロバートソンの社会学者としての思考法の一貫した基本的枠組であり、グローバリゼーションという概念を強調する近年の発言も、その延長線上にある。ウォーラーステインが経済もしくは政治経済の面からグローバリゼーションを考えているのに対して、ロバートソンはこれを「世界がひとつの社会文化的な場となること」(the making of the world into 'a single sociocultural place')としてとらえなおそうとしているのである。[26]

ところで、宗教の問題をとりあげるにあたってのロバートソンの出発点が「文化としての宗教」という見方であることは、すでに以前から明らかであった。彼によれば、「文化の一局面としての宗教と、人間社会の文化の他の局面との連続性」がまず着目されなければならないのである。[27] したがって、宗教社会学も元来ひとつの「下位部門」(sub-discipline)であり、そこにおける特殊な問題は、その根底にある問題との関連を顧慮することによってはじめて論じられることになる。[28] グローバリゼーションに関するロバートソンの前述の規定は、このような彼の立場から導き出されたものであるから、当然宗教の問題と密接にかかわっている。[29] ウォーラーステインも実際には経済だけを考えているわけではなく、宗教や言語についてもそれなりに言及している。[30] ただし、宗教を経済から自立したものとしてとらえていないだけであり、この点はロバートソンの見方にも通ずるのではないかと思われる。[31]

このように現代宗教の問題をグローバリゼーションの傾向と重ね合わせて理解しようとする試みが浮かび上がり、グローバリゼーションという概念が広く用いられるようになるにつれて、これをめぐる理解のずれもまた現れてきた。一方においては、カトリシズムに見られるように、この概念を単純に自らの集団の拡張可能性と結びつけてとらえるものがあり、他方、いずれにせよ地上の特定の国家もしくは集団の利益拡大と結びつくことをこの概念の本質と考え、これを用いることをはじめから警戒するものもある。[32] まず前者は、グローバリゼーションをめぐる今日の議論にかかわる限り全くの誤解であり、この言葉を普通の意味で用いているのならばよいが、これが現代社会を分析するために導入された経緯からすれば、混乱をもたらす主張以外の何ものでもない。[33] さらにもう一方の極にある後者の見解によれば、グローバリゼーションは、ファンダメンタリズムがそうであったように、元来否定的ニュアンスを含んだ概念であることになる。そのさい利益拡大をはかる国家としては、アメリカ合衆国が想定されている。J・トムリンソンは、一九六〇年代に誕生した「文化帝国主義」という概念を分析し、今日これがグローバリゼーションにとってかわられようとしていると考える。しかし、帝国主義には目的があったが、グローバリゼーションは一貫性を欠き、文化的目標をもたないプロセスであると言う。[34]いずれにしても、主観的色彩がつきまとう限り、グローバリゼーションは学術用語とはなりえない。ロバートソンらによる前述の理論は、グローバリゼーションという概念をできるだけ中立化し、現代社会の分析のための有効な道具にしようとする努力にほかならない。

グローバリゼーションをめぐる議論を理解する上で重要なことは、これが現代世界の全体的画一性を問題にするだけではなく、個々に分かれていく諸文化の形態とグローバルな全体性との緊張関係を問題にしようとしているということである。ロバートソンによれば、宗教の「個人化」(=「私化」)(privatization)現象は、実は近代のグローバルな状況の社会文化的産物である。[35]彼は「宗教の政治化」(politicization of religion)もしくは「政治の宗教化」(religionization of politics)とか、「普遍主義の特殊化」(particularization of universalism)もしくは「特殊主義の普遍化」(universalization of particularism)とかいう表現を好んで用いる。[36]このような逆説的表現は、バイヤーの著書にも繰り返し現れる。[37]世俗化とファンダメンタリズムの緊張関係は、個人化とグローバリゼーションの緊張関係と微妙に交錯しつつ重なり合うように思われる。

しかしこの種の議論は、直観と思いつきによる結論の先取りという印象をどうしても免れず、具体的現実にどこまで対応するのかが、さまざまな角度から検証されなければならない。ウォーラーステインの立論にも同様な問題点があるが、これがかなり説得力をもっているのは、ヨーロッパの歴史についての分析により、結論を事実に基づいてあとづけることに、ある程度成功しているからである。バイヤーは五つの事例を通して、グローバルな社会における宗教のあり方を明らかにしようとしている。すなわち、アメリカ合衆国におけるニュー・クリスチャン・ライト、ラテンアメリカにおける解放の神学の運動、イランにおけるイスラム革命、イスラエルにおける新たな宗教的シオニズム、宗教的な環境保護運動がそれである。(38)これらの事例を見ると、明らかにファンダメンタリズムとの関連が浮かび上がる。近年、グローバリゼーションをめぐる議論は、グローバルとローカルを合成したグローカル(glocal)という言葉を用い始めているが、これは事態を適切に言い表しているように見える。(39)グローバルなものがいつのまにかローカルになり、また逆に、ローカルなものがグローバルになる。普遍化と個別化、均質化と差異化の共存・同時性こそが今日の問題なのである。

4

前述のように、アメリカ合衆国におけるファンダメンタリズム・プロジェクトの五巻にわたる大部の報告書は、一九九五年の最終巻をもって一応完結したが、ファンダメンタリズムについての明確な概念規定に成功したとは言えず、むしろこのように呼ばれる現象の広がりを示すのに終始したように見える。しかし、ファンダメンタリズムの核心のひとつはやはり、その概念の歴史的出発点となったキリスト教的形態がそうであったごとく、広い意味での教典に対する独特のかかわり方ではないかと思われる。現代宗教を考えるために不可欠の視点であるグローバリゼーションの傾向が、実際にはファンダメンタリズムの運動と微妙に連動しているとすれば、グローバリゼーションも何らかの形で教典の問題にかかわってくるはずである。さらに、世俗化やそれにともなう宗教の個人化も、それと無関係ではない。そこで最後に、教典の問題に焦点を合わせて、これらの相互関連をあらためて考察してみたい。

現代宗教における世俗化の傾向は、旧・新約聖書研究に歴史的・批判的方法を適用することをうながした。その結果旧・新約聖書は、伝承の過程にそくして詳細に分析され、成立の原初的段階へ向かって次第に分解されていった。旧・新約聖書を構成する各文書、さらにそれを成り立たせている諸伝承の多様性が浮かび上がるにつれて、正典としての自己同一性は動揺せざるをえない。キリスト教の場合、このようにして生じた正典内伝承の個別化の動きをくいとめるために、さしあたり、伝承をさかのぼった根源に想定されるイエスの原像を理想化する試みがなされるが、この再構成は結局仮説にとどまるので、今度は、仮説を作り出す側の個人的・相対的動機が問われることになる。聖書の研究は教典研究のモデルとされるがゆえに、同じような動向は、キリスト教以外の諸宗教の教典をめぐっても多かれ少なかれ生じてくる。したがって、グローバルに進行する世俗化の流れは、教典を媒介として、さまざまの異なったレベルで、宗教の個人化を推し進めるのである。

そこでそのような分解へ向かう傾向に集団で抵抗し、歴史的宗教の自己同一性を力業で守りぬこうとする運動が起こる。それがファンダメンタリズムであるが、そこでは宗教集団が中心となり、国家や地域の枠を越えるという意味で、グローバルな動機が働く。そのさいには、運動が統合の象徴として依拠する教典的なものが存在するのが常であり、それは目に見える「もの」として、ゆるがぬ伝統のありかをさし示す。しかし、ファンダメンタリズムによって守られているのは、自らを閉ざしていく特定の歴史的宗教集団にほかならないので、広い視野に立って見れば、この運動はそれぞれの歴史的宗教集団の相対化・個別化をもたらすことになる。かくして、現代宗教をめぐる状況を考察すると、世俗化においても、ファンダメンタリズムにおいても、教典とのかかわり方を媒介として、グローバリゼーションと個別化(個人化)との緊張関係が浮かび上がってくるのである。

歴史的・批判的方法に基づく旧・新約聖書理解は、特にキリスト教成立時の文化的状況をめぐって、さまざまな形で新奇な仮説を生み出し、論争を引き起こした。それは、イエス運動の背景に関するもの、Q資料の位置づけに関するもの等々であった。[40] これらの論争の意義は、主張された仮説の当否にあるよりも、むしろ、論争が無意識のうちに志向する方向性のうちにあると思われる。たとえ仮説自体が荒唐無稽なものと批判されたとしても、その種の仮説が繰り返し提起されることは確実にひとつの路線を切りひらいていくのである。つまり、イエスの出来事とキリスト教の成立を、もう一度一世紀のユダヤの宗教文化や古代オリエントの思想文化のコンテクストからとらえなおそうとする路線である。聖書研究におけるこのような動向を一般的に言いなおせば、世俗化の流れが教典を、教典成立時の文化的状況の中へと還元していくわけである。

他方ファンダメンタリズムは、このような世俗化に抵抗しようとする試みであるが、実際には、教典的なものにおいて記号化された宗教によって代表される特定文化を明確化する運動になる。その特定文化は歴史的に形成されてきたものであり、必ずしも教典成立時の文化と同一ではなく、また、民族や国家によって規定されるとは限らない。そしてさまざまな特定文化と結びついた類似の運動をファンダメンタリズムと総称することができるとすれば、そうした動きはそれ自体ひとつの新しいグローバルな文化現象である。要するに現代宗教においては、文化の中の宗教という理解の枠組がますます重要になり、教典の問題も結局そこへ集約されていく。そのような意味では、教典を一種の「宗教文化材」(岸本英夫)と呼ぶことは、今日でもそれなりの有効性をもつのではないかと思われる。[41]

(1) M. E. Marty/R. S. Appleby (eds.), *Fundamentalisms Observed* (Chicago: 1991), *Fundamentalisms and Society* (Chicago: 1993), *Fundamentalisms and the State* (Chicago: 1993), *Accounting for Fundamentalisms* (Chicago: 1994), *Fundamentalisms Comprehended* (Chicago: 1995). これらは、The American Academy of Arts and Sciences が企画した The Fundamentalism Project の成果である。日本でも、「宗教と社会」学会におけるシンポジウムの成果が出版されている。井上順孝・大塚和夫編『ファンダメンタリズムとは何か――世俗主義への挑戦』新曜社、一九九四年。

(2) これについては、N. T. Ammerman, "North American Protestant Fundamentalism", M. E. Marty/R. S. Appleby

(eds.), *Fundamentalisms Observed*, pp. 1-65.

(3) M. Eliade (ed. in chief), *The Encyclopedia of Religion*, Vol. 5 (New York: 1987), pp. 190-197. ここでは、"Evangelical and Fundamental Christianity" という項目がもうけられており、執筆者はG・M・マースデン(G. M. Marsden)である。

(4) J. Barr, *Fundamentalism* (London: 1977, 1981²), p. 2, 喜田川信・柳生望・谷本正尚・橋本秀生訳『ファンダメンタリズム――その聖書解釈と教理』ヨルダン社、一九八二年、二八ページ。

(5) *ibid.*, p. 160, 喜田川他訳、一九二ページ。

(6) *ibid.*, p. 11, 喜田川他訳、三九ページ。

(7) *ibid.*, p. 64, 喜田川他訳、九二ページ――"comparing scripture with scripture"。

(8) W. A. Graham, *Beyond the Written Word: Oral Aspects of Scripture in the History of Religion* (Cambridge: 1987), p. 119.

(9) W. D. Dinges/J. Hitchcock, "Roman Catholic Traditionalism and Activist Conservatism in the United States", M. E. Marty/R. S. Appleby (eds.), *Fundamentalisms Observed*, pp. 66-141. 「カトリック伝統主義における類似した客観主義的傾向は、人間の経験によって本質的に影響されないひとつの制度、『変化しえない』制度として教会を提示することのうちに反映されている」(p. 85)。

(10) G. Aran, "Jewish Zionist Fundamentalism: The Bloc of the Faithful in Israel (Gush Emunim)", *ibid.*, pp. 265-344.

(11) J. O. Voll, "Fundamentalism in the Sunni Arab World: Egypt and the Sudan", A. A. Sachedina, "Activist Shi'ism in Iran, Iraq, and Lebanon", M. Ahmad, "Islamic Fundamentalism in South Asia: The Jamaat-i-Islami and the Tablighi Jamaat", *ibid.*, pp. 345-530. M. Nash, "Islamic Resurgence in Malaysia and Indonesia", *ibid.*, pp. 691-739.

(12) D. Gold, "Organized Hinduisms: From Vedic Truth to Hindu Nation", *ibid.*, pp. 531-593.

(13) T. N. Madam, "The Double-edged Sword: Fundamentalism and the Sikh Religions Tradition", *ibid.*, pp. 594-627. 「シーク教ファンダメンタリズムは orthodox というよりもむしろ orthoprax である。行動と行動の期待された結果に強調点がおかれる。そしてこれらの結果はこの世的、つまり経済的かつ政治的である」(p. 618)。

(14) D. K. Swearer, "Fundamentalistic Movements in Theravara Buddhism", *ibid.*, pp. 628-690.

(15) M. E. Marty/R. S. Appleby, "Conclusion: An Interim Report on a Hypothetical Family", *ibid.*, p. 820. この言葉は、

"the religions of the Abrahamic tradition", "the Abrahamic religions" などと形を変えて繰り返し用いられている。cf. G. A. Almond/E. Sivan/R. S. Appleby, "Fundamentalism: Genus and Species", M. E. Marty/R. S. Appleby (eds.), *Fundamentalisms Comprehended*, pp. 399-424.

(16) M. Levering (ed.), *Rethinking Scripture: Essays from a Comparative Perspective* (New York: 1989). W. C. Smith, *What is Scripture?: A Comparative Approach* (Minneapolis: 1993).

(17) M. Levering (ed.), *op. cit.*, pp. 1-17. レベリングは、「形式性／流動性」・「文字によるもの／音声によるもの」・「束縛／開放」・「方向を指示するもの／方向を指示されるもの」・「宇宙的位置をもつもの／偶発的なもの」・「規範性／選択と再解釈」をそのような「極」と考えている。

(18) M. Eliade (ed. in chief), *op. cit.*, Vol. 5, p. 190.

(19) M. E. Marty/R. S. Appleby (eds.), *Fundamentalisms Observed*, pp. ix-x. ここでは "fight back....", "fight for....", "fight with....", "fight against....", "fight under...." がそれぞれ確認される。

(20) 一部のイスラム研究者は、イスラムに対してファンダメンタリズムという言葉を用いることには消極的である。G. Kepel, *La Revanche de Dieu* (Paris: 1991), 中島ひかる訳『宗教の復讐』晶文社、一九九二年。山内昌之編『「イスラム原理主義」とは何か』岩波書店、一九九六年。

また通俗的なジャーナリズムの議論は、ファンダメンタリズムを手がかりにして簡単に宗教の問題を飛び越えてしまい、宗教以後を論じようとする。西谷修・鵜飼哲・港千尋『原理主義とは何か』河出書房新社、一九九六年。しかしながら、今日明らかになりつつある本来のファンダメンタリズムは、宗教の根元的たたずまいにもう一度立ちかえり、そこから共通の志向をさぐり出すという形で、あらためて問題を立てなおすことの必要性を示唆しているのではないだろうか。

(21) P. Beyer, *Religion and Globalization* (London: 1994), pp. 14-44.

(22) I. Wallerstein, *The Modern World-System: Capitalist Agriculture and the Origins of the European World-Economy in the Sixteenth Century* (New York: 1974), 川北稔訳『近代世界システム』Ⅰ、Ⅱ、岩波書店、一九八一年。

(23) *ibid.*, 川北訳、Ⅱ、二七九―二八〇ページ。

(24) *ibid.*, 川北訳、Ⅱ、二八〇―二八四ページ。

(25) I. Wallerstein, *Historical Capitalism* (London: 1983), 川北稔訳『史的システムとしての資本主義』岩波書店、一九八五

年、一五六—一六三ページ。ウォーラーステインは、史的システムとしての資本主義がその発展の極に近づいている今を「危機」と考えている。ここには一種の終末論がうかがわれる。

(26) R. Robertson, "Globalization, Politics, and Religion", J. A. Beckford/Th. Luckmann (eds.), *The Changing Face of Religion* (London: 1989), p. 11. 四つの次元の言い表し方は著作によって多少変化するが、内容は同じである。これを設定する意図は、「全体」の考察に柔軟性を注入することであると言われている。R. Robertson, *Globalization: Social Theory and Global Culture* (London: 1992), 阿部美哉訳『グローバリゼーション——地域文化の社会理論』東京大学出版会、一九九七年、五三—五四ページ。

(27) R. Robertson, *The Sociological Interpretation of Religion* (Oxford: 1970), 田丸徳善監訳『宗教の社会学——文化と組織としての宗教理解』川島書店、一九八三年、二二一ページ。引用箇所は原著にはなく、日本語訳にあたって新たに書き加えられた部分である。

(28) *ibid.*, p. 1, 田丸監訳、一ページ。

(29) このことをロバートソンは次のように述べる——「私自身の見解では、宗教と文化は、多くの世紀にわたる長いグローバリゼーションの歴史において、絶対的に決定的であった。……グローバリゼーションへの私自身のアプローチは、これまでの私の研究においては、グローバリゼーションの全般的なプロセスの多次元性を決め手にしている。ただし私は、事実上、文化的な事象により多く注目してきた」(R. Robertson, *Globalization*, 阿部訳、九—一〇ページ)。

(30) I. Wallerstein, *The Modern World-System*, 川北訳、II、二八八—二九〇ページ。

(31) ロバートソンは、ウォーラーステインの考え方との相違を次のように述べている——「したがって、本書で用いられるグローバリゼーションの概念は、ウォーラーステインの世界システムの概念よりも個別的であるが、もっとずっと幅が広く、開かれており、流動的である。グローバリゼーションの分析と世界システムとの分析とは、いくつかの重要な共通項を持っているけれども、両者は、競合する透視図(パースペクティブ)なのである」(R. Robertson, *Globalization*, 阿部訳、三三ページ)。

(32) 一九九六年一月一〇日—一二日に行われた国学院大学日本文化研究所創立四〇周年記念事業・国際シンポジウム「グローバル化と民族文化」の報告書は、この理解のずれがどのような幅をもっているかをよく表している。国学院大学日本文化研究所編『グローバル化と民族文化』新書館、一九九七年。

（33）　前記報告書におけるL・ボワイエの発題がその方向を示す（二二九―二六七ページ）。cf. P. van der Veer (ed.), *Conversion to Modernities: The Globalization of Christianity* (New York: 1996).

（34）　J. Thomlinson, *Cultual Imperialism: A Critical Introduction* (London: 1991), 片岡信訳『文化帝国主義』青土社、一九九七年。idem, *Globalization and Culture* (Cambridge: 1999), 片岡信訳『グローバリゼーション――文化帝国主義を超えて』青土社、二〇〇〇年。前記報告書におけるJ・パイフェールの発題をも参照（二六九―二八七ページ）。

（35）　J. A. Beckford/Th. Luckmann (eds.), *op. cit.*, p. 13.

（36）　*ibid.*, pp. 10, 19. R. Robertson, *Globalization*, 阿部訳、一三一ページ――「私自身の議論は、個別性と差異および普遍性と同質の双方への直接的な注意を保とうとする試みを含んでいる。それは、おおむねわれわれは、二〇世紀の後半において、個別主義の普遍化および普遍主義の個別化の相互浸透を含む壮大な、二面的なプロセスの証人であるとともに、参加者であるという命題に基づいている」。一三六ページ――「私は、これらの線に沿い、現代のグローバリゼーションをそのもっとも一般的な意味での個別主義の普遍主義化および普遍主義の個別主義化を含む二重のプロセスを制度化する一形態として考察することが最善であろう、と提唱したい」。

（37）　P. Beyer, *op. cit.*, pp. 10-12, etc.

（38）　*ibid.*, pp. 114-224.

（39）　R. Robertson, *Globalization*, 阿部訳、一六ページ――「グローカリゼーションの概念は、一方に全世界が同質化しつつあると考える人々と、もう一方に、一つの全体としての現代世界はますます多様化する世界だと考える人々との、知的な衝突を取り扱うために採択されている。グローカリゼーションの概念は、私の使い方では、もろもろの考え方や産品が、一つの全体としての世界および諸地方に、同時に、市場化される傾向の増大を指している。かなりの期間にわたって、『グローバルに考えよう、ローカルに行動しよう』という標語が使われてきている。私の主張は、ますます多くの人々が、グローバルにかつローカルに、考えかつ行動するようになってきている、ということである」。国学院大学日本文化研究所編『グローバル化と民族文化』、三一一、三一五―三一六ページ参照。

（40）　例えば、B. Thiering, *Jesus the Man: A New Interpretation from the Dead Sea Scrolls* (New York: 1992), 高尾利数訳『イエスのミステリー――死海文書で謎を解く』ＮＨＫ出版、一九九三年、B. L. Mack, *The Lost Gospel: The Book of Q & Christian Origins* (San Francisco: 1993), 秦剛平訳『失われた福音書――Q資料と新しいイエス像』青土社、一九九四

年など。

（41）　岸本英夫『宗教学』大明堂、一九六一年。ただし今日では、岸本の時代とは異なり、教典は「文字に書き記されたもの」に限定されず、人間の行動とのかかわりの中でとらえかえされなければならない。それは一方において、死んだ教典として「残存宗教文化材」になる可能性、あるいはまた、「宗教」という限定をはずしたただの「文化材」になる可能性をたえずはらみながら、生きた宗教集団の活動の中でそのつど「宗教文化材」となるのである。そしてファンダメンタリズムにとっては、それは「有形の蓄価性の宗教的価値体」である。

第二部　教典論によって照射されたキリスト教史の諸断面

第一部で模索してきたような教典論への志向は、それが現代の宗教学的問題意識に基づいている限り、各々の歴史的諸宗教の成立と展開を考察するための新たな視点を提供することができるのではないかと思われる。それはまず第一に、教典的なものに焦点を合わせて、そこから特定の宗教現象全体をダイナミックにとらえかえそうとする視点であるが、そのさいの教典のイメージは、文字に書き記されたものにとどまらない。すなわち、教典に凝縮された教義や思想の中に、必ずしもその宗教集団の確立されたアイデンティティがあるわけではなく、むしろ文字に書き記されたものをも含めて教典的なものがそのつどのように用いられてきたかが重要であり、そこにこそ生きた宗教の証があるという理解が、この視点の背後にある。ある宗教集団のアイデンティティは、時間をさかのぼった根源にあるのではなく、常に将来へ向かってゆるやかに形成されていくのである。[1] さらにこれと関連することであるが、第二に、既存の歴史的宗教集団の核と見なされてきたものを、現代の状況と照らし合わせつつあらためて解きほぐし、それによって歴史的展開の過程を見なおそうとする視点が、教典論への志向によって示される。宗教概念そのものの再考が要請されている現代状況を、まさに歴史的宗教集団を理解するための場にしようとするわけである。このような視点からの探究の試みは、さまざまな宗教集団にそくしてなされうるはずであるが、ここではまず、従来良きにつけ悪しきにつけ教典の明確なモデルを提供してきたキリスト教のケースをとりあげ、その歴史における若干の断面を教典論に照らして考察してみたい。[2]

（1）このような問題意識は、キリスト教のように長い歴史をもつ宗教集団の教典を考察する場合に、はじめて浮かび上がるものかもしれないが、いずれの宗教集団も、時の経過にともなって、同じ問題に直面するようになるというのが、本書の作業仮説である。cf. W. A. Kort, *"Take, Read": Scripture, Textuality, and Cultural Practice* (Pennsylvania: 1996).

（2）もちろんキリスト教とともに、共通の教典をもつユダヤ教をとりあげなければならないが、本書では、そこまで論及することはできない。cf. J. W. Miller, *The Origins of the Bible* (New York: 1994). M. Halbertal, *People of the Book: Canon, Meaning, and Authority* (Cambridge: 1997).

第一章　福音書文学と比喩——教典形成の動機——

一　歴史と虚構

教典は多くの場合、当該宗教の創唱者の言行を書き記したものを中心とするが、必ずしもそればかりではない。しかしいずれにしても、全体として「教説」の性格を帯びていることは否定できない。そのことは、いちいち例をあげるまでもなく、身近な日本の新宗教のいくつかの教典を思い浮かべれば明らかであろう。さまざまな文学類型を含みながらも、結局教説に集約されていくということは、実際の宗教生活の中で教典に期待されている機能の中心がそれと関係しているということを意味する。つまり、教典結集の本来のねらいは、広がっていく宗教集団をひとつにまとめることであり、その役割が教説に期待されていたのである。創唱者をほめたたえるという動機も、最終的にはこの目的と結びついていたはずである。ただし、成立時期を異にする多様な伝承が寄せ集められていく過程で、それぞれの伝承がもっていた相異なる動機が、調停されないままで残り続けるということは十分にありうる。比較的遅い編集段階にいたって、教説の内容が教義的なものよりもむしろ実践的な生き方に力点をおくようになることも、教説の担う機能の推移する方向と合致するのではないかと思われる。教典がそのような性格のものであるがゆえに、実際の宗教生活の脈絡の中でそれを理解するということが重要になるのである。確かに教典の記述には、いろいろな意味合いでの「事実」が含まれている。しかしながら、その事実は選択されたものであり、すでに何らかの意味づけを与えられたものであろう。場合によっては、事実性を強調することも、それ自体ひとつの主張につながる。したがって、創唱者もしくはそれに続くものたちの生涯や活動が、時間的経過を追う形で、教典の中に描き出されているとしても、それを単純に「歴史記述」と言い切ることができるとは限らない。それがどのような意味で歴史であるのかは、十分に考慮されなければならない。(1) キリスト教の正典としての新約聖書の場合、福音書と使徒言行録が歴史記述に類似した形態をとっているので、まずこれらの文書を検討する必要がある。

初期キリスト教における歴史記述の開始は、福音書記者ルカに帰せられるのが通例である。確かに、正典の中では、使徒たちの宣教の有様を描いた唯一の文書として知られる使徒言行録は、ルカの著作であるし、ルカ福音書の中にも、世界史との連関を示す叙述が含まれているので、イエスと初期教団の歴史を年代記的にさぐるための材料として、ルカ文書に多くが期待されたとしても不思議ではない。(2) そういう観点から、共観福音書記者の中で、マルコとマタイがそれぞれ説教者、教師として福音書を書いているのに対して、ルカは、歴史家としてイエスの生涯を描こうとしたと言われてきたのである。(3) イエスの出来事を世俗的事件と結びつけ、年代にそって叙述することを一種の世俗化と見る立場に基づけば、「キリスト教神学における歴史の世俗化はルカに始まる」という判断も出てくることになる。(4) しかし、ルカに対するこのような見方は、果たして適切であろうか。ルカを歴史家と呼ぶとき、それはどのような意味で言われているのであろうか。

ルカの歴史理解を論ずるさいに、しばしば引き合いに出される箇所のひとつに、ルカ福音書のプロローグ(一・一―四)がある。[5] ここではさしあたりこの箇所を手がかりにして、初期キリスト教における歴史記述がどのようなものであったかをさぐってみることにする。まず、問題となるテクストを拙訳によって次に示そう。

「われわれの間で成就された出来事についての物語を、はじめからの目撃者たちと言葉の伝承にたずさわった人たちがわれわれに伝えたところに従って、整理しようと企てたものは何人かありましたが、テオフィロ閣下、私もすべてのことを最初から詳しくたどってきましたので、それらを順序正しく書きつづり、あなたに贈ろうと思います。人から教えられた言葉の確かさを、あなたに十分知っていただくためであります。」

このようなプロローグが、当時のヘレニズム文献、特に歴史文献の慣習にならったものであることは広く認められている。[6] したがって、プロローグを付するということそれ自体をルカの独創的作業に帰することはできない。しかし、ルカ福音書や使徒言行録の本文において、ルカがさしあたり編集者として資料を扱っているのに比べれば、ここでは、ルカ自身の文章が表面に現れていると考えられる。しかも、書かれている内容は執筆の動機と著作の目的であるから、常套的表現が含まれていることを考慮に入れておけば、この箇所は、ルカの思想を判断するためのかなり有力な根拠となりうるのである。

さらに、これはルカ福音書のプロローグであるだけでなく、同時に使徒言行録にもかかるという見方が、H・J・キャドベリー以来、多くの支持を得てきた。[7] H・コンツェルマンは、この説に対して慎重に態度を保留しようとするため、プロローグの問題に関してはきわめて歯切れが悪い。[8] 確かに、ルカ福音書一章一―四節をルカの二つの著作全体のプロローグであるとすると、使徒言行録のプロローグ(一・一―五)をどう考えるかという問題が生じる。この箇所とルカ福音書の最後の部分(二四・五〇―五三)をのちの挿入と見なす説は、かなり説得力をもつ。[9] コンツェルマンも、ルカ福音書二四章五〇―五三節はのちの付加であることを認めるが、[10] 使徒言行録一章一―五節はやはりルカの手によるものと考えている。[11] しかし、編集史的方法に基づく今日のルカ研究では、ルカの二つの著作を一貫したものとしてとらえることは、ほとんど常識になりつつある。したがって、使徒言行録のプロローグがあってもなくても、ルカ福音書のプロローグは内容的に見て、使徒言行録にも関係しているものと見なすべきであろう。[12]

一―四節の短い文章に現れた限りでは、ルカの執筆動機はさほど珍しくない表現で述べられているが、福音書の成立という背景から見ると、ここには若干の注目すべき問題がある。まず、「……についての物語を……整理しようと企てたものは何人かありましたが」という一節の言葉は、ルカの先駆者の存在を示している。πολλοί（「何人か」）は、文字どおり訳せば「多くの人々」であるが、この場合は慣習に従った誇張と考えられる。現在知られているところでは、ルカの先駆者と言えるような人物は多くはない。というよりも、むしろはっきりしているのはマルコだけである。ただしQ資料が特定の教団の産物であり、[13] これをルカの先駆者に数えることができるとすれば、「多くの人々」という言葉も、あるいは誇張でないのかもしれない。ἐπεχείρησαν（「企てた」）は、ルカではあまり良い意味に用いられておらず、[14]「ためしにやってみる」というニュアンスを含んでいるので、先駆者の仕事に対するルカのやや批判的な見方を暗示するものであろう。ともかく一節のはじめの部分は、ごく普通の表現であり、これ以上の神学的意味を読みとる必要はない。[15]

先人に対する消極的な評価を示したあとに、ルカ自身はそれと対比的に、三節で「私もすべてのことを最初から詳しくたどってきましたので、それらを順序正しく書きつづり、あなたに贈ろうと思います」と述べる。πᾶσιν（「すべてのことを」）、ἀκριβῶς（「詳しく」）、καθεξῆς（「順序正しく」）がそれぞれどの言葉にかかるかということについては議論があり、実際一義的には決定しがたいのであるが、普通は上述のように訳すことになっており、現段階では特にこれを修正する必要は認められない。前二者と結びついた分詞 παρηκολουθηκότι（「たどってきましたので」）は、いささかあいまいな表現である。しかし、現在の文脈の中では、おそらくこれは「客観的に調査する」とか「史実を探求する」とかいう意味はもちえないであろう。むしろE・トロクメが言うように、主体的参与のニュアンスをこめて「自ら追う」と訳した方がよい。[16] すなわち、ここでは単に起こったことをそのまま報告するだけでなく、自らそれを構成するということが意味されているのである。他方、καθεξῆς と結びつく不定詞 γράψαι（「書きつづり」）は、一節の ἐπεχείρησαν ἀνατάξασθαι と内容的に対置されていると見なすこともできる。だがこれに関しては、もっと軽く考えておく方が自然かもしれない。いずれにしても、この言葉からただちに近代的な歴史記述の意図を引き出すわけにはいかない。

παρηκολουθηκότι にかかる ἄνωθεν（「最初から」）は、二節の ἀπ᾽ἀρχῆς（「はじめからの」）との対比において注目される。これらの言葉は、ルカではここと使徒言行録二六章四―五節で用いられており、後者では二つはほとんど同義語になっている。したがってキャドベリー以来、ここでも二つの表現の意味をあまり明確に区別しない解釈が有力であった。しかし前述のように、一、二節と三、四節は内容上対置されているとも言えるわけであるから、二通りの表現の使用も単なるレトリックの問題ではすまされないであろう。ἄνωθεν には「新たに」という意味もあるが、この場合あてはまらないので、H・シュールマンのように、これを ἀπ᾽ἀρχῆς よりもやや広い意味に理解するのが最も適当と思われる。[17] ルカで「はじめ」と言うときには、普通イエスの宣教活動の開始をさすことになっており、[18] ἀπ᾽ἀρχῆς は明らかにこの意味である。それに対して、ἄνωθεν では「はじめ」はもっと広がり、イエスの生誕・幼児物語もこれに含まれているのではないかと考えられる。このような理解は、ルカ福音書の前物語がルカ本来のものであるかどうかという問題にもかかわってくる。[19] πᾶσιν, ἀκριβῶς の意味は、ἄνωθεν の意味に従って自ずから定まることになる。ルカの扱う主題がイエスの生誕・幼児物語にまで広がるとすれば、「すべてのことを」、「詳しく」が単に史実の探求だけを示しているのではないことは明らかである。当時の感覚からいっても、宣教開始以後のイエスの生涯に関する伝承と前物語とは、やや性格を異にするものであったに違いない。αὐτόπται（「目撃者たち」）は前物語には関与しておらず、ルカはその限界を越えようとしているように見える。すなわち πραγμάτων（「出来事」）の全体的意味を、史実と虚構をおりまぜた形で、主体的に構成したのがルカの著作であったと思われる。それゆえ καθεξῆς（「順序正しく」）も、時間的先後関係を正しく述べるということを必ずしも意味しない。むしろここで主張されている「順序」は、ルカの構成する救済史の図式をさしているのである。

そのような救済史的発想の一端は、一節の περὶ τῶν πεπληροφορημένων ἐν ἡμῖν πραγμάτων（「われわれの間で成就された出来事についての」）という表現によって示されている。πληροφορεῖν という動詞は、ルカではここでしか用いられていないが、単に「完成」、「実現」を意味するだけでなく、聖書の「成就」という意味も含んでいることは、しばしば指摘されているとおりである。[20]シュールマンはルカの救済史図式を、イスラエルの時―イエスの時（時の中心）―教会の時という三区分でとらえようとするコンツェルマンの説に反対して、約束―成就という二区分を主張する。[21]しかしながら、ルカの著作全体にわたって、この二区分を立証することはおそらく困難であろうし、ルカの立場を「宣教の時」、「教会の時」、「成就の時の中心」として強調することは、ルカの教会概念がまだ流動的であったことから見ても、[22]適当ではないと思われる。イエスに中心をおくか、教会に中心をおくかというわば信念の問題を、ルカ研究の場へ安易に混入することは、いずれにしても避けなければならない。ἐν ἡμῖν についてもいろいろと論じられてきたが、教会制度や使徒職の問題をここから展開するのは読みこみであろう。むしろ、これを原初的な連帯感情の表現と解するにとどめておいた方がよい。

一―三節に附随する形で、四節では著作の直接の目的について述べられている。περὶ ὧν κατηχήθης λόγων

(「人から教えられた言葉の」)における κατηχεῖν は、単に「知らせる」という意味よりも、もう少し強い「教える」という意味に解すべきであろう。[23] しかし、ここでもシュールマンのように、「洗礼にさいしての教え」(Taufunterweisung)という術語的意味までを読みとる必要はない。[24] 「テオフィロ」なる人物については、今日ほとんど知りえないのであるから、かれはキリスト教徒であったかもしれないという程度以上の推定はさしひかえた方がよい。また λόγων は複数形であるため、二節の τοῦ λόγου とは区別して「事柄」の意味に訳すのが通例になっているが、むしろ、「言葉」に近い意味にとるのが適当ではないかと思われる。自らの視点からイエスの生を描き通すことによって、「言葉」の伝承に欠けていた ἀσφάλεια (「確かさ」)を与えることが、福音書記者としてのルカの目的であったと考えられるからである。

以上見てきたように、ルカ福音書のプロローグには執筆の動機と目的が記されているが、前にもふれたごとく、これらの文章は同時に当時の常套的な型にのっとったものとも考えられるので、ルカ自身の意図をさぐるためには、一応そのことを念頭においておかねばならない。すなわち、ヘレニズム文献の慣習によれば、序文でしばしば執筆の動機が述べられる。そのさい自分よりも前に先駆者の試みがあったこと、だがそれらが不十分であること、そこで自分が書くにいたったこと等に言及されるのが常であった。ヨセフスやガレーノスの著作における序文が、その例としてあげられる。[25] ルカ福音書のプロローグも、明らかにそのような型に基づいて構成されている。しかしそれを認めることは、逆に常套的な型の方からテクストを見直すことを可能にする。つまりこういう表現を用いている以上、やはりルカの意図は、先駆者の試みと何らかの意味で対決することにあったと判断されるのである。ルカの書き方は必ずしもはっきりしていないので、従来正典における統一性を保持する配慮からか、この判断はあまり強調されなかった。しかし、ここをふまえないと、ルカの意図は明らかにならないと思われる。

それではルカは、そのような姿勢の中から、何を積極的に主張しようとしたのかということが次に問われなければならない。すなわち、常套的な型を用いて述べられている内容が問題になるのである。この点に関してコンツェルマンは次のように言う――「マルコにおいては、物語自体がケリュグマの広い展開を表しているが、ルカは物語を歴史的基礎づけとして規定する。それは第二のものとしてケリュグマに付け加わるのであり、ケリュグマの知識は前提されている(ルカ一・四)」[26]。ここでは、「歴史的基礎づけ」(die historische Begründung)がルカの意図と見なされており、最近のいくつかの研究も、若干ニュアンスの違いはあるが、同様な結論を述べている[27]。歴史家あるいは歴史神学者としてのルカというイメージは、このような認識から導き出されたものである。しかしながら、他方トロクメは、ルカに歴史家としての性格を認めつつも、一見歴史記述と思われる使徒言行録も本質的には福音書であると考えている[28]。またシュールマンは、コンツェルマンの見解に反対し、ルカを歴史家ではなく「教会の伝承者」(kirchlicher Tradent)と見なす。それによれば、ルカは、「使徒的伝承」(die apostolische Paradosis)を通して、キリスト論的な救済の出来事を表そうとしていることになる[29]。

　前述のように、テクストを検討した限り、少なくともルカ福音書のプロローグにおいては、ルカの意図が通常の意味での歴史記述にあったと言う必要はないことが確認された。むしろルカは、自らの視点から一貫した物語を構成するためには、虚構をも避けようとしない大胆な「著作家」(Schriftsteller)であったのではないかと考えられる。トロクメは、この点を比較的正しく見ているが、シュールマンの主張は、やはりあまりにもカトリック的と言わざるをえない。使徒的伝承の連続性という概念がルカにおいて確立していたと考えることは困難であろう[30]。ルカ自身は連続性にこだわることなく、先駆者の仕事と対決していったと思われる。特に、マルコやQがそれぞれの主張をもちながらも、ともかく外見的には、事実をありのままに語り出そうとする傾向をもっているのに対して、ルカは、想像力によって、出来事を新たに主体的に構成することを目ざしていたようである。このような見方は、シュールマンの批判にもかかわらず、ルカの著作の「文学」的性格を強調する学説を再確認するこ

とにつながっていくのである。(31)

このように見てくると、初期キリスト教諸文書の中に、近代的な意味での歴史記述に近いもの、もしくは、それに通じる意図をもって書かれたものを期待するのは、そもそも困難であることがわかる。新約聖書正典に含まれた諸文書では「使徒言行録」が、歴史記述という文学類型に最も近いのではないかと思われるが、前述のように、これは福音書と結びつけて理解されなければならない。そして福音書も、確かに事実を基礎においた一種の通時的・継起的記述ではあるが、この文学類型にくくられる文書の記述の仕方はかなり多様である。そこではイエスの言葉が大きな位置を占めており、それが結局は「教説」に展開していく性格のものであることには疑いの余地がない。マルコ福音書は、事実を書き記すことに力点をおくというスタンスをとっており、当時の状況においてイエスの存在を特定の教義に矮小化することに抵抗を示しているように見える。しかし、事実の継起的記録は必ずしも歴史記述ではない。ルカ福音書は、福音書文学の展開過程においてはあとの方の時期に属しており、「教説」の機能が要請されてくる状況に対応して執筆されたのではないかと思われる。いずれにしても、歴史記述という文学類型は、キリスト教の教典形成にさいして、不可欠の要素ではなかったことになる。

（1）以下の論述は、拙著『聖書のなかのマリア――伝承の根底と現代』教文館、一九九二年、六八―八〇ページと重なり合う部分を含んでいる。ルカ福音書の引用は拙訳による。
（2）J. Finegan, *Handbook of Biblical Chronology: Principles of Time Reckoning in the Ancient World and Problems of Chronology in the Bible* (Princeton: 1964), 三笠宮崇仁訳『聖書年代学』岩波書店、一九六七年、一七五ページ以下。
（3）R. Bultmann, *History and Eschatology: The Gifford Lectures 1955* (Edinburgh: 1957), Harper Torchbook Edition (New York: 1962), 中川秀恭訳『歴史と終末論』岩波書店、一九五九年、五〇ページ。
（4）E. Dinkler, "The Idea of History in Earliest Christianity", *The Idea of History in the Ancient Near East* (New

Haven: 1955), pp. 169–214, idem, *Signum Crucis: Aufsätze zum Neuen Testament und zur Christlichen Archäologie* (Tübingen: 1967), S. 313-350, 特に、S. 334.

（5）例えば、*ibid.*, S. 333.

（6）P. Feine/J. Behm/W. G. Kümmel, *Einleitung in das Neue Testament* (Heidelberg: 1965^{14}), S. 76.

（7）E. Trocmé, *Le 'Livre de Actes' et l'Histoire* (Paris: 1957), 田川建三訳『使徒行伝と歴史』新教出版社、一九六九年、六一ページ、三四六ページ註（三章）一二。

（8）H. Conzelmann, *Die Mitte der Zeit: Studien zur Theologie des Lukas* (Tübingen: 1954), 田川建三訳『時の中心――ルカ神学の研究』新教出版社、一九六五年、一三三ページ註四。

（9）Ph. H. Menoud, "Remarques sur les textes de l'ascension dans Luc-Actes", *Neutestamentliche Studien für R. Bultmann* (Berlin: 1954), pp. 148-156: E. Trocmé, *op. cit.*, 田川訳、四七―五〇ページ。Cf. Ph. H. Menoud, "'Pendant quarante jours' (Actes i. 3)", *Neotestamentica et Patristica: Freundesgabe O. Cullmann* (Leiden: 1962), pp. 148-156.

（10）H. Conzelmann, *op. cit.*, 田川訳、一六一ページ。

（11）*idem*, *Die Apostelgeschichte* (Handbuch zum Neuen Testament) (Tübingen: 1963), S. 21. E・ヘンヒェンも同様である。E. Haenchen, *Die Apostelgeschichte* (Kritischexegetischer Kommentar über das NT) (Göttingen: 1956^{10}, 1965^{14}), S. 105.

（12）H・コンツェルマンもこのプロローグには、ルカ的概念のすべての要素が集まっていると考える。H. Conzelmann, *Die Mitte dur Zeit*, 田川訳、三六〇ページ。

（13）S. Schulz, *Q: Die Spruchquelle der Evangelisten* (Zürich: 1972), S. 42.

（14）使九・二九、一九・一三参照。

（15）例えば、W・グルントマンは、ここからも、神学的意味を引き出そうとする。W. Grundmann, *Das Evangelium nach Lukas* (Theologischer Handkommentar zum NT) (Berlin: 1961^{2}, 1971^{6}), S. 43.

（16）E. Trocmé, *op. cit.*, 田川訳、一九三―一九五ページ。

（17）H. Schürmann, *Das Lukasevangelium* (Herders theologischer Kommentar zum Neuen Testament, Band III), Erster Teil (Kommentar zu Kap. 1, 1-9, 50) (Freiburg: 1969), S. 11.

（18）ルカ三・二三、使一・二二、一〇・三七など。

(19) この問題については、拙稿 "The History and the Fiction in the Birth Stories of Jesus——An Observation on the Thought of Luke the Evangelist", *Annual of the Japanese Biblical Institute*, I, 1975, pp. 73-90. 同「イエス生誕物語における歴史と虚構——福音書記者ルカの思想に関する一考察」北海道大学『文学部紀要』二三、一九七五年、一—二六ページ。および拙著『聖書のなかのマリア』参照。

(20) H. Schürmann, *op. cit.*, S. 5. E. Trocmé, *op. cit.*, 田川訳、六九ページ。

(21) H. Schürmann, *Traditionsgeschichtliche Untersuchungen zu den synoptischen Evangelien* (Düsseldorf: 1968), S. 263.

(22) E. Schweizer, *Gemeinde und Gemeindeordnung im Neuen Testament* (Zürich: 1959), 佐竹明訳『新約聖書における教会像』新教出版社、一九六八年、九四—一一七ページ。

(23) E. Trocmé, *op. cit.*, 田川訳、七三—七四ページ。

(24) H. Schürmann, *Traditionsgeschichtliche Untersuchungen zu den synoptischen Evangelien*, S. 254f.

(25) E. Trocmé, *op. cit.*, 田川訳、六二ページおよび三四六—三四七ページ註(三章)一四。

(26) H. Conzelmann, *Die Mitte der Zeit*, 田川訳、一六ページ。引用文は田川訳とは異なる。

(27) G. Klein, "Lukas 1, 1-4 als theologisches Programm", *Zeit und Geschichte: Dankesgabe an R. Bultmann zum 80. Geburtstag* (Tübingen: 1964), S. 193-216. I. H. Marshall, *Luke: Historian and Theologian* (Devon: 1970), pp. 37-41.

(28) E. Trocmé, *op. cit.*, 田川訳、一七三ページおよび三二五ページ。

(29) H. Schürmann, *Traditionsgeschichtliche Untersuchungen zu den synoptischen Evangelien*, S. 258, Anm. 27, S. 270 etc.

(30) E. Trocmé, *op. cit.*, 田川訳、三六一ページ。一部の古ラテン訳およびゴート訳の写本は、一・三の **κἀμοὶ** の後に、使一五・二八にならって、et spiritui sancto を挿入している。これは教会的信仰の現れというよりも、むしろ、ルカの作業が純粋な歴史家のそれではなかったことに対する認識を示すものと言った方がよいであろう。

(31) M. Dibelius, *Aufsätze zur Apostelgeschichte* (Göttingen: 1951, 1968^{5}) S. 126ff. cf. H. Schürmann, *Traditionsgeschichtliche Untersuchungen zu den synoptischen Evangelien*, S. 251f., Anm. 4.

二　比喩的表現

1

教典は単に教義・教理を記した思想書ではなく、また、何らかの驚くべき史実が正確に記されていることによって、教典となるのでもない。史実はそれを包みこむもうひとつ別の次元の文脈（これを仮に宗教の文脈と呼んでおくことにする）の中におかれたときに、教典にとっての必須の要因となる。その様相はまさに「虚実皮膜」の間にある。したがって教典研究は、思想研究やその中にひそむ史実の確定に終始するべきものではなく、それに意味づけを与えようとする宗教現象の諸相を明らかにしなければならないはずである。ところが、宗教現象そのものを扱う固有の方法が、一致した形で見出されないがために、従来の教典研究はしばしば哲学や歴史学のようなものに還元されてしまったのである。特に聖書研究の場合、歴史にこだわる宗教としてのキリスト教固有の性格のゆえに、歴史学的方法にはなじみやすい。そこで前述のように、自然科学の興隆に対抗しようとする近代の人文科学における歴史学的実証主義の強調とあいまって、歴史的・批判的方法が支配的になった。その結果、新約聖書研究はイエスをめぐる史実の探求に力をそそぎ、さらにその探求を支える根拠を聖書の中に求めることになる。しかしながらその試みは、結局、研究者自身の観点を問いなおすことへと導きかえされざるをえない。聖書の研究はそれでよいとの見方に安住できないとすれば、さしあたり方法としては、歴史学的方法にとってかわるものを提示するにはいたらないとしても、歴史学的方法だけではわりきれない教典としての聖書の側面をひとつずつ指摘していくしかない。教義的なものの再構成を目ざす狭義の神学的方法に逆もどりするわけにはいかないが、教典を教典たらしめる宗教現象の根本動機は問い続けられなければならない。

近年、福音書研究で、再び譬が関心を集めつつあるという事実は、こうした全体的状況と無関係ではないと考えられる。(1)もちろん、このテーマは、長い研究史を背後に引きずっているので、いきなり斬新な研究が出てくることを期待するのは無理であろう。とりあえず、歴史的・批判的方法を用いた研究の成果を多少新しい視点から吟味していくしかないが、本来ねらいとすべきところは、譬という表現形態とその機能を宗教現象にそくして問うことではないかと思われる。ともかく、少なくともここでは、そのような根本的関心に導かれて、福音書に現れた譬を見なおしてみたい。問題をはっきりと浮かび上がらせるために、やや類型的な整理がなされるが、伝承の背後にある歴史的・社会的現実が忘れられているわけではなく、それを意識しながらも、あえて抽象的作業が試みられるのである。

福音書の譬に関する学問的研究は、周知のように、一九世紀末のA・ユーリッヒャーの研究によって方向を与えられ、(2)それが、二〇世紀中頃に、C・H・ドッドおよびJ・エレミアスの研究となって結実した。(3)これらの業績は、今日から見れば、保守的色彩を有するとはいえ、今世紀の歴史的・批判的方法にそったものであり、確かに、一時期の研究を総括するものであったと言えよう。そこにひそんでいるひとつの共通した傾向は、史的イエスに対する強い関心であった。ユーリッヒャーの研究の目的は、イエスの譬の特徴を寓喩的解釈の中から救い上げることであったし、ドッドとエレミアスの研究は、いずれも冒頭に、史的イエスへの関心を表明している。(4)最近では、言葉伝承の中にイエスの原像をさぐることに対する疑いが増大しつつあるので、この傾向も多少変わらざるをえないが、それでも、譬に関しては、多くの場合、やはり、元来の形と二次的な形を区別しようという動機が働いているように見受けられる。(5)

史的イエスに対する関心が先行する限り、福音書の譬伝承は、あくまでそのための史料にすぎず、イエスの語った譬こそ最上のものであり、すべての譬の基準となるという価値判断が、無意識のうちに前提とされている。そこでは、譬の内容は、イエスの教えとの関連においてのみ問題となる。(6) しかし、譬という表現形式は、福音書にしか現れないものではない。たとい、イエスの譬が独自性をもっていたとしても、表現形式としては、それは、さまざまな宗教的文献、文学作品、民間伝承等の領域に広がっており、その諸形態に対して安易な価値判断を下すわけにはいかない。(7) したがって、譬そのものの展開に焦点を合わせれば、何故イエスは譬を語ったのか、あるいは、譬を語る者として伝えられたのか、それらの譬は単に修辞的なものにとどまるのか、それとも、譬によらなければ伝えられない事柄があったのかというふうな問いも可能になるのである。

2

初期キリスト教における譬を、純粋に表現形式の問題として見なおすにあたって、最初の手がかりになるのは、マコ四・一〇―一二のいわゆる「譬論」(Parabeltheorie)である。(8) これは、編集史的方法がマルコ福音書に適用されていく過程で、特に注目された箇所のひとつであった。(9) 議論の中心になったのは、どこにマルコの編集作業のあとを認めるかであり、一〇―一二節に認める説と一三節に認める説と(10)が併存している。しかし、一〇―一二節を教団伝承に帰するのは正しいとしても、マルコが、それをそのまま取り入れながら、一三節を付け加えることによって、さらにそれを批判したという推定には、どうしても無理があるように思われる。福音書記者は、伝承を選択できる立場におかれていたわけであるから、特定の伝承をとり入れた以上は、その内容になかば同意したものと見なすべきであろう。一〇―一二節を批判したければ、もう少しはっきりした形で効果的な編集方法がありそうである。ともかくいずれにせよ、少なくとも教団伝承の段階で、一〇―一二節のような見方が存在したことには疑う余地がないわけであるから、さしあたり、これを確認するだけでもよい。問題は譬論の内容である。

それをめぐって古来神学者たちが頭を悩ませてきたのは、譬が弟子以外の人々の理解を妨げようとして語られたとされている点が、イエスの譬の一般的性格と矛盾するように見えたからである。そこで、この言葉を何とかして低く評価しようとする動機が、研究の背後で働くことになる。エレミアスは、一一節の「パラボレー」(*παραβολή*)が、元来、あらゆる種類の比喩的表現を意味するヘブル語の「マーシャール」(māšāl)であることを正しく見ぬきながら、結局、その動機にうながされて、マルコの誤解という仮説を立ててしまった。[11] W・マルクスセンは、それを修正して、マルコ自身がパラボレーをマーシャールとして理解していたと考える。[12] しかし、エレミアスにも、史的イエスへのこだわりを除けば、マルコの誤解を主張する根拠はないのではないかと思われる。実際には、エレミアスも認めているように、パラボレーの方も、マーシャールほどではないにしても、かなり広い意味に用いられうるからである。[13]

要するに、初期教団の中に、イエスの譬を寓喩や謎の意味をも含んだマーシャールと見なす考え方が存在していたことは確かであろう。さらに、そのような考え方によれば、イエスは時々マーシャールを語ったのではなく、イエスの語ることは「すべて」マーシャールなのである。マコ四・三四の「譬によらずに人々に語ることはしなかった」という句では、同様な見解が繰り返し述べられている。しかもここには、福音書記者の手が加わっている可能性が強い。したがって、やはりマルコも、四・一〇―一二の伝承に現れている譬理解を共有していたと思われる。四・一四―二〇の寓喩的解釈の採用も、そのことを示している。マタイ福音書第一三章の並行記事では、三四節に同様な句が見られるが、ルカ福音書第八章の並行記事では、イエスの言葉の「すべて」がマーシャールであることを示唆する表現は見あたらない。そこでルカにおいては、譬理解に何らかの変化が生じたのではないかという疑問が、とりあえずわいてくるであろう。

マコ四・一一によれば、イエスが譬で語った事柄の中心は、「神の国の奥義」(τὸ μυστήριον τῆς βασιλείας τοῦ θεοῦ)である。ドッドやエレミアスがイエスの譬を「神の国の譬」と見なしたのは、理由のないことではない。もっとも、神の国の意味が福音書の中で移り変わっているので、神の国の譬と言っただけでは、実ははっきりしないのであるが、神の国概念とのかかわりを見なおすことは、譬という表現形式を考察するさいのひとつの鍵にはなりうるはずである。そこで、各福音書における「バシレイア」(βασιλεία)の用法に注目し、それと譬との関係について考えてみることにする。

まずマルコでは、神の国の意味で用いられたバシレイアは一五箇所に現れる。[14]そのうち六箇所で、バシレイアは「近づく」(ἐγγίζω)、「来る」(ἔρχομαι)、「入る」(εἰσέρχομαι)等の動詞と結びついている(一・一五、九・一、四七、一〇・二三、二四、二五)。つまり、神の国の内実についての説明はなしに、ただそれが到来すること、あるいは、そこへ入ることが語られているわけである。また一〇・一四、一五は、有名な「幼子」の場面であるが、そこでは、イエスが幼子を迎え入れることによって、神の国を暗示する。神の国が明瞭な譬とともに語られるのは、前述の四・一一を除けば、四・二六の「おのずから成長する種の譬」と四・三〇の「からし種の譬」だけである。このように見てくると、マルコでは、神の国は多かれ少なかれ隠喩(metaphor)的に語られているのではないかと思われる。つまり、神の国に関するマルコの記述は、字義どおりの意味とは別のある事柄をさし示す。それらは、多くの場合、譬として明示されないが、「すべて」が譬なのである。そもそも「神の国」という言葉自体が隠喩的性格をもつと言えるかもしれない。ここでとりあげなかったほかのいくつかのバシレイアの用法も、その方向と矛盾するものではない。

それに対してマタイにおいては、多少事情が異なっている。神の国を意味するバシレイアは、新約聖書では、ここに最も多く現れ、いろいろな数え方ができるが、少なくとも四九回、問題のある写本を含めれば五一回にもなる。[15] 表現としては、「天国」(ἡ βασιλεία τῶν οὐρανῶν)が圧倒的に多く、三二回(写本によっては三三回)である。[16]「神の国」は、五回しかない。[17] マタイは、明らかに、「天国」という独特の表現およびそれによってさし示された内実に固執している。イエスの宣教は、「御国の福音」(τὸ εὐαγγέλιον τῆς βασιλείας)として総括されるのである(四・二三、九・三五、二四・一四)。[18] さらに、注目すべきことに、マタイは天国を意識的に譬によって説明しようとする。特にマタイ特殊資料として現れる譬は、ほとんどが天国の譬である。[19] それらの半数近くが第一三章に集中しており、「天国は……のようなものである」(ὁμοία ἐστὶν ἡ βασιλεία τῶν οὐρανῶν ……)というやや定型的な言いまわしによって導入される。[20]「からし種の譬」(マタ一三・三一―三二、ルカ一三・一八―一九、マコ四・三〇―三二)、「パン種の譬」(マタ一三・三三、ルカ一三・二一)を見ると、同じ導入句がQ資料の譬でも用いられたことがわかるので、この言いまわしはマタイ独自のものではないが、マタイ的であることは確かであろう。

「からし種の譬」はマルコにもあるが、そこでの導入句は別な言葉になっている(ὡς ……)。二つの導入句の相違は言語的にはさほど大きくないかもしれないが、総合的に判断すると、やはり、譬の機能に微妙なニュアンスの違いをもたらしていると思われる。つまり、マルコの方が隠喩的な含みをもつのに対して、マタイの方は一歩、直喩(simile)へ近づいているように見えるのである。もちろん、両者の区別は必ずしも明確ではない。R・ブルトマンが指摘したように、[21] マタイの導入句の意味するところは、それに続く譬の中で語られるあれこれが天国と比べられるということではなく、その譬が全体として、どこか天国にあてはまるような真理を教えているということであるとすれば、ここには隠喩的なひびきもないわけではない。また「天国」という表現は、「神の国」という表現と同様に、それ自体隠喩的である。しかしマタイは、マルコと比べると、天国とともに、天国を宣べ伝えるイエスをも対象化する方向に一層進んでいる。したがってマタイでは、天国思想において、終末論とキリスト論がともに現れることになる。[22] E・シュヴァイツァーは、「天」国が「神」の国とは異なり、神とキリストの両方にあてはまるので、マタイにとって好ましいものであったという興味ある見解を述べている。[23] ともかくマタイは、イエスと関係づけながら天国の意味内容を積極的に展開する必要性を感じていたが、それを直接語る言葉が見つからないので、具体的な表象との類比によって超越的なものをさし示すような導入句に、強い関心をもったのではないかと思われる。

3

福音書の中でルカの譬理解は、他の福音書記者たちのそれと区別されなければならないかもしれないという点については、すでに言及しておいた。実際、神の国概念と譬をめぐる状況は、ルカにおいて大きく変化する。神の国の意味で用いられたバシレイアは、ここでも、マタイほどでないにしても、かなりの頻度で現れる。ルカ福音書では、多少異なった表現を加えて三八回、[24] 使徒言行録では八回である。[25] しかしそれらは、主として伝承に基づく定型的表現であり、ルカがその意味内容を展開することに関心をいだいているようには見えない。ルカ福音書にも認められる傾向であるが、特に使徒言行録では、神の国をさすバシレイアは、「宣べ伝える」(*εὐαγγελίζω*)もしくはそれに準ずる意味の動詞とともに現れ、宣教の標準的なテーマを示すために用いられている。[26] H・コンツェルマンが言うように、ルカは、いわゆる救済史観に基づいて「教会の時」を確定することによって、神の国概念を「精神化」(Spiritualisierung)してしまったようである。[27] 一七・二一の問題の言葉「実に、神の国はあなたがたの間にあるのだ」(*ἰδοὺ γὰρ ἡ βασιλεία τοῦ θεοῦ ἐντὸς ὑμῶν ἐστιν*)も、同様な方向で理解できるであろう。要するにルカでは、神の国は、自明の前提とされることによって、かえって内容を問われずに、直接的関心の外へおしやられてしまったのである。

さらに、ルカの神の国概念を譬との関係において見ると、その特徴が一層はっきりする。ルカでは、マルコ資料に属する「種まきの譬」、Q資料に属する「からし種の譬」、「パン種の譬」を除けば、一四・一五―二四の「盛大な晩餐会の譬」および一九・一一―二七の「ミナの譬」だけが、神の国に関係した譬である。しかし前者は、マタ二二・一―一〇の「婚宴の譬」が、後者は、マタ二五・一四―三〇の「タラントの譬」が別な形態をとったものにすぎない。それではルカには譬があまりないのかといえば、そうではない。ルカ特殊資料はかなり多くの譬を含んでいる。[28] そこで、ルカは、マタイのように、神の国について語るために譬を用いることはせず、そのかわりに、譬にもっと別な機能を担わせているのではないかという問いが立てられなければならない。

G・ゼリンによれば、ルカ特殊資料の譬は、前後関係の中で「修辞的範例」(rhetorisches Paradigma)、「教訓的模範」(didaktisches Modell)として、「範例的機能」(paradigmatische Funktion)を担っている。[29] 一般に譬の導入句として、「人」(ἄνθρωπος)、「ある人」(ἄνθρωπος τις)、「あなたがたのうちのある人」(τίς ἐξ ὑμῶν)の三つの型が見られるが、これらのうち第二の型、すなわち「ある人」がルカ特殊資料の譬の特徴である。[30] それは、構造的にはいわゆる「三人格物語」(Drei-Personen-Erzählung)と結びつくことになる。[31]

ゼリンの中心的主張は、ユーリッヒャー以来受け入れられてきた譬の分類法、すなわち「狭義の譬」(Gleichnisse)、「譬話」(Parabeln)、「例話」(Beispielerzählungen)という三区分を前提として、ルカ特殊資料の譬を例話と見なそうとするものであった。ゼリンはそれを文体および構造の面からあとづけ、「ある人」の設定と「三人格物語」の構成が主役をめぐるドラマを作り出し、範例的性格をもった例話を浮かび上がらせると考えたわけである。ルカの譬がそのようなものであるという事実は、ユーリッヒャーの分類にさいしてすでに認められていたのであるから、ゼリンの功績は、新しい方法を用いてこの例話が狭義の譬や譬話とどのように違うかを一層明確にしたことにあると言えよう。[32] しかし次に問われなければならないのは、何故ルカでは譬が例話になったのかということである。

例話は狭義の譬や譬話とは性格を異にしており、おそらくマーシャールの射程さえもやや越えているのではないかと思われる。ルカはこれらを総称してパラボレーと言っているのであるが、それは、元来マーシャールよりも狭い範囲の比喩的表現を示すギリシア語のパラボレーを媒介としながら、その内容をさらに一段と拡張したことを意味する。[33] つまりルカによって、パラボレーの拡大解釈が行われたのである。そこで前述の神の国概念と譬との関連を思い起こすと、この間の推移の様相がはっきりする。あえて類型化して言えば、超越論的概念もしくは終末論的概念としての神の国は、マルコでは、イエスの生そのものを描くことを通して、いわば隠喩的に語られたが、Qやマタイになると、キリスト論的思想の展開にともなって、神の国を具体的現実との類比の中で意識化しようという努力がなされるようになる。それがいくつかの神の国の譬の集成となって現れるわけである。[34] ところがルカにおいては、本来の終末論的思想は自明の前提ではあるが、さし迫った課題ではなくなったために、全般的に後退し、それにかわって、教会の時にある人間の生き方が関心の的になり始める。そこから、範例的機能を担った例話が要請される。ルカは、イエスが譬によらずに人々に語ることはしなかったという伝承を知っていたので、こうした例話をもパラボレーにくみこんだのであろう。

このような譬の形態の推移は、人間の超越的なものへのかかわり方の変化を背景としているように思われる。マルコ、Q、マタイは、譬によらずに超越的なものを伝ええないとする感覚を共有していた。しかし、ルカが例話で語ったことは、必ずしも譬という表現形式を必要としない。この場合表現形式は、むしろ修辞的なものにとどまるのである。[35] ルカにおいて超越的なもの、終末的なものへの関心が後退したというのは、正確ではないかもしれない。超越的なもの、終末的なものが元来ともなっていた人間に対する切実さおよび言い表し難さが、ルカでは稀薄になり、すでに教義として意識的にとらえかえされつつあった超越的なもの、終末的なものを土台として、今や、生き方の模範を求める発想が前面に出てくるというのが事実であろう。狭義の譬、特に隠喩が、既知の具体的表象を用い、ありのままの現実を描き切ることを通して、逆に字義どおりの意味を越えたもの、直接には言い表し難いものにふれる試みであるのに対して、例話は、超越的なもの、終末的なものに関するすでに出来上がった理念、あるいは人間の生き方についての一種の信念を現実へ適用しようとする試みなのである。(36)

このように、福音書という文学類型の中で、ひとつの文学形式としての譬がどのような意味づけを与えられながら用いられていったかをふりかえってみると、聖書が教典としてまとめられていく過程で要請される諸機能の重要な一断面が浮かび上がってくるのではないかと思われる。最初イエスが語ったであろう譬がまずイエスの言葉伝承の中へとり入れられ、やがて福音書の文脈のうちにおかれるにともなって、これを宗教生活のために活用しようとする種々の状況の影響を受けつつ変容していくことになる。本来の譬がどのようなものであったかという議論は、結局、イエスの原像に至高の価値をおく発想と結びつき、一種の護教論になってしまうので、あまり生産的ではない。古代ギリシアや古代ヘブルの世界のみならず、人間の言語表現の中で広く用いられてきた比喩的表現形式は、明確に分かちがたい種々の要素から成っていた。従来それは、強調点に基づいて、隠喩・明喩・寓喩等々に分類されてきたが、元来根底においては、これらはひと続きのものであったと思われる。現実の人間の言葉や行いから出発し、人間を越えたものを語ろうとするには、隠喩的表現が最も適しているが、それをもう一度現実の人間に適用し、生き方の技法として定着させるためには、明喩や寓喩、さらには例話などが必要になる。イエス伝承の成立にあたっては、これら諸々の動機が働いており、さらに同様な表現形式を用いての解釈をうながしていったのではないかと思われる。そう考えるとすれば、寓喩的解釈も本来の譬からの単純な逸脱ではなく、ある意味では必然的展開であったことになる。

しかしながら、聖書が文学的な作品にとどまらず、宗教生活を成り立たしめる教典になるためには、やはりこれら比喩的表現の中に、ひとつの重要な動機がなければならない。すなわち、W・ハルニッシュの言い方をかりれば、「神の国が譬物語(Parabel)を理解させるのではなく、むしろ正反対に、譬物語が神の国を理解させる」のでなければならない。[37] そのためには比喩的表現は、「周知の事柄を、独特かつ風変わりな仕方で全く周知ならざる事柄とかみ合わせつつ、目の前に提示して見せる」必要がある。ここでは「予期しうるものと予期しえぬもの、周知なるものと周知ならざるものの物語の衝突」が生じる。[38] つまり聖書が教典として成立するにあたって重要な動機は、「現実的なるものと可能的なるものの間の隠喩的緊張」なのである。[39] ハルニッシュも、イエスに強調点をおくという旧来のやり方を完全に脱してはいないが、まず文学形式そのものから出発し、しかもその機能をあくまで日常的現実とのかかわりの中でとらえかえしていくという点で、新しいすぐれた理解の方向を示唆していると言えよう。さらにE・シュヴァイツァーは、これまでたえず混乱のもととなってきたイエス伝をめぐる議論を譬理解と結びつけようとする。彼も比喩的表現を、「直接に地上の言葉では言い表せない現実が内包するもうひとつ別の次元」を伝達する手法と理解しており、これはハルニッシュの理解と重なり合う。シュヴァイツァーによれば、比喩的表現は「まだ語られていないあるものへと向かって常に開かれている」のであり、これを通して「非日常的なものが日常的な言語の中へと到来する」のである。[40] しかし、「イエスは単に譬を語るだけでなく、その譬を生きている」という認識は、ハルニッシュを一歩越え出る。[41] シュヴァイツァーはそこに「暗黙のキリスト論」を想定することによって、[42] 比喩的表現を手がかりとする教団のイエス理解に積極的意義を認めようとするわけである。

福音書の比喩的表現に見られるこのような展開の諸相は、一見些細な問題に思われるかもしれない。ところが、ここで浮かび上がってきた事態には、特定の歴史的宗教現象に限定されない要素も含まれているように見える。

旧・新約聖書が歴史的宗教としてのキリスト教の正典となっていく長い道程の出発点において、そのきっかけを作り出したのは、明らかにイエスの言行に関する伝承であった。したがって、イエス伝承の成立と展開は、そのままキリスト教の教典の形成過程の根幹をなすと言ってもさしつかえないであろう。上述のように、イエス伝承を中心とする福音書伝承は、固有の教典を必要とする教団の発展にともない、さまざまな状況に対応する機能を要請され、形態の変化をとげていく。歴史的・批判的方法は、その種々相を詳細にわたって明らかにした。譬の研究もその成果の一端であるが、歴史的・批判的方法に基づく研究のほとんどがそうであるように、ここでも関心は、主としてイエスの語った「本来の」譬に向けられてきた。しかし今、その関心の方向を逆転し、譬伝承の「二次的」展開に注目すると、そこにはキリスト教の教典が形成されていくさいの重要な動機が見出されるのではないであろうか。一般的な言い方をすれば、それは、比喩的表現を通して日常的現実の事柄を非日常的な未知の次元につなぎ、さらにそこから立ちかえって、日常的な生き方の技法の多様な可能性をさぐるという構図を示している。だがこのように比喩的表現を用いながら一種の「教え」を志向するのは、キリスト教の教典に独自の傾向なのであろうか。旧・新約聖書そのものは固定された正典としての画一性をもたないという認識から導き出された上述の帰結、すなわち、初期キリスト教諸伝承の動的把握は、同時に、旧・新約聖書が教典として形成されていく動機を、諸宗教における教典の場合へと通底させていくのである。

（1）　福音書の中の譬に関する近年の主な研究としては、次のものがあげられる。E. Linnemann, *Gleichnisse Jesu* (Göttingen: 1961, 1966^{4}). D. O. Via, Jr., *The Parables: Their Literary and Existential Dimension* (Philadelphia: 1967). J. D. Crossan, *In Parables: The Challenge of the Historical Jesus* (New York: 1973). G. Sellin, "Lukas als Gleichniserzähler: die Erzählung vom barmherzigen Samariter (LK 10_{25-37})", *ZNW*, 65, 1974, S. 166–189, *ZNW*, 66, 1975, S. 19–60, idem,

“Gleichnisstrukturen”, *Linguistica Biblica*, 1974, S. 89–115. N. Perrin, *Jesus and the Language of the Kingdom: Symbol and Metaphor in New Testament Interpretation* (Philadelphia: 1976). K. E. Bailey, *Poet and Peasant: A Literary-Cultural Approach to the Parables in Luke* (Michigan: 1976). F. Schnider, *Die verlorenen Söhne: Strukturanalytische und historisch-kritische Untersuchungen zu LK 15* (Freiburg: 1977). H. Frankemölle, *In Gleichnissen Gott erfahren* (Stuttgart: 1977). H. Weder, *Die Gleichnisse Jesu als Metaphern: Traditions-und redaktionsgeschichtliche Analysen und Interpretationen* (Göttingen: 1978). W. Harnisch, *Die Gleichniserzählungen Jesu: Eine hermeneutische Einführung* (Göttingen: 1985), 廣石望訳『イエスのたとえ物語――隠喩的たとえ解釈の試み』日本基督教団出版局、一九九三年。E. Schweizer, *Jesus, das Gleichnis Gottes: Was wissen wir wirklich vom Lebeu Jesu?* (Göttingen: 1995), 山内一郎監修・辻学訳『イエス・神の譬え』教文館、一九九七年。なお、こうした傾向の意義については、拙稿「最近の譬研究の動向とその思想史的背景」日本新約学会『新約学研究』七、一九七九年、三六―四三ページ。

（2） A. Jülicher, *Die Gleichnisreden Jesu* (I 1885, 1899^2 [=Tübingen: 1910]; II 1899 [=Tübingen: 1910]) I-II (Darmstadt: 1963).

（3） C. H. Dodd, *The Parables of the Kingdom* (1935, Revised Edition 1936 [=1938]) (Glasgow: 1961), 室野玄一・木下順治訳『神の国の譬』日本基督教団出版部、一九六四年。J. Jeremias, *Die Gleichnisse Jesu* (Göttingen: 1947, 1962^6), 善野碩之助訳『イエスの譬え』新教出版社、一九六九年。

（4） C. H. Dodd, *op. cit.*, p. 13, 室野・木下訳、一三ページでは、「確かに、福音書の記録の中で、譬以上に明瞭な真正さのひびきを読者に与えるものはない」(引用文は私訳)。J. Jeremias, *op. cit.*, S. 7, 善野訳、三ページでは、「最初の三福音書がわれわれに伝えているようなイエスの譬に向かうものは、特に確固とした歴史的基盤の上に立つことになる。イエスの譬は、伝承の原始岩の一部なのである」(引用文は私訳)。

（5） このテーマを扱った近年の日本の代表的論文にも、相変わらず史的イエスへの強い関心が反映している。佐竹明「共観福音書のたとえにおける二種の人間群」同『新約聖書の諸問題』新教出版社、一九七七年、二四―五四ページ。荒井献「イエスと福音書文学――『放蕩息子の譬話』によせて」川島重成・荒井献編著『神話・文学・聖書――西洋古典の人間理解』教文館、一九七七年、一五九―一八五ページ。同「Q資料におけるイエスの譬の特徴について」日本新約学会『新約学研究』六、一九七八年、二―一二ページ。

(6) イエスの譬を基準とする議論は、ユーリッヒャー以来、寓喩と譬の区別に熱心である。Cf. F. Hauck, Art. "*παραβολή*, Profangriechisch", *ThW*, V, S. 741-743. しかし、譬をそのような立場から見ることが常に適切であるとは限らない。古代ギリシアの譬に関する本来の研究としては、例えば、川島重成「イーリアスにおける神々と比喩」国際基督教大学・キリスト教と文化研究所編『キリスト教と文化』一、一九六四年、五三—七八ページ、同「『イーリアス』の比喩をめぐって」日本西洋古典学会編『西洋古典学研究』一三、岩波書店、一九六五年、二五—三二ページ、池田英三「ホメーロスの比喩——その問題点を尋ねて」北海道大学『文学部紀要』一九—二、一九七一年、一—六二ページ、等。

(7) 初期仏教においては、十二分教の一つに「アヴァダーナ」と呼ばれるものがあり、漢訳で「譬喩」と訳された。ところが、これが「アヴァダーナ」の元来の意味と必ずしも一致しないため、譬の概念をめぐる事情がかなり複雑になっている。前田恵学『原始仏教聖典の成立史研究』山喜房仏書林、一九六四年、四四九—四七二ページ。岩本裕『仏教説話』筑摩書房、一九六四年。

(8) 拙稿「マルコの譬論」北海道大学『文学部紀要』一六—二、一九六六年、九九—一二〇ページ。

(9) W. Marxsen, "Redaktionsgeschichtliche Erklärung der sogenannten Parabeltheorie des Markus", *ZThK*, 52, 1955, S. 255-271 他多数。

(10) E. Schweizer, "Zur Frage des Messiasgeheimnis bei Markus", *SNW*, 56, 1965, S. 1-8. 田川建三『マルコ福音書』上巻、新教出版社、一九七二年、二七五—二九八ページ。

(11) J. Jeremias, *op. cit.*, S. 14, 善野訳(六ページ)は、普及版の翻訳なので、簡略な記述になっている。

(12) W. Marxsen, *op. cit.*, S. 264.

(13) J. Jeremias *op. cit.*, S. 16, 善野訳、九ページ。

(14) 一・一五、四・一一、二六、三〇、九・一、四七、一〇・一四、一五、二三、二四、二五、一一・一〇、一二・三四、一四・二五、一五・四三。

(15) 三・二、四・一七、二三、五・三、一〇、一九(二回)、二〇、六・一〇、一三?、三三、七・二一(二回?)、八・一一、九・三五、一〇・七、一一・一一、一二、一二・二八、一三・一一、一九、二四、三一、三三、三八、四一、四三、四四、四五、四七、五二、一六・一九、一八・一、三、四、二三、一九・一二、一四、二三、二四、二〇・一、二一、二一・三一、四三、二二・二、二三・一三、二四・一四、二五・一、三四、二六・二九。

(16) 三・二、四・一七、五・三、一〇、一九(二回)、二〇、七・二一(二回?)、八・一一、一〇・七、一一・一一、一二、一三・一一、二四、三一、三三、四四、四五、四七、五二、一六・一九、一八・一、三、四、二三、一九・一二、一四、二三、二〇・一、二二・二、二三・一三、二五・一。

(17) 六・三三、一二・二八、一九・二四、二一・三一、四三。

(18) マタイによれば、イエスの最初の説教は「悔い改めよ、天国は近づいた」というものであったが(四・一七)、これはバプテスマのヨハネの説教でもあった(三・二)。さらに、十二弟子も、「天国が近づいた」と宣べ伝えるように命じられる(一〇・七)。

(19) マタイ特殊資料として現れた天国の譬は次のとおりである。一三・二四—三〇(毒麦)、一三・四四(隠してある宝)、一三・四五—四六(高価な真珠)、一三・四七—四八(引き綱)、一三・五二(一家の主人)、一八・二三—三五(無情な僕)、二〇・一—一六(ぶどう園の労働者たち)、二一・二八—三一(二人の子)、二二・一—一〇(婚宴)?、二五・一—一三(十人のおとめたち)、二五・一四—三〇(タラント)?、二五・三一—四六(羊と山羊)。

(20) 一三・三一、三三、四四、四五、四七、二〇・一。これ以外に、*ὡμοιώθη ἡ βασιλεία τῶν οὐρανῶν*……という言いまわしも用いられている(一三・二四、一八・二三、二二・二、二五・一)。

(21) R. Bultmann, *Theologie des Neuen Testaments* (Tübingen: 1953, 1958³), S. 7, 川端純四郎訳『新約聖書神学』I、新教出版社、一九六三年、一〇ページ。cf. idem, *Die Geschichte der synoptischen Tradition* (Göttingen: 1921, 1964⁶), Ergänzungsheft, 1962², S. 179-222, 加山宏路訳『共観福音書伝承史』I(ブルトマン著作集1)新教出版社、一九八三年、二八八—三四八ページ。

(22) この問題については、J. D. Kingsbury, *Matthew: Structure, Christology, Kingdom* (Philadelphia: 1975). 例えば、二〇・二一の「あなたの御国」(マコ一〇・三七参照)、二六・二九の「わたしの父の国」(マコ一四・二五、ルカ二二・一八参照)等の句は、マタイの天国思想における終末論とキリスト論のかかわりを示唆している。

(23) E. Schweizer, *Das Evangelium nach Matthäus* (Das Neue Testament Deutsch) (Göttingen: 1973), S. 23, 佐竹明訳『マタイによる福音書』NTD新約聖書註解刊行会、一九七八年、四八ページ。

(24) 四・四三、六・二〇、七・二八、八・一、一〇、九・二、一一、一二、二七、六〇、六二、一〇・九、一一、一一・二、二〇、一二・三一、三二、一三・一八、二〇、二八、二九、一四・一五、一六、一七・二〇(二回)、二一、一八・一六、一

七、二四、二五、二九、一九・一一、二一・三一、二二・一六、一八、二九、三〇、二三・四二、五一。
(25) 一・三、六、八・一二、一四・二三、一九・八、二〇・二五、二八・二三、三一。
(26) ルカ福音書では、四・四三、八・一、九・二、一一、六〇、一六・一六が、使徒言行録では、一・三、八・一二、一九・八、二〇・二五、二八・二三、三一がそれにあたる。
(27) H. Conzelmann, Art. "Reich Gottes, Im NT", *RGG*[3], V. S. 914-918.
(28) 譬の数は数え方によって異なるが、ゼリンによれば、ルカ特殊資料には、次の一五の譬が含まれている。七・四一―四三(二人の負債者)、一〇・三〇―三七(良きサマリヤ人)、一一・五―八(真夜中の友人)、一二・一六―二一(愚かな金持)、一三・六―九(実らぬいちじくの木)、一四・七―一一(食卓の座)、一二―一四(招待者)、一四・二八―三三(邸宅を建てる人、戦争)、一五・八―一〇(失われた銀貨)、一一―三二(放蕩息子)、一六・一―八(不正な家令)、十六・一九―三一(金持とラザロ)、一七・七―一〇(農夫とその僕)、一八・一―八(願い続けるやもめ)、九―一四(パリサイ人と取税人)。その他の譬は一二あり、マルコ資料が三、Q資料が九である。G. Sellin, "Lukas als Gleichniserzähler: die Erzählung vom barmherzigen Samariter (LK 10_{25-37})", S. 176.
(29) *ibid.*, S. 178.
(30) *ibid.*, S. 179, 188-189.
(31) *ibid.*, S. 180-184.
(32) ルカ特殊資料の譬理解をそのままルカの譬理解と見なすことに問題がないとは言えない。しかし、ルカ特殊資料が、固有の性格をもった独立資料としてどこまで認められるかは、今のところ明らかでないので、ここでは、この問題は保留し、ルカに現れた譬理解という意味で類型的に扱うにとどめる。前述のマタイ特殊資料に関しても同様である。
(33) 比喩的表現は、自らの範囲をたえず拡張していく傾向をもっているように思われる。今日の日本語の感覚では、譬と例話を結びつけることには、ほとんど抵抗がないであろう。岩本裕によれば、「アヴァダーナ」が「譬喩」と訳されたとき、それは、結局「仏教説話」と同義語であった。そこには、ブッダの言行録からフィクションの世界までが包含されうる。したがって、仏教説話としての譬喩は文学と同義であり、「個々の経典における教訓の譬喩としてよりも、さらに大きく広く、しかも多くの意味を持つもの」なのである。岩本裕『仏教説話』二二一―二三七ページ。
(34) 「神の国の譬」という呼称は、厳密に言えば、福音書の中でマタイにのみあてはまる。

(35)　マタイは「君主制的構造」(monarchische Struktur)を好み、ルカは「劇的構造」(dramatische Struktur)を好んだとするゼリンの指摘は正しい。マタイの叙述では主役となる「人」(ἄνθρωπος)は常に神かイエスであり、物語全体を支配している。神の国の譬の場合と同様に、ここでも、もっぱら超越的なものへ目が向けられていると言えよう。G. Sellin, "Lukas als Gleichniserzähler: die Erzählung vom barmherzigen Samariter (LK 10_{25-37})", S. 185, 188.

(36)　ここで、初期キリスト教における比喩的表現の諸類型を示したが、これらの間の推移は必ずしも歴史的なものではない。どの類型が最も根源的であるのか、史的イエスの譬はどうであったのかは、本節の問うところではない。

(37)　W. Harnisch, *op. cit.*, 廣石訳、二二一―二二二ページ。

(38)　*ibid.*, 廣石訳、三七四ページ。

(39)　*ibid.*, 廣石訳、三七五ページ。

(40)　E. Schweizer, *Jesus, das Gleichnis Gottes*, 辻訳、一二五ページ。

(41)　*ibid.*, 辻訳、一二六ページ。

(42)　*ibid.*, 辻訳、七五ページ。

第二章　書簡体文学と模倣——教典継承の動機——

一　「牧会書簡」の表現形態

1

すでに見たように、宗教集団成立のきっかけとなった初期の諸伝承（創唱者もしくはそれに準ずる人物の言葉と行為をめぐる伝承）から教典が形成されていくにあたっては、核としての宗教体験の再生産を誘導するような表現に、やがて、日常性への還帰をうながす契機が加わっていく。福音書文学に見られる内容の幅は、その間の経緯を表していると言えよう。しかし教典が安定した形態をとり、宗教生活の中で繰り返し用いられるようになるためには、この方向がさらに徹底され、一方において教義体系を明確化する努力がなされるとともに、他方、多様な歴史的現実の諸状況への教団の適応がたえまなく模索されなければならない。新約聖書では、「書簡体文学」という文学類型がそのために導入された。このような文学類型は代替不可能なものではなかったかもしれないが、少なくとも新約聖書の場合にはかなり有効であった。教義体系の明確化は主として真正なパウロ書簡においてなされたのに対して、信徒の生活や教団組織をめぐる細かいとりきめの試みは、パウロ後の書簡体文学の課題であった。ここでは、後者の中から特に「牧会書簡」と呼ばれる三つの文書をとりあげ、教典が一定の形態で継承可能なものとなるための動機をさぐってみることにする。

いわゆる「牧会書簡」は、新約聖書諸文書の中で、研究対象としては、従来、あまり人気のあるものではなかった。(1) 特にプロテスタント系の研究者は、これらの文書に対して、無意識のうちに一定の先入観に基づく評価を与えているように見える。「いささか色のあせたパウロ主義」(ein etwas verblasster Paulinismus)というR・ブルトマンの指摘が、その評価の方向を典型的に示す。(2) パウロの信仰義認論を新約聖書神学の中心にすえる立場からすれば、牧会書簡は、その中心から一歩後退した考え方、すなわち、「初期カトリシズム」しか表していないことになるのである。(3) 確かに、M・ヴェーバーにならって言えば、牧会書簡には「『英雄的』ないし『達人』的宗教意識」(》Heroistische《 oder 》Virtuosen《-Religiosität)から「『大衆』的宗教意識」(》Massen《-Religiosität)へ向かう初期キリスト教の推移が反映されている。(4) 大衆的宗教意識を組織するための具体的な「教会」(Kirche)制度の確立が、牧会書簡の著者の主たる関心事だからである。(5) その関心の方向は、教義的・思想的ではなく、実践的である。したがって、中心となる教義に照らして「質」が問われる場合には、牧会書簡をめぐる評価は、どうしても低くならざるをえない。しかしながら、そもそも宗教現象は教義・思想の面からだけではとらえきれないというあたりまえの事実が、ここでも再確認されなければならない。実際、神学的評価如何にかかわらず、牧会書簡は、キリスト教の歴史にかなり本質的な影響を与えたのではないかと思われる。そうであるとすれば、少なくとも宗教学的に見れば、牧会書簡に現れているような主張が必然性をもつ場面とその主張の現れ方とを、宗教集団形成のメカニズムとの関連において、できる限り類型化してとらえておくことが、ひとつの課題となりうるであろう。

そこで、まず、このような問題意識がこれまでの牧会書簡研究史とどのように結びつくのか、あるいは、結びつかないのかを検討する必要がある。

従来の牧会書簡研究は、何らかの形で著者問題にかかわるものが多く、その傾向は、最近の諸研究の中でも受け継がれている。前述の評価も、当然、著者問題と無関係ではなく、パウロの真筆を期待できないという判断が次第に定着していくのと並行して、牧会書簡に対する評価が低くなってきたとも言えよう。(6) しかし、パウロが自らこれらの書簡を書き下したと主張する研究者はさすがに稀になったが、間接的にせよ、何とかしてこれらをパウロに近づけようと試みる議論は、今日もなおあとを絶たない。実際に筆記にあたった「秘書」を想定したり、真正なパウロ書簡の「断片」を想定したりする仮説は、依然として影響力をもっている。(7) カトリック系の研究者は、これまで著者問題に関しては比較的保守的であったが、その流れをくむP・トゥルンマーの研究は、パウロ後の時代における「パウロ伝承」(Paulustradition)を重視するという立場から、歴史的・批判的研究の結論を受け入れながらも、牧会書簡を積極的に評価しようとする。(8) そこでは、牧会書簡のパウロ書簡としての真正性に固執することなしに、「史的パウロとパウロ後の解釈との弁証法的関係」によって、著者問題の解決がはかられるのである。

それに対して、牧会書簡の著者として、はっきりとパウロ以外の名前をあげる説もある。前述の「秘書」に「テキコ」を想定する説は、(9) パウロを本来の著者と見なすわけであるから、一応別とすれば、牧会書簡の著者としてこれまでに考えられたのは、「スミルナのポリュカルポス」と「福音書記者ルカ」である。ポリュカルポス説は、かつてH・F・v・カンペンハウゼンによって主張されたもので、[10]あまり追随者を見出していないが、ルカ説は、一九世紀のH・A・ショットまでさかのぼると言われる古いもので、[11]今日でも相変わらず再生産されている。この説は、用語・文体・思想などの共通性に基づいて主張されるのが常であるが、ルカにどの程度の役割を帰するかによって、若干ニュアンスを異にする。C・F・D・モールやA・シュトローベルの説と比べると、[12]S・G・ウィルソンの説は、ルカの著者としての性格を一層明瞭に浮かび上がらせているように思われる。[13]ここにはおそらく、編集史的方法の影響が現れているのであろう。

さらに、著者問題と対応して、著者がたたかった相手が何者かということについても、時折、仮説が提起される。例えば、J・M・フォードは、従来の「原ユダヤ的グノーシス主義」(Proto-Jewish Gnosticism) 説に対して、「原モンタノス主義」(Proto-Montanism) 説を主張した。[14]

著者にせよ、著者がたたかった相手にせよ、それを史的存在として具体的に確定しようとする試みは、そのこと自体が目的である限り、好事家風の仮説の再生産に終わらざるをえない。結局、史実としては、牧会書簡がパウロ後に、しかも、パウロとの関係を強調しつつ、教会にとって好ましくない相手との対決の中で執筆されたこと以上には、確実なことは何もわからないであろう。[15]宗教学的観点から問われなければならないのは、著者や著者がたたかった相手がだれであったかということよりも、むしろ、初期キリスト教の成立と展開を表す全体的構図の中で、牧会書簡のような主張が生まれてきた歴史的位相がどのようなもので、その意味が何であったのかということである。一般に、実証的手法に依存する史的探求は、所詮、解釈の問題を避けられないとすれば、自覚的であると否とにかかわらず、やがて自らを乗り越えて、そういう方向へ動いていくことになると思われる。A・T・ハンソンが的確に指摘したとおり、問題は、牧会書簡をパウロが書きえたかどうかではなく、現にある記述そのものが何を意味し、何故このような形をとったのかということなのである。[16]今日、新約聖書研究は、静的な正典研究から動的な初期キリスト教文学史研究へと姿を変えつつあるが、そうであればなおさら、そこにおける宗教現象のアイデンティティが、あらためてとらえなおされなければならないであろう。

著者問題以外に、牧会書簡研究でよくとりあげられるテーマは、教会における職制の問題である。確かに牧会書簡は、「監督」、「長老」、「執事」などに関する具体的な指示を述べており、現実の教会制度のあり方にかなり大きな影響を与えてきたので、この問題が関心の対象になりやすい。近年では、H・v・リップスが、牧会書簡における聖職按手式についての詳細な研究を発表している。[17] しかし、この場合にも、ひとつの宗教現象としての初期キリスト教との関連で問題を考えていかないと、教会の職制の永遠のモデルを牧会書簡のうちに探し求めるだけで、結局、本質的には一種の教会経営術論議に終始するであろう。

一九世紀に始まり、二〇世紀に入ってから急速な発達をとげたいわゆる歴史的・批判的方法（資料批判—様式史—編集史）は、特に福音書研究の領域で著しい成果を生み出してきたが、牧会書簡研究においても、この方法によって、問題の方向づけがなされた。これまでに述べてきたような近年の諸業績も、その方向の延長線上に位置づけられるものであるが、すでにそこには新しい方法への要請が芽生えていることは、指摘したとおりである。歴史的・批判的方法は近代的学問の性格そのものと結びついているので、新しい方法が簡単にこれにとってかわることはありえない。現在までのところでは、新しい方法への要請は、文字どおり一種の予感ないし模索にとどまっている。すでに検討したとおり、そのひとつの現れは、旧・新約聖書に対する文芸学的アプローチ、すなわち、そこに含まれたさまざまな文学類型やレトリックに注目し、それらを媒介として、広い世界との共通基盤をさぐろうとする試みである。[18] 牧会書簡に関しても、単にパウロとその後継者たちをめぐる史実の記録として見るだけでなく、初期キリスト教会という既成宗教集団の自己展開の過程を示唆する文学的表現形態として見なおすためには、文芸学的アプローチがかなり有効であるように思われる。[19]

2

初期キリスト教諸文書の文学類型として何をあげるべきかということについては、細かい点で見方が分かれるとしても、まず「福音書」・「黙示文学」とともに「手紙」をあげることに、異論はありえない。問題は、手紙の形をした文書をすべてひとつの文学類型にまとめうるかどうかである。かつてA・ダイスマンは、「私信」(Brief)と「公翰《こうかん》」(Epistel)の区別を立てて、この問題の所在を示唆した。[20] それによれば、「私信」が特定の状況の中で特定の相手にあてられた非文学的なもの(etwas Unliterarisches)であるのに対して、「公翰」は元来公開性を目ざしており、「対話」・「演説」・「劇」などとならぶひとつの文学類型(eine Gattung der Literatur)である。両者の中間の形態もないわけではないが、パウロ書簡は、総じて「私信」と考えられ、ヤコブの手紙、ペテロの手紙一、二、ユダの手紙などは、「公翰」と見なされる。ただし、ダイスマンの考えでは、牧会書簡もパウロ書簡に数え入れられていることに注意しておかなければならない。要するに、「キリスト教は文学運動として始まるのではない。その創造力にみちた時代は非文学的である」というのが、ダイスマンの究極的立場であった。ここには、彼自身の宗教観がひそんでいると思われる。

M・ディベリウスも、同じような問題意識から出発する。[21] 彼の考えでも、特定の状況の中で特定の相手にあてられた実際の手紙、すなわち、「通信の性格」(Korrespondenzcharakter)をもった「私信」(Brief)は文学ではない。しかし、それらが種々の理由からそのまま「文学化」(Literarisierung)され、やがて「書物」(Buch)として扱われるようになる。「公翰」(Epistel)という概念も用いられてはいるが、新約聖書の中の手紙をディベリウスが分類する仕方は、ダイスマンのそれと同じではない。ここでは牧会書簡は、はっきりと「教会規律」(Kirchenordnungen)として、パウロ書簡とは別に扱われる。そして「私信」に関しては、これがキリスト教徒によって新たに生み出された表現形態ではないことが確認されている。牧会書簡の性格については、その後現在にいたるまで、大体共通の理解が成り立っているが、さらにこれらの中で、テモテへの手紙二を「告別演説」(Abschiedsreden)としてほかの二つから区別することも可能であろう。[22]

しかし、牧会書簡の性格がどうであれ、これらの文書が真正なパウロ書簡と類似した「形態」を示していることは事実であり、文学類型の問題を考えるにあたっては、まず、このレベルからおさえていく必要がある。その意味では、「パウロ文書」(Corpus Paulinum)という呼び方には、それなりの妥当性がある。[23] 牧会書簡が真正なパウロ書簡のように純粋な「私信」ではないとしても、両者の形態的関連はもとより否定できないからである。

W・G・ドーティは、パウロ後の書簡を「手紙の形をとったエッセイ」(letter-essay form)という文学類型にまとめ、真正なパウロ書簡を、それが完成する前の段階と見なす。[24] その見方によれば、「手紙の形をとったエッセイ」の典型はヨハネの手紙一やヘブライ人への手紙であり、牧会書簡は、文学類型としてはやや中間的な性格をもつ。つまり牧会書簡では、一方において、真正なパウロ書簡と同様、現実的問題から触発された執筆動機がうかがわれるが、他方、文書全体の構成を見ると、真正なパウロ書簡では諸要素の中のひとつにすぎなかったもの、すなわち、教会制度の具体的あり方をめぐる助言や指示だけが強調されているのである。このような性格は、必ずしも他のパウロ後の書簡の性格とも一致しない。

ドーティの説は、パウロ後の公的性格をもった書簡をひとつの文学類型とし、真正なパウロ書簡から区別する点で、ダイスマン以来の考え方を踏襲するが、そのさいに、真正なパウロ書簡に価値判断の基準を求めようとはしていない。むしろ文学類型としては、「手紙の形をとったエッセイ」の方を成熟した段階と見なしている。しかし、どちらに価値をおくにせよ、また、両者を何と名づけるにせよ、両者がはっきりと区別されながらも、実際には、中間的形態を媒介としてつながっているという事実が重要なのである。個々の文書の文学的性格の相違が明らかにされた後に、あらためて、それにもかかわらず全体を「手紙」と呼ぶことの意義が再確認されなければならない。初期キリスト教において最初に成立した文書はパウロの「手紙」であり、その圧倒的な影響力の下で、他の「手紙」が執筆されたからである。「手紙」は、まず何よりも、パウロの権威との連続性を主張する手段であった。牧会書簡の著者も、パウロの場合と類似した現実の状況に直面していたこともあって、「手紙」を書いたが、パウロにならうという姿勢そのものが、すでに「手紙」の機能に変化をもたらしていた。このように、初期キリスト教の「手紙」の展開過程には、パウロとの形式的連続性と実質的非連続性とが、微妙に交錯しつつ現れることになる。

文学類型の継承と改変の作業に示された牧会書簡の著者の傾向は、言葉の用い方にも反映されている。R・ブルトマンが的確に指摘したように、牧会書簡においては、「確かにパウロ的思想の余韻はあるが、パウロ神学の重要な諸概念は、一部は消滅し、一部はもとの意味を失っている」[25]。パウロ神学にとって不可欠な要素である「義」(δικαιοσύνη)とか「義とする」(δικαιόω)とかいう概念は、見られないわけではないが、信仰義認論の意味では後退し[26]、同様に、「信仰」(πίστις)とか「信じる」(πιστεύω)とかいう概念も、パウロの場合とはニュアンスを異にし、誤った生き方に対する正しい生き方という意味で用いられる[27]。結局、これらパウロ神学の重要な概念は、一種の「徳」に還元されていくのである。そして、牧会書簡の著者が積極的に主張する「徳」の内容は、「信心深い態度」(εὐσέβεια)、「真面目な態度」(σεμνότης)、「慎しみ深い態度」(σωφροσύνη)などである[28]。ここで理想とされているところは、おそらく「平安で静かな生活を、真に信心深く真面目に送る」(一テモ二・二)こと、「不信心とこの世の欲望とを捨て、今の時にあって、思慮深く、正しく、信心深く生活」(テト二・一二)することにつきるであろう[29]。このような考え方は、キリスト教的に意味づけられているとはいえ、根本的には、当時のヘレ

ニズム倫理思想に通じる。(30)

要するに牧会書簡の著者は、文学類型においても用語においても、意識的・外面的にはパウロとの連続性を保ちつつも、いつのまにか、ヘレニズム世界一般の通俗的風潮との境目を見失っているのである。そもそもパウロの文学類型や用語は、元来キリスト教以外の世界に由来するものであったわけであるから、パウロの独自な思考の枠組を離れれば、それ自体のうちに、もとへもどる傾向性を秘めていたとも言えよう。(31)このように、初期キリスト教の特異な要素、すなわち、キリスト教以外の人々には異質と感じられる要素を、当時の世界の共通感覚にそくして、できるだけ解きほぐしていく作業は、宗教集団としての初期キリスト教会の発展にとっては不可欠であった。(32)こうした作業の過程を通して、世界の現実のただ中から再び自らのアイデンティティをつかみとることができるかどうかに、宗教集団の持続の可能性がかかっているのであるから、その傾向に対して一概に否定的評価を下すだけでは、宗教現象の実態は見えてこない。問題は、そのさいに働く思想の質である。牧会書簡の著者の場合、パウロの神学と世俗的共通感覚との間のギャップに架橋するために、「模倣」という論理を導入する。そこで次にこの点を、いろいろな角度からさらに立ち入って検討しなければならない。

3

牧会書簡の著者の基本姿勢は、新たに独自な方向を打ち出すよりも、既成の価値体系を守り、それに従おうとするものであった。すでに見たとおり、牧会書簡は、文学類型においても用語においても、内容的に全うできていないとはいえ、少なくとも形式的には、パウロにならって書かれている。著者はそのことを十分に意識しており、こうした「模倣」に基づくつながりを、教会形成の原理として積極的に主張するように見える。

さしあたり、パウロにならおうとする著者の意識は、次のような言い方からうかがわれる(傍点は筆者。以下の引用文においても同様。ここで「私」と言われているのは、もちろんパウロである)。

「しかし、私があわれみを受けたのは、キリスト・イエスがまず私に対して限りない寛容を示し、彼を信じて永遠の生命を得ることになる人々の手本にしようとされたためです」(一テモ一・一六)。

「あなたは、キリスト・イエスに基づく信仰と愛のうちに、私から聞いた健全な言葉を手本としなさい」(二テモ一・一三)。

「手本」(ὑποτύπωσις)は、新約聖書ではこれら二箇所にしか現れないので、まさに牧会書簡特有の言葉である。元来は「輪郭を描くこと」を意味したが、牧会書簡における意味は明らかに「手本」であろう。第一の引用文では、パウロの存在が、第二の引用文では、パウロの言葉が「手本」と見なされている。この場合の「言葉」(λόγος)は「教え」と言いかえてもよい。[33] いずれも、パウロをある程度客観化してとらえた表現である。

しかし、「模倣」をめぐる著者の主張はこれにとどまらない。テモテやテトスもそれぞれ、後に続くものに対して、パウロと同じような役割を果たさなければならないとされるのである。

「あなたは、年が若いということで、だれからも軽んじられてはなりません。むしろ、言葉・行動・愛・信仰・純潔において、信じる人々の模範となりなさい」(一テモ四・一二)。

「あなた自身を良いわざの模範として示しなさい」(テト二・七)。

「模範」と訳したギリシア語(τύπος)は、牧会書簡特有の言葉ではなく、新約諸文書において、さまざまな意味で用いられており、フィリ三・一七b、二テサ三・九などでは、牧会書簡の用例と同様に、「模範」を意味している。これらのうち少なくとも前者は、真正なパウロ書簡に属するわけであるから、パウロ自身にも「模倣」の考え方があるのではないかという問いが生じる。フィリ三・一七bで「模範」とされているのは、やや一般的な「私たち」であるが、別のいくつかの箇所では、パウロは確かに「私」にならうようにとの勧めをも述べる。[34]ただし、そのさいに用いられるギリシア語は τύπος ではなく、μιμητής または συμμιμητής であることには、注意しておく必要があろう。つまり、「模倣」を重視するというだけであれば、すでにパウロ自身に見られる「傾向」であったとも言えるのであるが、用語の背景や文章の前後関係から判断すると、パウロの場合には、自らの生き方への連帯を呼びかけるニュアンスが強いのに対して、牧会書簡の場合には、客観的な「手本」ないし「模範」を設定して、それにならおうとしている点に相違があるように思われる。[35]前掲箇所からも明らかなとおり、牧会書簡における「模範」は、「言葉・行動・愛・信仰・純潔」とか「良いわざ」とかの目に見える形でとらえられる。[36]

さらにこの考え方との関連で、テモテへの手紙二第三章—第四章の内容にも注目しなければならない。ここでは、「終わりの日」の表象を手がかりとして、パウロの経験した迫害や苦難が思い起こされる。そのまとめの部分は、あたかもパウロの遺言のような形で述べられる。

「私はすでに犠牲としてささげられています。私が世を去る時は来ました。私は立派に戦い、決められた行程を走り終え、信仰を守りぬきました。あとは、義の冠を受けるだけです。正しい審判者である主が、かの日にそれを私に授けて下さるでしょう。私だけでなく、主の来臨を待ち望んでいたすべての人々に授けて下さるでしょう」（四・六—八）。

この箇所で競技の比喩を用いて語られているのは、殉教者の死が人々の身がわりの意味をもつという思想である。[37]「主の来臨を待ち望んでいたすべての人々」への一般化によって、その思想ははっきりと示される。また、四・一六—一七は詩二二を反映しており、これによって、パウロの苦難がイエスの苦難と重ね合わされるように見える。[38]詩二二・一（「わが神、わが神、なにゆえわたしを捨てられるのですか」）はイエスの十字架上の言葉だからである。したがって牧会書簡の著者は、イエス、パウロ、テモテ、テトス、教会の指導者たちを順に模範にしていくことに、教会形成の原理を見出そうとしているのである。これはやはり真正なパウロ書簡には現れていない考え方で、牧会書簡の特徴をなすものと言ってよいであろう。

次々と歴史をさかのぼって模範を求めていくという発想は、模範とされるのが本質的に人間像である限り、イエスにとどまらず、旧約聖書の人々にまで及んだとしても、不思議はない。実際クレメンスの手紙一には、そのような見方がうかがわれる。そこでは、さまざまな模範が、広く旧・新約聖書に求められている。

「私たちは、山羊や羊の皮を身にまとい、キリストの到来を宣べ伝えながら遍歴した人々にもならう者となりましょう。すなわち、エリヤ、エリシャ、および、エゼキエル、預言者たち、さらに彼らに加えて、昔の有名な人々にもならう者となりましょう」(一七・一)。[39]

「それだから、兄弟たちよ、私たちもこれらの模範と結びつかなければなりません。『聖なる者と結びつきなさい。彼らと結びつく者たちは聖化されるであろう』と書かれているからです」(四六・一)。

ただし、「模範」の意味で用いられている言葉は、牧会書簡とは異なり、ὑπόδειγμα(四六・一その他)、ὑπογραμμός(五・七その他)、μιμητής(一七・一)などである。牧会書簡とクレメンスの手紙一との間には、一種の対応関係が認められるので、少なくとも、両者が類似した環境から生まれたことを想定するのは許されるであろう。[40]

さらにまた、牧会書簡独特の表現として、「この言葉は真実です」(πιστὸς ὁ λόγος)という定型句に導かれるものがあるが、これも、手本や模範を重んじる基本的傾向と照らし合わせると、かなりわかりやすくなる。「この言葉は真実です」は全部で五回現れ(一テモ一・一五、三・一、四・九、二テモ二・一一、テト三・八)、そのうち二箇所では、「そのまま受け入れるに価します」(πάσης ἀποδοχῆς ἄξιος)という句がこれに付加されている(一テモ一・一五、四・九)。[41]「この言葉」(ὁ λόγος)が何をさすかについては、原文に明確な指示がないため、研究者の間で意見が一致しないところもあるが、私見によれば、それぞれ次の言葉をさすと見るのが妥当であると思われる。[42]

「キリスト・イエスは、罪人を救うためにこの世に来られた」(一テモ一・一五)。……〔I〕

「もしある人が指導者になろうとしているとすれば、その人は良いわざを望んでいることになる」(一テモ三・一)。……〔II〕

「身体の鍛錬も多少は有益だが、信心は、今の生命と来たるべき生命とを約束し、すべての点で有益である」(一テモ四・八)。……〔III〕

「私たちは彼とともに死んだのなら、彼とともに生きるであろう。耐え忍ぶなら、彼とともに支配するであろう。彼を否むことがあれば、彼も私たちを否むであろう。私たちが真実でなくても、彼は常に真実である。彼は自分自身を否むことができないからである」(二テモ二・一一―一三)。……〔IV〕

「しかし、私たちの救い主である神の慈しみと人間に対する愛が現れた時、神は、私たちが行った義のわざのためではなく、御自分のあわれみに基づき、再生の洗いと聖霊による更新をもって私たちを救って下さった。神は、私たちの救い主であるイエス・キリストを通して、この聖霊を私たちの上に豊かに注がれたのである。それは、私たちがイエス・キリストの恵みによって義とされ、永遠の生命の希望によって世継ぎとなるためである」(テト三・四―七)。……〔V〕

これらのうちで特に問題になるのは、〔II〕である。テモテへの手紙一第三章では、「監督」(ἐπίσκοπος)や「執事」(διάκονος)のあり方が述べられるが、〔II〕はその導入部をなしており、原文では、〔II〕の前に「この言葉は真実です」がおかれている。したがって、「この言葉」は〔II〕ではなく、第二章の終わりの部分をさすと理解することも不可能ではない。〔II〕の内容が他の四つの場合とはややニュアンスを異にするためもあって、そのような理解を支持する研究者は絶えない。[43] またそれとならんで、「この言葉」を〔Ⅱ〕とするかわりに、少数写本の読み方（「この言葉は人間的です」＝「この言葉は、人々の間でよく知られています」）を採用しようとする解釈も生じる。[44] 確かに〔Ⅱ〕は、元来「指導者になることは身を慎しむことだ」という意味の世俗的格言であったと思われるので、少数写本の読み方を採用した方がはっきりするかもしれないが、それをあえて「この言葉は真実です」という定型句と結びつけたところに、むしろ牧会書簡の著者の特徴を見るべきではないだろうか。[45]

〔Ⅱ〕と同じような理由で、〔Ⅲ〕もしばしば問題にされる。つまり、〔Ⅲ〕の内容が世俗的格言に近いため、[46]「この言葉」を四・一〇へつなげようとする説が出てくるのである。[47] しかしこの場合にも、やはりまず、〔Ⅲ〕のような言葉が定型句と結びつけられているところに意味があるのではないかと問うてみる必要があるように思われる。[48]

〔Ⅱ〕、〔Ⅲ〕と比べると、〔Ⅰ〕、〔Ⅳ〕、〔Ⅴ〕は明らかに一種の教義的公式である。〔Ⅰ〕はマコ二・一七、ルカ一九・一〇などに基づく総括的な句、〔Ⅳ〕はロマ六・八、マタ一〇・三三と関連する殉教の讃歌もしくは洗礼式文、〔Ⅴ〕は何らかの礼拝儀式と結びついた神の救済行為の叙述と考えられる。なかんずく〔Ⅴ〕では、意識的にパウロの信仰義認論が公式化され、神とイエス・キリストと聖霊の結びつきが強調されている。[49] G・W・ナイトは、〔Ⅰ〕と〔Ⅴ〕では救済論、〔Ⅲ〕と〔Ⅳ〕では神による生、〔Ⅱ〕では教会規律に重点がおかれており、〔Ⅱ〕に何らかの福音書の言葉の反映を認めうるとすれば、〔Ⅰ〕―〔Ⅴ〕のすべてに「キリスト論的」という共通要素があることになると言う。[50] しかしそもそも、同じ定型句に導かれるとしても、無理に内容まで同じでなければならないと考える必要があるのだろうか。

ともかく何よりも重要なのは、「この言葉は真実です」（および「そのまま受け入れるに価します」）という定型句が、「この言葉」を客観的な模範として立て、それにならおうとする姿勢を示しており、牧会書簡の基本的傾向と一致することであろう。確かに、五つの言葉のうち三つは教義的公式、特にパウロ主義の公式であり、正統的教義が確立し、信条が成立していく過程を表すので、牧会書簡の著者がそれらにならおうとすることは理解できるとしても、あとの二つは一般的な格言に近いので、同じ定型句にはなじみにくい。従来の研究者たちのとまどいはすべてこの点に起因する。定型句の読み方を変えて問題を処理することも、特定の立場に立てばなしうるが(注41参照)、やはり本文批評の常識は簡単に無視するわけにはいかない。結局、あらゆる角度から考えて、〔I〕―〔V〕に同じ定型句がつくと見るのが最も妥当なのである。およそ解釈は、このありのままの事実から出発して、はじめて可能になるのではないかと思われる。

すでに述べてきたことから明らかなように、牧会書簡の著者は、主観的にはパウロの後継者をもって任じているとはいえ、パウロとの連続性は外面的模倣にとどまる場合が多く、必ずしも思想的内実には及ばない。むしろどちらかと言えば、パウロ主義を公式化して、それを疑いなしに受容することを求め、パウロとその教えとを崇拝対象に近い位置にまで高める方向へと道を開く。ところが、特定の人間像を客観的にとらえ、それを模範にするという論理は、実際には、聖なる領域の独立を保障するものとはならない。現実の具体的な問題ととりくむうちに、いつのまにか、世俗的知恵が模範の像と融合する。そのため、牧会書簡の著者の立場は、自覚の有無にかかわらず、パウロ主義から当時の通俗的倫理思想へとずれこんでいくのである。「この言葉は真実です」(および「そのまま受け入れるに価します」)という定型句が、教義的公式と一般的処世訓ないし格言との両方と結びついたことは、実はそのような事態をさし示す。したがって、一見不調和なこの表現形態そのものが、まさしく牧会書簡の書かれた状況を最も適切に表しているわけである。

4

一般的に言って、先人の言葉や行為を手本・模範とすることは、必ずしも、先人の思想を十分にくみとり、それを自らの場で生きなおしてみることにつながらない。むしろ、客観的に手本・模範を求めようとするときには、主体的な思想の営みが欠落していくのが常である。牧会書簡の著者はパウロにならおうとしているが、パウロ神学の中心にあるキリスト論は、牧会書簡からは浮かび上がってこない。ここにあるのは「神学的なキリスト論(Christologie)ではなく、異なった範囲・異なった段階の教えに由来する『格言』や『公式』や『讃歌』の形をとったキリスト教説(Christuslehre)である」[51]。それらは統合されないままで並存している。

そのかわりに牧会書簡全体を支配しているのは、市民倫理の感覚である。著者は、いわゆる「悪徳表」(Lasterkatalog)を頻繁に用いる(一テモ一・九―一〇、六・四―五、二テモ三・二―五、テト三・三)。これらのうち、一テモ一・九―一〇は、十戒との対応関係も指摘されているが[52]、総じて、ヘレニズム的ユダヤ教にゆきわたっていた教訓に由来するものであろう[53]。また、二テモ三・二―五の背後には、黙示文学を通じてすでにある程度定型化された悪徳表があった[54]。それは、広い世界に共通の通俗的道徳感覚を表している。新約聖書の中では、ロマ一・二九―三一も同じ背景から生まれたものと思われるが、これが非キリスト教世界の有様を描いているのに対して、二テモ三・二―五はキリスト教会内部の悪徳をあげていることに注意しておかなければならない。他方、やはり一種の悪徳表であるテト三・三は、ローマの信徒への手紙の場合と同様に、キリスト教信仰に入る前の人間の状況を強調して描いているのであるから、牧会書簡の中で、悪徳表が二とおりに用いられていることになる。要するに、牧会書簡の時代の教会は、内からも外からも市民倫理との対応を迫られていたのである。

牧会書簡の著者は、このように悪徳を列挙するとともに、積極的倫理規範、すなわち、具体的状況に応じて教会の人々が守るべき戒めをも提示する。「監督」、「長老」、「執事」などの教会指導者に対しては、それぞれ条件を定め(一テモ三・二—一二、テト一・六—九)、「男」と「女」(一テモ二・八—一五)、さらに詳しく「年をとった男」と「年をとった女」、「若い男」と「若い女」(テト二・二—六)、「やもめ」(一テモ五・三—一七)、「奴隷」(一テモ六・一—二、テト二・九—一〇)などに対して、こまごまとした指示を与える。それらの内容は特に厳しいものではなく、ごく常識的な小市民道徳である。教会が「神の家」(οἶκος θεοῦ)と呼ばれていること(一テモ三・一五)から明らかなように、種々の徳目の背後には、家庭と教会とを類比的にとらえる考え方がある。そればかりではなく、一テモ二・一—四を考慮に入れると、ここには、国家をも同じような形で類比的にとらえる方向がすでに胚胎されていると言えよう。

牧会書簡全体をおおっているこうした市民倫理の感覚は、いわば庶民の体質に通じるもので、多かれ少なかれ独特で自立的な生涯を送ったイエスやパウロのような先人の思想とそれとの間には、なにがしかのずれがある。多くの宗教現象がそうであるように、初期キリスト教も、実際には、最初の特異な人物の思想の伝承と市民倫理との二重構造から成り立っていたと思われる。常識をそれなりに重んじつつも、さほど大きくない振幅で常識にそむこうとする庶民の習性が、二重構造を支えており、そのはざまから、牧会書簡のような文書が生まれたのである。したがって、牧会書簡に関して、しばしば「キリスト教的市民性」(eine christliche Bürgerlichkeit)または「市民的キリスト教」(ein bürgerliches Christentum)が語られるのは正しい(55)。H・C・キーは、このような形の文書を生み出した社会層を、現代で言えば中ないし中の上にあたるものと考えている(56)。しかし、元来経済的基準にのっとって設定された「社会層」というややあいまいな概念は、宗教現象を分析するさいのひとつの手がかりにはなっても、決定的要因にはなりえない。牧会書簡においては、表現形態と結びついた意識構造の方に注目する必要がある。

ともかく牧会書簡は、パウロ神学を標榜しながらも、それを主体的に語っていないばかりでなく、それにかわる自立的な神学を積極的に語ることもしない。ここには、本来の意味では神学も思想もなく、一種の没個性的・非主体的な性格こそが、全体の特徴となっている。(57) 著者は「異なる教え」、「作り話やきりのない系図」による教会の混乱を何よりもおそれており、それらにかかわり合うことを、「むだなせんさく」、「無益な議論」、「俗悪なむだ話」、「愚かで無知な議論」などの名の下にしりぞける。著者が勧めるのは、「健全な教え」(ἡ ὑγιαίνουσα διδασκαλία)(58)、「健全な言葉」(ὑγιαίνοντες λόγοι)(59)、つまり、「健全であること」(ὑγιαίνειν)(60)である。しかしこの「健全な教え」は、「異なる教え」と正面から対決するために引き合いに出されるわけではない。牧会書簡の著者は、教えの真偽をめぐる議論そのものを避けようとする。当時のさまざまな思想の挑戦に直面して、「判断中止」によって組織を守ろうとしたのである。「異なる教え」の中心にあったグノーシス主義の根強さを考えれば、これは確かに賢明な選択であったと言えよう。この後も正統的キリスト教は、グノーシス主義に対しては、本質的に同じ姿勢をとり続けたのではないかと思われる。

はじめに述べたように、宗教現象は教義・思想の面だけではとらえきれない。牧会書簡に現れた初期キリスト教の位相においては、教義・思想はひそかに内実を奪われて形骸化し、単純な事大主義によってとってかわられている。著者は、意識的にはパウロ神学を継承しつつ、実際には安定した市民倫理のトポスにそって教会の立場を弁証する。これは格別珍しい現象ではなく、初期の熱狂につきまとう過度に非日常的なふるまいを、世俗的共通感覚に照らしながら修正していくことは、宗教集団の維持発展にあたっては、不可欠な作業である。宗教集団形成のメカニズムをさぐるためには、特定の価値判断に基づく性急な評価を慎しみ、この位相にともなう事態を正確に見きわめなければならない。おそらく、牧会書簡の著者がとった方向は、この位相のひとつの有力な可能性であったが、[61]唯一の可能性ではなかったであろう。少なくとも理論的には、「異なる教え」と十分に折衝を試みるというもうひとつの可能性もあったはずである。しかし教会がその試みに没頭していたならば、キリスト教はキリスト教でなくなったのかもしれない。

（1）　テモテへの手紙一、テモテへの手紙二、テトスへの手紙の三つをまとめて「牧会書簡」(Pastoralbriefe)と呼ぶ試みは、一八世紀(P. Anton, *Exegetische Abhandlungen der Pastoralbriefe Pauli* (1753/55)〔筆者未見〕)にさかのぼると言われている。P. Feine/J. Behm/W. G. Kümmel, *Einleitung in das Neue Testament* (Heidelberg: 1965^{14}), S. 265. このように、これら三つの手紙に特別な名称を与えたことが、その後の研究の方向を規定していった。今日では、これらの内容は必ずしも「牧会的」ではなく、どちらかと言えば、「教会統治的」(kirchenregimentlich)であると考えられている。W. Marxsen, *Einleitung in das Neue Testament: Eine Einführung in ihre Probleme* (Gütersloh: 1963, 1964^{3}), S. 171.

（2）　R. Bultmann, *Theologie des Neuen Testaments* (Tübingen: 1953, 1958^{3}), S. 536, 川端純四郎訳『新約聖書神学』III(ブルトマン著作集5)新教出版社、一九八〇年、一二三ページ。

（3）　「初期カトリシズム」については、さまざまな見方がある。S. Schulz, *Die Mitte der Schrift: Der Frühkatholizismus im Neuen Testament als Herausforderung an den Protestantismus* (Stuttgart: 1976). 拙稿「初期キリスト教における『教会』」『聖書と教会』日本基督教団出版局、一九七七年二月号、二―七ページ。

（4）　M. Weber, "Die Wirtschaftsethik der Weltreligionen: Vergleichende religionssoziologische Versuche——Einleitung——", *Gesammelte Aufsätze zur Religionssoziologie*, I (Tübingen: 1920), S. 259f., 大塚久雄・生松敬三訳『宗教社会学論選』みすず書房、一九七二年、七〇ページ。

（5）　ヴェーバーは、「達人」(Virtuosentum)という概念から価値的ニュアンスをとり去ろうとするが、「大衆」(Masse)が「宗教的『音痴』」(die religiös 》Unmusikalischen《)と呼ばれているのを見るとき、やはりここには一種の価値判断が働いていることを認めざるをえない。しかし、そうであるからと言って、逆に、大衆に身をよせながら、ヴェーバーの価値観を批判しようとする議論も、あまり生産的とは思われない。問題は、宗教集団形成の初期の段階において起こりやすい宗教意識の変化そのものであり、それをどのように呼ぶかは、さほど重要ではないのである。

(6) 牧会書簡がパウロの真筆であるかどうかという疑いが生じたのは、一九世紀のはじめであった。P. Feine/J. Behm/W. G. Kümmel, *op. cit.*, S. 268. したがって、「牧会書簡」という名称と著者問題とは必ずしも結びつかない。

(7) J. Jeremias, *Die Briefe an Timotheus und Titus* (Das Neue Testament Deutsch) (Göttingen: 1935, 1970[10]), 泉治典・大友陽子・高橋三郎訳『テモテへの手紙・テトスへの手紙』(NTD新約聖書註解九)NTD新約聖書註解刊行会、一九七五年。idem, "Zur Datierung der Pastoralbriefe", *ZNW* 52, 1961, S. 101–104. W. Schmithals, "Pastoralbriefe", *RGG*³, V (Tübingen: 1961), S. 144–148. L. Goppelt, *Die apostolische und nachapostolische Zeit* (Die Kirche in ihrer Geschichte) (Göttingen: 1962, 1966²), S. 71. W. Metzger, *Die letzte Reise des Apostels Paulus: Beobachtungen und Erwägungen zu seinem Itinerar nach den Pastoralbriefen* (Stuttgart: 1976).

(8) P. Trummer, *Die Paulustradition der Pastoralbriefe* (Frankfurt am Main: 1978). 近年、カトリック系の研究者も、牧会書簡の著者問題に関しては、プロテスタント系の研究者と同じ方向へ進みつつあるように見える。A. Wikenhauser/J. Schmid, *Einleitung in das Neue Testament* (Freiburg: 1953, 1973⁶), S. 507–541.

(9) J. Jeremias, *Die Briefe an Timotheus und Titus*. W. Metzger, *op. cit.*

(10) H. F. von Campenhausen, "Polykarp von Smyrna und die Pastoralbriefe", Sitzungsberichte der Heidelberger Akademie der Wissenschaften, Philosophisch-historische Klasse, 1951, S. 5–51, *Aus der Frühzeit des Christentums: Studien zur Kirchengeschichte des ersten und zweiten Jahrhunderts* (Tübingen: 1963), S. 197–252.

(11) H. A. Shott, *Isagoge historico-critica in libros Novi Foederis sacros* (Ienae: 1830)〔筆者未見〕。

(12) C. F. D. Moule, *The Birth of the New Testament* (London: 1966), pp. 220f., 大竹庸悦訳『新約聖書の誕生』日本基督教団出版局、一九七八年、三一一―三一三ページ。A. Strobel, "Schreiben des Lukas? Zum sprachlichen Problem der Pastoralbriefe", *NTS* 15, 1968–1969, pp. 191–210.

(13) S. G. Wilson, *Luke and the Pastoral Epistles* (London: 1979).

(14) J. M. Ford, "A Note on Proto-Montanism in the Pastoral Epistles", *NTS* 17, 1970–1971, pp. 338–346.

(15) 荒井献他『総説・新約聖書』日本基督教団出版局、一九八一年、三七五ページ。

(16) A. T. Hanson, *Studies in the Pastoral Epistles* (London: 1968), p. 3.

(17) H. von Lips, *Glaube-Gemeinde-Amt: Zum Verständnis der Ordination in den Pastoralbriefen* (FRLANT) (Göttingen: 1979).

(18) W. A. Beardslee, *Literary Criticism of the New Testament* (Philadelphia: 1970), 拙訳『新約聖書と文学批評』ヨルダン社、一九八三年、「訳者あとがき」参照。

(19) のちに詳しく述べるように、牧会書簡で五回用いられている「この言葉は真実です」(πιστὸς ὁ λόγος)という特徴ある表現形態を扱ったG・W・ナイトの研究は、まだはっきりと方法的自覚を述べてはいないが、すでに文芸学的アプローチにそったものと見なすことができる。新たに復刊されたのはそのためであろう。G. W. Knight III, *The Faithful Sayings in the Pastoral Letters* (Michigan: 1968, Rep. 1979). もちろん、これらの諸問題をふまえつつ、真正面から「牧会書簡の神学」を問うという方法もある。F. Young, *The Theology of the Pastoral Letters* (Cambridge: 1994), 土屋博・土屋幸子訳『牧会書簡の神学』新教出版社、二〇〇〇年。内容の評価については、「訳者あとがき」参照。

(20) A. Deissmann, *Licht vom Osten: Das Neue Testament und die neuentdeckten Texte der hellenistisch-römischen Welt* (Tübingen: 1908, 1923^{4}), S. 193–213.

(21) M. Dibelius, *Geschichte der urchristlichen Literatur*, Neudruck der Erstausgabe von 1926 unter Berücksichtigung der Änderungen der englischen Übersetzung von 1936, Herausgegeben von F. Hahn (München: 1975), S. 92–95.

(22) A. Wikenhauser/J. Schmid, *op. cit.*, S. 537. Ph. Vielhauer, *Geschichte der urchristlichen Literatur: Einleitung in das Neue Testament, die Apokryphen und die Apostolischen Väter* (Berlin: 1975), S. 236. cf. H. Köster, *Einführung in das Neue Testament, im Rahmen der Religionsgeschichte und Kulturgeschichte der hellenistischen und römischen Zeit* (Berlin: 1980), S. 735–744. 真正なパウロ書簡についても、新しい手法によってパピルスとの比較研究がなされているが、結論のさし示す方向は変わらない。J. L. White, *The Form and Function of the Body of the Greek Letter: A Study of the Letter-body in the Non-literary Papyri and in Paul the Apostle* (Montana: 1972).

(23) Ph. Vielhauer, *op. cit.*, S. 58–251.

(24) W. G. Doty, *Letters in Primitive Christianity* (Philadelphia: 1973, 1977^{2}), pp. 65–71, 土屋博・宇都宮輝夫・阿部包訳『原始キリスト教の書簡文学』ヨルダン社、一九八五年。

(25) R. Bultmann, *op. cit.*, S. 525, 川端訳、一一九ページ。引用文は邦訳と同じではない。

(26) *δικαιοσύνη* は、一テモ六・一一、二テモ二・二二、三・一六、四・八、テト三・五、*δικαιόω* は、一テモ三・一六、テト三・七に現れる。

(27) *πίστις* は、一テモ一・二、四、五、一四、一九、二・七、一五、三・九、一三、四・一、六、一二、五・八、一二、六・一〇、一一、一二、二一、二テモ一・五、一三、二・一八、二二、三・八、一〇、一五、四・七、テト一・一、四、一三、二・二、一〇、三・一五、*πιστεύω* は、一テモ一・一一、一六、三・一六、二テモ一・一二、テト一・三、三・八に現れる。

(28) *εὐσέβεια* は、一テモ二・二、三・一六、四・七、八、六・三、五、六、一一、二テモ三・五、テト一・一、*σεμνότης* は、一テモ二・二、三・四、テト二・七、*σωφροσύνη* は、一テモ二・九、一五に現れる。

(29) 本節における牧会書簡の引用はすべて、拙著『牧会書簡』日本基督教団出版局、一九九〇年に掲載した私訳による。なお、筆者による牧会書簡の注解は、簡潔な形で『新約聖書略解』日本基督教団出版局、二〇〇〇年にも集録されているが、そこでは新共同訳に基づいている。

(30) Art. "*εὐσέβεια*" (W. Foerster), "*σεμνότης*" (W. Foerster), "*σωφροσύνη*" (U. Luck), *ThW*, VII (Stuttgart: 1964). 特に、*σωφροσύνη* は、元来、プラトン哲学における重要な概念であり、ヘブル的倫理思想にはなじまない。J. H. Bernard, *The Pastoral Epistles* (Michigan: 1899, Rep. 1980), pp. 45f.

(31) 牧会書簡の用語をこのような性格のものと考えれば、語彙の頻度を手がかりとして著者問題を解こうとする試みは、本質的に不毛であることになる。cf. F. Torm, "Über die Sprache in den Pastoralbriefen", *ZNW* 18, 1917/18, S. 225-243. W. Michaelis, "Pastoralbriefe und Wortstatistik", *ZNW* 28, 1929, S. 69-76.

(32) 前述の *εὐσέβεια* は、牧会書簡以外では、使三・一二、二ペト一・三、六、七、三・一一に現れるにすぎない。*εὐσεβεῖν*・*εὐσεβής*、*εὐσεβῶς* などに関しても、同じようなことが言える。新約聖書以外では、マカバイ記四において、この言葉が好んで用いられるので、マカバイ記四と牧会書簡との関連も話題になりうるであろう。cf. A. T. Hanson, *The Pastoral Letters* (The Cambridge Bible Commentary) (Cambridge: 1966), pp. 32f. ともかく、ラテン語の pietas に近く、神的存在に対する崇敬を表す *εὐσέβεια* は、きわめて牧会書簡的な概念である。おそらくこの概念には、牧会書簡が執筆されるにいたったひとつの動機がひそんでいるのではないかと思われる。当時、キリスト教徒に「不信心」(*ἀσέβεια*) の嫌疑がかけられていた事実からすれば、*εὐσέβεια* の主張は一種の自己弁明であったということも考えられるのである。G.

Holtz, *Die Pastoralbriefe* (Theologischer Handkommentar zum Neuen Testament 13) (Berlin: 1966, 1980^{3}), S. 58. ただし、その場合、キリスト教徒を非難する人々が問題としていた崇敬の対象は、実際には、キリスト教徒のそれとは異なっていたことに注意しておかなければならない。εὐσέβεια という心的態度に視点をすえて、崇敬対象の相違の止揚をはかるのが、このレトリックのねらいなのであるが、それによって、やがて結果的には、キリスト教の内実の方が変質していくことになる。そして、εὐσέβεια は、アタナシウスの時代には、「正統」に近い意味をもつにいたる。J. H. Bernard, *op. cit.*, p. 40.

(33) 前掲拙著、一〇〇ページ。J. N. D. Kelly, *A Commentary on the Pastoral Epistles* (Black's New Testament Commentaries) (London: 1963, 1976), p. 166. V. Hasler, *Die Briefe an Timotheus und Titus (Pastoralbriefe)* (Zürcher Bibelkommentare) (Zürich: 1978), S. 60.

(34) 一コリ四・一六、一一・一、フィリ三・一七a。

(35) 佐竹明『ピリピ人への手紙』(現代新約注解全書)新教出版社、一九六九年、二三〇―二三二ページの解釈も、このような見方を示唆している。

(36) 前掲拙著、六八ページ。V. Hasler, *op. cit.*, S. 37f.

(37) 競技の比喩は、パウロが好んで用いたものであった(一コリ九・二四、フィリ三・一四)。前掲拙著、一二〇ページ。なお、初期キリスト教における比喩については、第二部第一章二を参照。

(38) 前掲拙著、一二九ページ。W. Barclay, *The Letters to Timothy, Titus and Philemon* (Edinburgh: 1956), 柳生望・佐々木敏郎訳『テモテ・テトス・ピレモン』(バークレー聖書註解シリーズ)ヨルダン社、一九七一年、二六七―二六八ページ。

(39) クレメンスの手紙一のテキストとしては、F. X. Funk/K. Bihlmeyer, *Die Apostolischen Väter* (Tübingen: 1924, 1970^{3}). K. Lake, *Apostolic Fathers* (Loeb Classical Library), I (London: 1912, 1965). 小河陽訳『使徒教父文書』(《聖書の世界》別巻四・新約II)講談社、一九七四年。引用文は、私見に基づいているので、この邦訳とは異なる。

(40) A. T. Hanson, *Studies in the Pastoral Epistles*, pp. 56-64, 113. A・T・ハンソンは、一テモ二・一―六とクレメンスの手紙一、五九―六一との類似などを手がかりとして、両者には共通の背景があると考える。それは、必ずしも二つの文書の依存関係を意味するわけではない。

(41) 一テモ一・一五と三・一の当該箇所は、一部の写本では、「真実です」(πιστός)のかわりに、「人間的です」(ἀνθρώ-

πινος)になっている。この変化の原因と意味はよくわからないが、写本の重要性から判断すれば、当然「真実です」の方を本文とすべきであろう。しかし、「この言葉」(ὁ λόγος)が何をさすのかという問題との連関で考えれば、「人間的です」という読み方にも、それなりの根拠がないわけではない。W. Lock, *The Pastoral Epistles* (The International Critical Commentary)(Edinburgh: 1924, 1952³), p. xxxvi. 特に三・一の方については議論が多く、近年では、*The New English Bible*, 1961が、ἀνθρώπινος という読み方を採用し、"There is a popular saying" と訳している。

(42)　詳しくは、前掲拙著におけるそれぞれの部分を参照。

(43)　学説の動向については、G. W. Knight III, *op. cit.*, p. 52, n. 13. ネストレ＝アーラント版のテクストは、第二五版では、「この言葉は真実です」を〔II〕と結びつけていたが、第二六版では、第二章の終わりと結びつけている。

(44)　注(41)参照。

(45)　前掲拙著、五三ページ。

(46)　肉体の訓練とともに魂の訓練が必要であることは、イソクラテスなども語っており、キリスト教の核心にかかわるような考え方ではない。Isocrates, *ad Nicoclem*, 10, etc.　cf. M. Dibelius/H. Conzelmann, *Die Pastoralbriefe* (Handbuch zum Neuen Testament) (Tübingen: 1955, 1966⁴), S. 55.

(47)　学説の動向については、G. W. Knight III, *op. cit.*, p. 62, n. 1, 2.　*The New English Bible* は一〇節に引用符をつけている。

(48)　前掲拙著、六七ページ。

(49)　ここには、三位一体論が成立していく過程がうかがわれる。前掲拙著、一五二ページ。

(50)　G. W. Knight III, *op. cit.*, p. 152.

(51)　H. Windisch, "Zur Christologie der Pastoralbriefe", *ZNW* 34, 1935, S. 213-238. 引用文はS. 238.　cf. N. Brox, *Die Pastoralbriefe* (Regensburger Neues Testament) (Regensburg: 1968, 1969⁴), S. 161-166.

(52)　J. Jeremias, *Die Briefe an Timotheus und Titus*, S. 12. 泉他訳、二八ページ。

(53)　M. Dibelius/H. Conzelmann, *op. cit.*, S. 20.

(54)　W. Lock, *op. cit.*, p. 105.

(55)　M. Dibelius/H. Conzelmann, *op. cit.*, S. 32.　H.-D. Wendland, *Ethik des Neuen Testaments: Eine Einführung* (Das

Neue Testament Deutsch, Ergänzungsreihe, 4) (Göttingen: 1970), S. 96, 川島貞雄訳『新約聖書の倫理』日本基督教団出版局、一九七四年、二二三ページ。

（56）H. C. Kee, *Christian Origins in Sociological Perspective: Methods and Resources* (Philadelphia: 1980), p. 119, 拙訳『初期キリスト教の社会学』ヨルダン社、一九八八年、二二二ページ。

（57）そうであるとしても、もちろん、実践神学的な面を強調することによって、牧会書簡の「神学」について語りえないわけではない。C. Spicq, *Les Epîtres pastorales* (Etudes Bibliques) (Paris: 1947, 1969^{4}), pp. 243–297. J. N. D. Kelly, *op. cit.*, pp. 16–21. N. Brox, *op. cit.*, S. 49–55. J・N・D・ケリーの解説では、「神学的雰囲気」(Theological Atmosphere) になっている。最近の試みとしては、F. Young, *op. cit.*, 土屋博・土屋幸子訳参照。

（58）一テモ一・一〇、二テモ四・三、テト一・九、二・一。

（59）一テモ六・三、二テモ一・一三。

（60）テト一・一三、二・二。

（61）牧会書簡に現れた心情と論理は、キリスト教の歴史にそくして言えば、いわゆる「ファンダメンタリズム」の傾向につながるように見える。ファンダメンタリズムの主張において、二ペト一・一九―二一とならんで、二テモ三・一六（「聖書はすべて神の霊によるもので、教え・戒め・矯正・義の訓練のために有益です」）がしばしば引用されるのは偶然ではないであろう。J. Barr, *Fundamentalism* (London: 1977, 1981^{2}), 喜田川信・柳生望・谷本正尚・橋本秀生訳『ファンダメンタリズム――その聖書解釈と原理』ヨルダン社、一九八二年。

二　「牧会書簡」の生活世界

第二次世界大戦後の旧・新約聖書研究は、編集史的方法などを媒介として、結果的には、そこに含まれた思想の多様性を次第に明らかにするという方向へ進んできた。聖書のように長い錯綜した伝承の過程を経て成立した教典の場合、その文献的性格にそくして事実を追っていくとき、このような結果に到達するのは当然であり、それを通して、聖なる文書の根底にある多彩な世俗とのつながりがあらためて浮かび上がるのであれば、新しい方法は、聖書研究の閉鎖性を打破するべく大きな意義をもつはずであった。ところが、いわゆる聖書学の伝統は、この場面でも反作用を引き起こした。そのため、世俗とのつながりの探究は、結局、旧・新約聖書本文を中心にすえて、その背景を解明する作業以上には出ないことになった。しかも問題になるのは、大抵「思想的」背景であった。この種の研究は、いろいろと変化はあるにしても、本質的には、「宗教史学派」というあまり適切でない名称で呼ばれてきた手法の延長線上にある。(1)時代と地域の制約を越えた聖と俗とのメカニズムを教典の成立と発展の中で問うという問題意識は、ここからは生まれようがなかった。

むしろ、聖書の文献的性格が広い地平において相対化されていく動きの中で、逆に正典意識が頭をもたげ、拡散傾向に抵抗して神学的結集をはかった。それは、最終的には聖書の思想的統合を目ざすのであるが、統合という言葉を用いないときにも、キリスト教的思想世界という漠然とした枠組を前提とした上で、聖書の中の「新たな」要素の発見を強調する。そのねらいは、聖書に含まれた神学思想の多様性を調停するとともに、現代の新たな状況へ聖書を適合させることにほかならない。ここに見られるのは言いわけの試み、良く言えば弁証の試みである。安易な調停が困難なほど多様性の幅が大きいことがわかれば、それらの間に軽重をつけて焦点を定めたり、[2]多様なものの背後に何らかの原点を求めたりする。[3]教典としての聖書の存在には、神学思想という表現形態や個人の人格を越えた要因もかかわっているのであるが、統合を志向する正典意識の中では、そのような問題はあまり視野に入ってこない。

新約聖書の神学を論じるとき、統合の視点の下での取り扱いが困難で、多くの言いわけを必要とするのが牧会書簡である。新約聖書神学の中心がパウロ神学であることには疑いの余地がないが、牧会書簡が真正なパウロ書簡でないことはほぼ定説となっており、しかもそこには、かなり大きな神学的ずれが認められるからである。[4]したがって神学者は、一方で偽名を用いた動機について言いわけをしながら、他方で牧会書簡の思想を正典としての新約聖書の思想の中に然るべく位置づけなければならない。従来は、どちらかと言えば、牧会書簡をいろいろな意味で副次的に評価することによって、この問題を消極的に処理してきた。しかし最近の研究は、かえって偽名性に積極的意義を見出し、パウロ伝承としての連続性を強調しつつも、その中で牧会書簡成立の必然性を明らかにしようとしているようにも見える。[5]つまり、牧会書簡の正典的性格を前面に押し出そうとしているわけである。多様な思想を相互に調停することが困難になったとき、通時的連続性すなわち伝統の継承を統合の根拠にすえようとするねらいはわかるが、結果的にはやはり、調停しがたいほど相互にへだたりのある諸文書が正典の中に並存することになったという事実は変わらない。そして、正典として受容された場合には、これらの文書はもっぱら共時的に読まれるのである。そうであるとすれば、正典であるがゆえに統合されねばならないという性急な要請は一旦棚上げにして、なぜこのような事態が生じてきたかをありのままに見ていくことはできないものだろうか。牧会書簡形成の問題は、神学の問題としてだけではなく、宗教集団における人間の問題としてとらえかえすことが可能なのではないかと思われる。

1

一九八〇年代に入ってから、H・C・キーによって、知識社会学の考え方を新約聖書研究に適用する試みが発表された。[6] これは近年の新約聖書研究における社会学的傾向にそったもので、いわゆる文学社会学的方法の一変形と見られるかもしれない。確かにキーはそのような流れを意識しており、[7] 実際著書の中ではタイセンの説をしばしば引用するが、キーとタイセンとの間には、かなりはっきりした問題意識の違いがあるように思われる。タイセンもT・ルックマンやP・L・バーガーの理論に言及するが、いずれもさほど重要でない問題をめぐる言及にすぎず、理論の本筋をおさえてのとりくみではない。[8] そもそも文学社会学というのはかなり多義的な概念であって、タイセンの理解はその中のひとつにすぎず、歴史的・批判的方法の補助手段として意図的に提示されたものである。彼の理解では、あくまで歴史学的に扱われるべき文献が中心にあり、それに直接影響を及ぼしうる限りでの社会的背景が推定される。したがって、文学社会学という言葉から想像されるような文学的関心は、ここにはあまり現れてこない。それに対してキーの論述は、自分では文学批評と一線を画そうとしているにもかかわらず、[9] 意外に多くの点でそれとふれ合う。[10] この相違は、それぞれが共時的動機をどの程度ふまえようとするかによって生じてくるのではないかと思われる。

キーは社会科学からいくつかの分析モデルを借用し、初期キリスト教研究に新しい視点を見出そうとしており、M・ヴェーバー、H・J・モル、J・ピアジェなどの理論をも援用するが、なかんずくA・シュッツ、ルックマン、バーガーからとり入れた知識社会学理論で著述全体の基調を決定している。それは一言で言えば、「生活世界」(life world)・「日常生活の世界」(world of everyday life)の構造に注目する考え方である。この場合生活世界とは、その社会に生きるものにとって自明の前提であるがゆえに、文献資料の中にあえて語り出されない事柄をさす。時間的・空間的にへだたった文書テクストを読むものはだれでも、本当は、その行間に暗黙のうちに存在するこのような生活世界の意味の網の目を意識しておかなければならないはずである。それは当該社会に生きる人間によって共有されるものであるから、神学的視点だけでは扱いきれない。キーは新約聖書記者たちの「世界観」(Weltanschauung)をこの生活世界に引きつけてとらえなおす。つまり、彼はその世界観を「共感」をもって再構成しようとするのであるが、その背後には常に生活世界があって、各々の文書記者の意図を越えて働いていることを認めざるをえない。各文書はそのつどの生活世界の中で一定の機能を果たすのであるから、生活世界の変化を越えて存在し続けるさいには、その機能も変わってくることになる。キーの頭の中で世界観と生活世界との関係がどうなっているのかはいまひとつ明確でないが、生活世界概念を考慮すべきものとして指摘したことは、一応の功績と言えるであろう。

まず、キーの用いている生活世界概念はいかなる背景に由来するのか、また、その理解は果たして妥当であるのかという問題を検討しておかなければならない。キーが生活世界を論ずるにあたって引用するのは、ルックマンによってまとめられたシュッツの遺稿の英訳であるから[11]、この概念はE・フッサールにまでさかのぼるものと考えてよいであろう。生活世界と関連した意味で用いられる「『……など』(『以下同様』)の理念化」("and-so-forth" idealization)という表現もそのことを示唆している。ただし、一九二〇年代に始まり、一九六〇年代終わりから一九七〇年代初めにかけて、英語圏を中心として盛んになった現象学と社会学の接近は、期待されたほどには実りをもたらさず、最近では「現象学的社会学」という名称に対しても、疑問が提起されている[12]。この過程で最も真剣に課題を考え続けたのがシュッツであったが、彼の研究は結局、現象学によって社会学を基礎づけるという方向へ集約されていった。それを越えて現象学と社会学を直接結びつける企てには、所詮無理があるのであり、双方で共通した概念を用いるにあたっても、その限界を心得ておく必要がある。

フッサールが最後の著作『ヨーロッパの学問の危機と先験的現象学』で展開した「生活世界」(Lebenswelt)の思想は、科学の客観性・論理性に問いを投げかけるべく考え出されたものであった。彼によれば、生活世界とは「それ自体としては最もよく知られたもの、すべての人間の生活において常にすでに自明なもの、その型に関しても経験を通してすでにわれわれになじみのもの」である。(13)別な言葉で言えば、それは「根源的な明証性の領域」である。(14)科学者はこの生活世界を客観的な世界の相対的な現れにすぎないと考えているが、フッサールにとっては事態はまさに逆であって、生活世界がもろもろの科学を基礎づけるのである。彼によれば「もろもろの学は、生活世界から自己のそのつどの目的にとってそのつど必要なものをとり出して利用しながら、生活世界の自明性の上に立てられている。しかし、生活世界をこのように使用するということは、生活世界をその固有のあり方において学的に認識するということではない(15)」。

シュッツの理解もほぼこれにそっている。彼は「日常生活の世界」という表現を好み、それを「覚醒し成長した人間が、他の人々とともに、その中でそれに対して行為している世界」、「自然的態度に基づいて、ひとつの現実として経験しているような世界」と定義する。換言すれば、それは「われわれが生まれるはるか以前から存在し、他の人々つまりわれわれの祖先たちによって秩序ある世界として経験され解釈されてきた間主観的な世界であり、また今われわれの経験と解釈のための所与として示されているような世界」である。(16)そしてバーガーとルックマンは、これまでの知識社会学の流れを総括しつつ、M・シェーラーやK・マンハイムとは異なったところに自らを位置づけ、シュッツの考え方を継承する意志を表明する。(17)彼らによれば、知識社会学は、観念の歴史という意味での精神史だけでなく、社会において知識として通用するすべてのものをとりあげなければならない。「知識社会学はまず何よりも、理論的なものであれ前理論的なものであれ、人々がその日常生活で『現実』として『知っている』ところのものをとり上げなければならない。言葉をかえれば、『観念』よりも常識的な『知識』こそが知識社会学にとっての中心的な焦点にならなければならない」のである。[18] およそこのような形で展開されてきた生活世界の思想が、キーの関心をひき、新約聖書研究に適用されることになったのである。

フッサールからシュッツ、ルックマン、バーガーを経てキーにいたるまでに、生活世界概念に変化が見られなかったわけではない。まず第一に、それが導き出される母体となった現象学そのものは次第に背景へしりぞき、生活世界概念だけが一人歩きを始めている。だが、先に述べた現象学と社会学との関係からして、これは当然予想されたところであろう。バーガーも現象学に言及しないわけではないが、それはもはや彼の理論の中で中心的な役割を果たしてはいない。さらに第二に、バーガーにいたってから、生活世界は著しく歴史的・相対的性格を帯びてきた。バーガーは、近代化の特徴を論じるにあたって生活世界のあり方に注目し、かつては比較的まとまりをもったものとして存続していた生活世界が「複数化」(pluralization) するという現象を指摘する。[19] フッサールにおいても、科学の発達にともなって生活世界が生成するという考え方がうかがわれるので、[20] バーガーのような理解であれば、フッサール以来の思考法から逸脱していない。ところがキーは、すでに古代の場面において、生活世界の複数性を想定しつつ論を進める。この点はいささか不用意であり、再検討されなければならない。

それでは、キーの試みは新約聖書研究に何の新しい認識をもたらさなかったのであろうか。初期キリスト教文書資料の背後に暗黙の前提としての生活世界を認めることは、文字に書き記されたテクストの重要性を相対化することを意味する。だが、そこから導き出されるのは、文書の分析に基づいて推定しても、その歴史的状況の全体をとらえることはできないという消極的帰結だけではない。文書、なかんずく教典としての機能を付与されていく文書は、書き記されて以来著者の手を離れ、生活世界の中へもどされた上で、あらためて受容されるという認識は、これまであまり問題にされてこなかっただけに、積極的な意義をもつ。この見方によれば、生活世界のレベルでの歴史は問われるとしても、個々の文書テキストは、その著者の歴史的状況だけから解釈されず、むしろ著者から自立したものとして扱われることになるはずである。生活世界の思想は、元来、科学の客観性に問いを投げかけるものであった。その動機はここでも潜在的に継承されており、史実の客観性もしくはケリュグマの客観性に対するひそかな疑いとして存在しているのではないかと思われる。キー自身はこれを十分に自覚しておらず、自らの手法を漠然と歴史学的なものと考えているが、もし彼の説に評価すべき点があるとすれば、それはまさに歴史的・批判的方法を越えていく可能性を無意識のうちに示唆したところに見出されるべきではないだろうか。(21)

2

前述のようにキーは、新約聖書の時代における生活世界の複数化を想定し、それに基づいて牧会書簡の特質を理解しようとする——「今や事態は、神話構造や儀礼構造そのものの変形をはるかに越えるところまできていた。教会の社会構造それ自体が変形過程にあり、教会の『聖なるコスモス』は——少なくとも初期キリスト教の中のエフェソの信徒への手紙や牧会書簡やユダの手紙に代表される部分では——徹底的に分解修理されつつある」。(22)ここでキーが考えている「社会構造」の変化とは、教会を構成する人々の社会的階級の変化をさすように見える——「これらの文書の背後にある二世紀初頭の教団は、［現代で言えば］中ないし中の上の階級組織に対応するものであり、評判、堅固な階層秩序、純粋な教義、後続世代を貫く安定した計画などに心をくだいていた」。(23)このような理解から引き出されるのは、相変わらず牧会書簡の存在意義についての消極的評価でしかない——「かくしてこの手紙は、次第に世俗的になっていく教団の中で、教義的・道徳的・教会的統制のための道具となっていった」[24]。

しかし、教会構成員の社会層の変化を指摘するだけであれば、これまでにもなされてきたことで、ことさら生活世界についての議論をもち出すまでもない。従来の牧会書簡研究は、聖書研究全体がそうであったように、神学思想もしくは教義に対する関心を中心におき、これに歴史的関心を加味したものであったがために、パウロ神学が骨抜きにされていく過程という図式しか思い浮かべることができなかった。パウロと牧会書簡との間には、確かにずれがある。その原因は、背後の教会組織の相違や時間的推移にも求められるかもしれないが、何よりも、パウロ個人の思想が広く社会的に受容されていったという事実それ自体にあると考えられる。多数の教会とかかわりをもったパウロにとっては、組織的多様性の問題は最初から存在していたであろうし、時間的へだたりもせいぜい五〇年以内である。当時の地中海沿岸諸国を舞台としたパウロの生活世界は、牧会書簡成立の状況においても基本的には変わっていなかったと思われる[25]。同じ生活世界を背景としてこのようなずれが生じたこと、あるいは、パウロの思想を生活世界へもどしたときにこのようなずれが生じたことこそ、牧会書簡の位置づけを考えるさいに注目すべき最も重要な点である。生活世界概念を導入することの意義は、まさにこの問題領域を浮かび上がらせることにあるはずであるが、キーは生活世界概念を十分思想史的に理解しなかったためか、それを自覚していない。

牧会書簡の著者は、パウロの言行を本気で継承しようとしており、また継承しえたと信じている。今日から見ればずれがあるにもかかわらず、このような自信をもつことができたのは、やはり生活世界が共通していたためであろう。ここで語られているパウロの言行は、もろもろの文書伝承や口頭伝承を包括する「パウロ受容」という意味での「パウロ伝承」であると考えられる[26]。それは、史的パウロについての真正な情報が全く含まれていないということではない。断片的文書伝承にせよ口頭伝承にせよ、何らかの形で史的パウロを示唆する部分はあるが[27]、手紙全体はあくまで牧会書簡の著者の視点から構成されているのである。その結果生じる表現形態のさまざまな特徴については、すでに前節で詳しく論述した。ここでは、それらの表現形態が著者個人のみに帰せられるものではなく、著者の生きていた生活世界ともかかわっていることを指摘しようとするわけである。かくして、文学批評的アプローチは知識社会学的アプローチとふれ合うことになる。

前節で論じたように、牧会書簡の根本モティーフは「パウロにならいて」ということである[28]。それは何よりも、パウロの存在やパウロの言葉（説教・教え）を「手本」（*ὑποτύπωσις*）と見なす発言（一テモ一・一六、二テモ一・一三）のうちに現れている[29]。*ὑποτύπωσις* は新約聖書でこれら二箇所にしか見られないこと、真正なパウロ書簡にもパウロにならうというモティーフが存在するが（フィリ三・一七）、その場合には異なった言葉が用いられていることも、すでに前節で述べたとおりである。さらに牧会書簡では、テモテやテトスが「模範」（*τύπος*）となるようにとの勧告を受ける（一テモ四・一二、テト二・七）。パウロに対して用いられる言葉とテモテやテトスに対して用いられる言葉とのこの相違は意識的かもしれない[30]。さらに、役職者を含めて教会内のさまざまな人々に、それぞれの立場に応じた具体的勧告が与えられているところを見れば、「模範」の要請はテモテ、テトスのみならず、教会の指導者たちにも及んでいることがわかる。そして、同じ視線が過去へも向けられる。まずパウロとイエスが、苦難を媒介として結びつけられる。例えば二テモ四・一六―一七では、詩二二を下敷にして、パウロの苦難がイエスの苦難に重ね合わせられる[31]。また、多くの注解者が指摘するように、二テモ二・一〇とコロ一・二四との関連が認められるとすれば、イエスの苦しみのなお足りないところを、パウロが人々の身がわりとなって補うという思想が、牧会書簡にも存在することになるであろう[32]。さらに、テト一・一でパウロが「神の僕」（*δοῦλος θεοῦ*）と名のるとき、彼のイメージは、第二イザヤにおける苦難の僕のイメージとふれ合いつつ、旧約聖書的背景と結びついていく[33]。要するに、牧会書簡の著者は、パウロの「手本」を中心として過去から現在にいたる「模範」の系列を想定し、将来へ向けてそれを再生産することに教会の発展を見ているのである。

近年、旧・新約諸文書の偽名性の問題が正典性の問題との関連で論じられているが[34]、牧会書簡の偽名性は、その根本モティーフからすれば、ごく当然のこととして理解される。パウロに対する敬愛の念から、彼にならい、彼と同一化しようとして、その著作にパウロの名を冠したわけであるから、そこには人をあざむかんとする動機は全くない。「偽」名は何らかの虚偽を意味するのではなく、その名の表す伝統へ自らを合致させたいという願望を示唆するわけである。この場合の伝統は一種の基準もしくは制約として働いているので、正典意識の萌芽を示す「パウロ正典」(Pauline canon)のイメージをここに思い描くこともできよう[35]。さらに牧会書簡においては、差出人であるパウロだけでなく、受取人であるテモテとテトスも、文学的に構成された人物である可能性が強い[36]。したがって、牧会書簡には「二重の偽名性」(double pseudonymity)が見出されるのであり、いずれの偽名性も同じ動機に基づくと考えられる。「この言葉は真実です」(πιστὸς ὁ λόγος)という定型句に導かれる牧会書簡特有の表現(一テモ一・一五、三・一、四・九、二テモ二・一一、テト三・八)もまた、伝統との合致を求める願望から生み出されたものであろう[37]。二つの箇所で付加された「そのまま受け入れるに価します」(πάσης ἀποδοχῆς ἄξιος)という句がまさにそれを示している。「この言葉」がそれぞれ前後の文脈の中でどこをさすかは一応推定可能であるが[38]、それらすべての内容の性格を一義的に定めることはきわめて困難である[39]。むしろ著者の関心は、「この言葉」の内容を厳密に確定することよりも、「この言葉は真実です」という定型句を繰り返すことそれ自体に向けられていたのではないかと思われる[40]。

要するに牧会書簡では、内容よりも形式が、理論よりも実践が重視される。著者は、異なる教えをしりぞけるにあたっても、その教義内容を問うことはせず、もっぱら相手の心がまえや生活態度を問題にする[41]。肝心なのは「信心深い態度」(εὐσέβεια)[42]・「真面目な態度」(σεμνότης)[43]・「慎しみ深い態度」(σωφροσύνη)[44]であって、何を考えているかではない。そのような態度をとる人は、一言で言えば、「健全であること」(*ὑγιαίνειν*)になる。[45] したがって、それを勧めるのが「健全な教え」[46]・「健全な言葉」[47]である。著者の感覚からすれば、異なる教えの内容も悪いが、[48] 何よりも論争それ自体が悪い。[49] 無駄な議論は「避け」、伝統を黙って受け入れることが「健全」なのである。ところが、形式のレベルで伝統との合致を求めても、実際には内容上のずれが生じていることは、すでに確認したとおりである。パウロを「手本」にしながら、本当はパウロにならっていないのである。偽名という表現形態は、この事態と的確に対応している。そういう意味では、伝統の「現在化」がなされていると言ってもよいのかもしれない。[50]

しかし、これまでの諸研究の手法にそって「伝統」という言葉を使ってきたが、パウロと牧会書簡との間の時間的へだたりはさほど大きくないので、その点に目をとめる限り、「伝統」とか「現在化」とかいう表現はあまりなじまないようにも思われる。これを積極的に用いる研究者は、おそらくもっと長い時間にわたる連続性の意味をこめているのであろう。確かに、牧会書簡における「手本」と「模範」の図式は旧約聖書以来の歴史的射程をもつが、あくまでパウロを中心として、それを単純に前後に延長したものである。ここには、神の視点に基づく本来の救済史観は見られない。聖霊論が未発達であることも、それと関係しているかもしれない。[51] 教会の現実問題は熱心に論じられているが、教会の時を基礎づけるための神学的考察はなされていないのである。終末論的緊張は衰退し、現在の時の継続が意識されているが、それが歴史意識として反省されることはない。著者はパウロとの時間的ずれを感じておらず、同じ時に生きていると思っている。パウロと牧会書簡との間に存在する相違を神学思想史のレベルでのみ扱わないとしても、何らかの歴史的要因から説明しようとする傾向は今なお続いている。[52] だが、牧会書簡の生み出された背景は、パウロの立っていた時代状況からそれほどへだたっていたのであろうか。

パウロと牧会書簡とのずれは、両者の時間的・空間的落差に起因するのではなく、むしろ共通の生活世界を基盤とするがゆえに生じたのではないかと思われる。そもそも宗教現象は、特定のカリスマ的人物だけで成り立つわけではない。そのカリスマに反応する信奉者たちがいて、はじめて教団が発生するのであり、そこではカリスマは、背後に横たわる生活世界の中へもどされた上であらためて受容される。信奉者たちは、ふだんは生活者として、自らの時代の世俗的とりきめすなわち市民倫理の中で生きている。しかし、それは必ずしも自覚されているとは限らず、あいまいな「良識」という形で、何となく公の合意を得ているのである。牧会書簡は、そのような信奉者たちすなわちメッセージの受容者たちの視座からパウロを描く。表現の中に見え隠れする一種の普遍志向は、この支持母体の不特定な性格を示唆するものであろう。[53] カリスマ的人物としての史的パウロは、「愚か者になったつもりで」「気が変になったように」語る(二コリ一一・二一、二三)。ところが牧会書簡の著者は、「平安で静かな生活を、真に信心深く真面目に送る」ことを勧める(一テモ二・二)。これら二つの行動の類型は、時間的に継起するものというよりも、教会形成のダイナミックスを現出する場の両極を示す。教会の論理は、カリスマによる指導と世俗の知恵による指導との間にあって、しばしばどちらにも徹しきれずに揺れ動く。しかし、両極のへだたりが意識にのぼり、現存体制におけるカリスマの衰えが現実となったときには、社会の常識に耳を傾けない教会の指導者は支持を失う。教会が社会組織である限り、このような傾向は、避けることのできない宿命であろう。宗教集団を構成する人々は、カリスマ的人物の到来に期待し、それを崇拝するが、同時に、自らはそれと一線を画したところにとどまり続ける。またそうしなければ、教団は、現実に根ざした力を獲得しえないのである。

（1）　G・タイセン流の文学社会学も、思想的背景を多少社会的に拡大しただけで、この路線をふみ越えるほど本質的に新鮮であるとは思われない。なお、「宗教史学派」はあくまでキリスト教神学内部の一傾向であり、宗教学の一環としての宗教史学とは直接結びつかない。

(2) 歴史的・批判的方法を確立したR・ブルトマンは、すでにそこから生じる問題をも予見しており、多様な新約聖書思想の焦点をパウロとヨハネの思想に求めた。G・キュンメルもその考え方を継承している。W. G. Kümmel, *Die Theologie des Neuen Testaments: nach seinen Hauptzeugen: Jesus・Paulus・Johannes* (Göttingen: 1969), 山内真訳『新約聖書神学――イエス・パウロ・ヨハネ』日本基督教団出版局、一九八一年。

(3) 福音書記者の思想の多様性を束ねる原点を史的イエスに求める考え方がこれにあたる。

(4) 牧会書簡を真正なパウロ書簡とは認めがたいとする根拠は、マルキオンがこれをあげていないという事実から始まって、歴史的根拠、言語的・文体的根拠、神学的根拠などが数多く指摘されてきた。もちろん、それらを承認しない研究者も跡絶えたわけではない。近年にいたるまでの研究史については、P. Trummer, *Die Paulustradition der Pastoralbriefe* (Frankfurt am Main: 1978), S. 15-56 参照。神学的ずれは主として、信仰義認論から市民倫理論への変化、終末論の後退などに見られる。詳細については、拙著『牧会書簡』日本基督教団出版局、一九九〇年参照。

(5) P. Trummer, *op. cit.* L. R. Donelson, *Pseudepigraphy and Ethical Argument in the Pastoral Epistles* (Tübingen: 1986). D. G. Meade, *Pseudonymity and Canon: An Investigation into the Relationship of Authorship and Authority in Jewish and Earliest Christian Tradition* (Tübingen: 1986). M. Wolter, *Die Pastoralbriefe als Paulustradition* (Göttingen: 1988). ドネルソンは、牧会書簡の神学の「一貫性」・「構造」・「体系」を主張する。彼によれば、それはギリシア・ローマ世界の倫理学と密接な関係をもっており、牧会書簡の著者は、偽名の手紙という形をとって、パウロの歴史をこの神学と結びつけようとしている。その試みは、当時の正統的立場からパウロをとらえなおすことを意味したのである。またミードは、偽名性の問題を預言者・知恵文学・黙示文学の伝統にまでさかのぼって検討し、それとの関連で牧会書簡の偽名性を理解する。彼によれば、牧会書簡の偽名性は、新約聖書における他の偽名性もそうであるように、文書の起源を示すものではなく、権威ある伝統の肯定を示すものである。ここでは、パウロ自身が伝統の中へくみこまれており、著者はそれの「現在化」(Vergegenwärtigung)を目ざす。だが、この場合の現在化とは単なる再生産ではなく、新たな生活の座にそくして伝統の核心を再解釈することなのである。

(6) H. C. Kee, *Christian Origins in Sociological Perspective: Methods and Resources* (Philadelphia: 1980), 拙訳『初期キ

リスト教の社会学』ヨルダン社、一九八八年。

(7) *ibid.*, p. 17, 拙訳、一六ページ。

(8) G. Theißen, *Urchristliche Wundergeschichten* (Göttingen: 1974), S. 41, Anm. 57, S. 43, Anm. 60, idem, *Soziologie der Jesusbewegung* (München: 1977), S. 102, Anm. 36, 荒井献・渡辺康麿訳『イエス運動の社会学——原始キリスト教成立史によせて』ヨルダン社、一九八一年、一二二—一二三ページなど。

(9) H. C. Kee, *op. cit.*, p. 28, 拙訳、二六ページ。

(10) 特に第六章は、R・ウェレックとA・ウォーレンの理論に多くを負っている。現代の旧・新約聖書研究に見られる文芸学的傾向と社会学的傾向とが相即するものであるとすれば、これは当然であろう。W. A. Beardslee, *Literary Criticism of the New Testament* (Philadelphia: 1970), 拙訳『新約聖書と文学批評』ヨルダン社、一九八三年、「訳者あとがき」参照。

(11) A. Schutz, *Strukturen der Lebenswelt* (Frankfurt am Main: 1975), idem, *The Structures of Life-World*, transl. by R. M. Zaner/H. T. Engelhardt Jr. (Northwestern: 1973).

(12) 石黒毅「社会学と現象学」『講座・現象学』四(現象学と人間諸科学)、弘文堂、一九八〇年、一〇三—一五二ページ。

(13) E. Husserl, *Die Krisis der europäischen Wissenschaften und die transzendentale Phänomenologie* (Beograd: 1936), *Husserliana*, Bd. VI, 1954, S. 126, 細谷恒夫訳『ヨーロッパの学問の危機と先験的現象学』『世界の名著』六二、中央公論社、一九八〇年、四九一ページ。

(14) *ibid.*, S. 130, 細谷訳、四九五ページ。

(15) *ibid.*, S. 128, 細谷訳、四九三ページ。

(16) A. Schutz, *On Phenomenology and Social Relations*, ed. by H. R. Wagner (Chicago: 1970), p. 72, 森川真規雄・浜日出夫訳『現象学的社会学』紀伊国屋書店、一九八〇年、二八ページ。

(17) P. L. Berger/Th. Luckmann, *The Social Construction of Reality: A Treatise in the Sociology of Knowledge* (New York: 1966), pp. 13, 14f., 山口節郎訳『日常世界の構成——アイデンティティと社会の弁証法』新曜社、一九七七年、二一、二四—二六ページ。

(18) *Ibid.*, p. 14, 山口訳、二四ページ。

(19) P. Berger/B. Berger/H. Kellner, *The Homeless Mind: Modernization and Consciousness* (New York: 1973), pp. 63-82,

高山真知子・馬場伸也・馬場恭子訳『故郷喪失者たち――近代化と日常意識』新曜社、一九七七年、七〇―九四ページ。

(20) 加藤精司『フッサール』清水書院、一九八三年、一五〇ページ。

(21) キーは、*Miracle in the Early Christian World: A Study in Sociohistorical Method* (New Haven: 1983) の中で、方法論の一層の展開を試みた。ここで彼は、「宗教史的方法」(History-of-Religions Method) の終焉を、学説史に照らして宣言する。第一章の題は「金枝が折れる時」(When the Golden Bough Breaks) となっており、これは言うまでもなくJ・フレイザーの主著の題をあてこすったものである。比較の方法を用いて「本質」を探求する宗教史的方法の時代は終わったのであり、単純に並行事例を引きながらある現象を説明することはできないというのがキーの判断である。問題は、史料の外面的類似性の背後にある生活世界の相違であり、彼は、それを扱う方法を「社会史的方法」(Sociohistorical Method) と呼ぶ。だが、歴史学界において「社会史」が話題になっている現状からすると、この名称はやや誤解を招きやすい。比較に基づいて宗教の進化の過程を組み立てるフレイザーばりの宗教史的方法が今日受け入れられないことは、キーの指摘を待つまでもなく明らかである。確かに、背後の生活世界の変化にともなう伝承の構造変形に関心をよせている限り、キーの手法も、宗教史的方法とは異なった意味で歴史学的と言えるかもしれない。しかし、その歴史学的ということは、文献学的ということと同義ではない点が注目されるべきであろう。

(22) H. C. Kee, *Christian Origins in Sociological Perspective*, p. 119, 拙訳、一二一―一二二ページ。

(23) *Ibid.*, p. 119, 拙訳、一二二ページ。

(24) *Ibid.*, p. 165, 拙訳、一七〇ページ。

(25) 牧会書簡の著者・成立年代・成立の場所については、今日にいたるまでさまざまな説が立てられてきたが、結局、パウロ教団の継承者のうちだれかが、紀元一世紀から二世紀への移り変わりのころに、パウロが伝道した地域のどこかの教会で執筆したということ以上に確実なことは何もわかっていない。M. Wolter, *op. cit.*, S. 22-25.

(26) P. Trummer, "Corpus Paulinum—Corpus Pastorale: Zur Ortung der Paulustradition in den Pastoralbriefen", K. Kertelge (herausg.), *Paulus in den neutestamentlichen Spätschriften: Zur Paulusrezeption im Neuen Testament* (Freiburg: 1981), S. 122-145. ヴォルターは、「パウロ伝承」を文書的意味に限定しようとするが、牧会書簡においてこのような限定をすることが適切であるとは思われない。M. Wolter, *op. cit.*, S. 11, Anm. 3.

(27) 例えば、二テモ一・一五―六、四・九―二一などがそれにあたる。特に後者は、一般向けの書簡には不必要な個人的記述を数多く含むので、この部分を真正なパウロのメモの挿入と考える注解者が絶えない。cf. W. Lock, *The Pastoral Epistles* (The International Critical Commentary) (Edinburgh: 1924, 1952^{3}). A. T. Hanson, *The Pastoral Letters* (The Cambridge Bible Commentary) (Cambridge: 1966). 確かに記述は具体的であるが、ひとつひとつをとりあげてみると、内容はさほどはっきりしているわけではない。したがって、R. Jewett, *Dating Paul's Life* (London: 1979), p. 45 が言うように、パウロ晩年の年代決定のためには、この箇所はあまり役に立たないであろう。史的情報は、明確に識別しがたいほど、現在の文脈に埋めこまれている。

(28)　B・フィオーレは「個人的範例」(personal example)を強調する「勧告的性格」(hortatory character)をもつ文書として、牧会書簡を理解しようとする。これは、特殊な史的状況のための論争文書、あるいは、発展する教会のための規律文書を牧会書簡に見出してきた従来の傾向に対する批判となっている。B. Fiore, *The Function of Personal Example in the Socratic and Pastoral Epistles* (Rome: 1986).

(29)　フィオーレは、これらの箇所を含む一テモ一・三―二〇、二テモ一・三―一八以外に、二テモ三・一―四・八をも同様な趣旨の発言と考えている。また、これら以外にもいくつかの箇所が、暗黙のうちにそれを述べていると言う。*ibid.*, pp. 22–24, 198–208, 213–216.

(30)　ミードがそのことを示唆する。彼によれば、牧会書簡でパウロに関して用いられる *διδάσκαλος*, *διδασκαλία* も同様なニュアンスをもっている。D. G. Meade, *op. cit.*, pp. 122–130.

(31)　最もはっきりしているのは、二テモ四・一七の「ししの口から」が詩二二・二一と符合することであるが、それ以外にも両者の類似点は容易に見出されるであろう。W. Lock, *op. cit.*, J. Jeremias, *Die Briefe an Timotheus* (Das Neue Testament Deutsch) (Göttigen: 1936, 1975^{9}) などの当該箇所参照。

(32)　二テモ二・一〇とコロ一・二四とがどの程度関連しているのかは必ずしも明白でないが、パウロ主義のひとつの傾向として、コロ一・二四の思想が牧会書簡に影響を与えていたことは確かである。

(33)　「神の僕」という自称は、真正なパウロ書簡には見られない。旧約聖書の用例を見ると、ヨシュ一・二ではモーセ、エレ七・二五では預言者たち、ダニ九・一〇―一一ではモーセと預言者たちが「神の僕」と呼ばれている。

(34)　その議論の推移については、D. G. Meade, *op. cit.*, pp. 1–16.

(35)　*ibid.*, p. 134.

(36) W. Stenger, "Timotheus und Titus als literarische Gestalten", *Kairos* 16, 1974, S. 253f. D. G. Meade, *op. cit.*, p. 127.
(37) この定型句に関するまとまった研究としては、G. W. Knight III, *The Faithful Sayings in the Pastoral Letters* (Michigan: 1968, Rep. 1979) がすぐれている。
(38) 前節参照。
(39) ハンソンは、それを一義的に定めることはできないと言う。彼によれば、牧会書簡の著者は、異質な言葉を結びつけるにあたって、表現に威厳をそえるためにこの句を用いたのであって、それらの言葉の内容や起源はあまり問題にしていないのである。A. T. Hanson, *The Pastoral Epistles* (The New Century Bible Commentary) (London: 1982), pp. 63f.
(40) トゥルンマーは、引用文の内容にかかわりなく、著者が強調しようとするさいに用いる「断言定式」(Beteuerungsformel)をここに見出している。P. Trummer, *Die Paulustradition der Pastoralbriefe*, S. 204.
(41) 一テモ六・三―五、テト一・一〇―一一・一六など参照。
(42) 一テモ二・二、三・一六、四・七、八、六・三、五、六、一一、二テモ三・五、テト一・一。
(43) 一テモ二・二、三・四、テト二・七。εὐσέβεια と σεμνότης を合わせれば、「神と人間に気に入られる態度」になる。cf. M. Dibelius/H. Conzelmann, *Die Pastoralbriefe* (Handbuch zum Neuen Testament) (Tübingen: 1955, 1966^{4}), S. 32.
(44) 一テモ二・九―一五。
(45) テト一・一三、二・二。
(46) 一テモ一・一〇、二テモ四・三、テト一・九、二・一。
(47) 一テモ六・三、二テモ一・一三。
(48) 著者は、異なる教えを「作り話やきりのない系図」(一テモ一・四)などと呼ぶが、その内容は必ずしも明らかでない。これをめぐってさまざまな議論がなされてきたが、最近では、ユダヤ的傾向をもつグノーシス主義の初期の形態と考える方向にまとまりつつあるようである。M. Dibelius/H. Conzelmann, *op. cit.*, N. Brox, *Die Pastoralbriefe* (Regensburger Neues Testament) (Regensburg: 1968, 1969^{4}) などの当該箇所を参照。
(49) 一テモ一・六―七、六・三―四、二〇―二一、二テモ一・一四、二三―二四、テト三・九。
(50) D. G. Meade, *op. cit.* 註(5)参照。
(51) しばしば指摘されてきたように、牧会書簡では、父なる神と子なるキリストとの結びつきが強い(一テモ一・一―二、二テモ一・一―二、テト一・一、四などを参照)。聖霊についての言及は稀であり(一テモ三・一六、四・一、二テモ一・一四、テト三・五)、これらのうちいくつかは既存の伝承からの引用である。

(52) D. C. Verner, *The Household of God: The Social World of the Pastoral Epistles* (California: 1983) は、牧会書簡の著者が一貫して教会を「神の家」と見なしていることを指摘し、それを当時の教会の社会層・社会構造・社会的緊張から説明しようとする。また、M. Y. MacDonald, *The Pauline Churches: A Socio-historical Study of Institutionalization in the Pauline and Deutero-Pauline Writings* (Cambridge: 1988) は、パウロ教団における制度化の過程をあとづけようとする。彼女によれば、牧会書簡は「教団を守る制度化」(community-protecting institutionalization) の過程を示すのである。彼らの言う「社会的世界」や「社会史的研究」は知識社会学的見方とは関係ない。ちなみに、いずれの著作においても、キーの説は引用されていない。

(53) 牧会書簡では、「すべての」を意味する πᾶς が、さまざまなニュアンスで数多く使用されている。

第三章　日本における聖書の受容とその機能の変化

1

キリスト教に見られるような「正典」(canon)の保持は、確かに、教団が連続的に発展するための大きな力となりうるが、その場合においてさえも、正典がたえず同じように受容されていくとは限らない。一般に教典は、書かれたテクストとして存在するわけであるから、特定の意味をもった歴史的言語を媒介とせざるをえない。しかし宗教はひとつの言語圏にとどまるとは限らず、それを越えて伝播するのが普通であり、多くの教典は翻訳による意味の屈折を免れることができない。原典が重視されるとはいえ、それは指導者層の任務にとどまる。キリスト教の正典は、その伝道活動にそってむしろ積極的に翻訳されてきた。文字言語に対する伝統的な信頼のゆえか、この点ではきわめて楽観的だったように見える。書かれている内容が真実でさえあれば、テクストを別な言語に移しかえても本質的な影響はないと考えられていたのかもしれないが、教典の翻訳は言語だけの問題ではなく、地域文化の総体にかかわる問題なのである。翻訳されたテクストはそれ自体解釈の結果であるが、その言語の文化圏に受容されて、また新たに解釈の対象となる。そこではテクストの内容の解釈だけでなく、テクストの用い方も変わってくる可能性がある。かくして、教典の原テクストを生み出した本来の意図はそのまま再生産されるとは限らず、通常は時代を経るにしたがって多岐に分かれていく。このように情報の発信と受容が繰り返し行われる連鎖系列の中で、教典をダイナミックにとらえかえしていくことが、教典論の主たる課題となるであろう。この章では、ひとつの例として日本における聖書の受容の歴史に焦点を合わせ、そこに現れた特徴を考えるところから、教典論の可能性に迫ってみることにする。(1) それは、日本人のなしてきた聖書解釈の妥当性を原テクストと照らし合わせながら神学的に考察することではなく、書物としての聖書が日本文化の中でどのように扱われてきたのかを、宗教としてのキリスト教の歩みとからめて問うていくことである。

日本における聖書の受容を考えるにあたっては、やはりまず日本語への翻訳に焦点を合わせるのがよいであろう。禁書令にもかかわらずひそかに輸入された漢籍や蘭書にも聖書関係のものがあったが、これらの受容は通常個人レベルにとどまっていたと考えられるからである。それでは、聖書の日本語訳をめぐる事情はどうであったかというと、そこにはかなり長期間にわたる足ぶみと曲折が見られる。かえりみると、一五四九(天文一八)年フランシスコ・サヴィエルによってキリスト教が日本へ伝えられて以来、聖書を日本語に翻訳する努力は絶え間なく続けられた。(2) しかしいずれも部分訳であり、一八八八(明治二一)年旧・新約聖書全巻が公式の委員会の手で、日本プロテスタント教会公認訳として翻訳・出版されるまでには、三〇〇年以上を要したのである。(3) それは明らかに迫害・禁教のためであって、カトリック教会なるがゆえに聖書の翻訳に熱意を示さなかったということをあまりに強調するのは適切ではないであろう。(4) 現に一八八八年以降一〇〇年余りの歩みにおいては、カトリック教会もプロテスタント諸教会もともに聖書の日本語訳に関心を示し、一九八七年に両者の協力によって新共同訳聖書(The New Common Bible)が完成・出版されたことは記憶に新しい。これによって、カトリック教会の平信徒たちが気軽に聖書を読み、またプロテスタント諸教会の平信徒たちが旧約外典に親しめるようになったことの意義は大きい[(5)]。

さて、日本人によって聖書が受容されていく過程において注目すべきことは、キリスト教徒のみならずかなりの数の非キリスト教徒が聖書を購入し、部分的にせよそれを読んでいることである。日本聖書協会の統計によれば、第二次世界大戦が終結した一九四五(昭和二〇)年にはたったの二三部しか売れなかった聖書が、次の年から飛躍的な販売部数を示し始め、その後も売れゆきはあまり衰えを見せていない[(6)]。近年は、旧・新約聖書を一冊にまとめたものだけでも、毎年二〇万部以上売れている[(7)]。しかもこの統計は日本聖書協会だけのものであり、これ以外にも各種の独自な日本語訳聖書が出版されている。例えばカトリック教会からは、フランシスコ会聖書研究所の研究成果に基づく周到な翻訳が出されているし、日本ハリストス正教会も自らの日本語訳聖書をもっている。また福音主義諸団体は独自の協同作業により、一九七〇(昭和四五)年に新改訳聖書を出版し、普及活動を行ってきた。さらに、無教会主義者およびその他さまざまな研究者による個人訳も相当な数にのぼり、その中のいくつかは、非キリスト教系出版社からそれぞれの企画に合わせて出版されている。これらの販売総数は不明であるが、さほど少ない数とは思われない。つまり毎年かなりの数の日本人が、何らかの動機から日本語訳聖書を購入していることになる。これ以外に外国語の聖書も、わずかながら購入されている[(8)]。日本のキリスト教会構成員の総数がずっと横ばいで、いつになっても総人口の一%に達しない現状を考え合わせると、この数字は驚異的である[(9)]。

それでは、これらの聖書はどのように読まれ用いられてきたのであろうか。多数の非キリスト教徒が聖書を購入しており、しかもキリスト教会に所属するものの数がふえていないという事実は、日本においては聖書が必ずしも教会の儀礼や日常的宗教活動と結びついたものとして考えられていないということを示している。それは、聖書が欧米の文化遺産の一種と見なされていること、すなわち、一般の文学書や思想書と同じレベルでの書物として受け入れられていることにもつながるであろう。欧米キリスト教社会の感覚では、教会における儀礼の実践を通して用いられるのが聖書なのであるが、このようにそこから切り離されたときには、聖書は非宗教的になり、教典としての機能を失うのであろうか。だが、たとえ部分的にせよ聖書が読まれ、何らかの形で用いられているならば、そこではむしろ、教典の機能の新たな拡張の可能性が予想されて然るべきではないだろうか。聖書が読者個々人に与える影響をうかがい知ることはできないし、それが哲学や文学の与える影響と重なり合っていることは明らかである。宗教現象を成り立たしめる重要な契機となる「宗教集団」という要素を欠落させたまま教典が受容された場合、それでもなおその事態を非宗教的と言い切ることができないとすれば、その理由はどのように説明されるべきであろうか。ここには、宗教と文化をめぐる根本的な問題がひそんでいるように思われる。

第二次世界大戦後聖書の需要が急速にのびたのは、明らかに、占領政策にともなって流入したアメリカ文化に対する人々の強い関心と結びついていた。その関心は当然、憧憬と反発がないまぜになったような屈折した関心であったと考えられる。共感するかどうかは別問題として、ともかくアメリカ人のものの考え方を手っ取り早く知るためのひとつの手段が聖書に求められたのである。しかしながら日本における聖書の受容は、実ははじめから、このような動機によってかなり大きく支配されてきたのではないだろうか。つまり、日本人として何とか欧米文化を理解しようとした知識階級が、種々の努力を積み重ねる中で、聖書に対する関心をも生み出してきたわけである。したがってそれはさしあたり、聖書の「思想」に対する関心として、観念的色彩を帯びていた。日本聖書協会の統計によれば、第二次世界大戦の時期と重なる一九三九(昭和一四)年から一九四五(昭和二〇)年までは、聖書の売れゆきが落ちこんでいるが、それ以前は、大正末年以降大体安定した頒布数を示しており、その数値は第二次世界大戦後のそれにつながっていくように見える。(10) 要するに日本人は、近代化を進めていく過程で、聖書に対して強い関心をいだき続けてきたわけであるが、それは、聖書そのものの中に欧米人のものの考え方を見出そうとする性急な発想に基づいており、聖書を用いる宗教文化のコンテクストを全体として理解するにはいたらなかったのである。このような状況は今日までほとんど変わっていない。

日本における聖書の受容に見られるこの一般的傾向は、日本のキリスト教、なかんずくプロテスタンティズムの性格決定と無関係ではなかった。日本のプロテスタンティズムの主流が、欧米における同系統の教派よりも主知主義的性格を強くもっていることは、おそらくこれとつながっているのではないかと思われる。さらに日本では、プロテスタンティズムからの派生的形態として、無教会主義という独自の運動が生み出されてきた。この運動はすでに一〇〇年の歴史をもっているが、それをふりかえってみたとき、必ずしも成功した宗教運動とは言えない。[11] それにもかかわらずここには、日本人による聖書の受容の仕方の問題点が集約されており、無教会主義運動の展開は、その問題点を立体的にとらえるためのモデルとして注目に価する。以下それに焦点を合わせて、若干の考察を試みることにしたい。

2

無教会主義運動の出発点は内村鑑三の個人的体験であり、象徴的人格としての彼なくして、無教会主義運動はありえなかった。しかし彼自身とのちの無教会主義者たちとの間には、意識的に強調された連続性とともに、かなりの程度の非連続性も存在することが認められなければならない。内村はアメリカ合衆国において、「キリスト教国の非キリスト教的特徴」(unchristian features of Christendom)[12] をつぶさに見聞し、さらにいろいろな形で教派主義の弊害を痛感した。それによって彼は、キリスト教国についていだいていた幻想を打ち砕かれたが、必ずしも教会そのものに絶望したわけではなかった。[13] 彼をして「無教会」を語らしめたものは、この体験よりもむしろ帰国後日本のキリスト教界で与えられた冷たい処遇とそれにともなう個人的不幸であった。[14] 内村はアメリカ合衆国のキリスト教とのギャップを自覚しただけでなく、日本のキリスト教界からも見捨てられたと感じたために、あえて「無教会」を主張せざるをえなくなったのである。彼がはじめて「無教会」という言葉を用いたのは、一八九三（明治二六）年三三歳のときの著作『基督信徒の慰』においてである――「余は無教会となりたり、人の手にて造られし教会今は余は有するなし、余を慰むる讃美の声なし、余の為めに祝福を祈る牧師なし、……[15]」。しかしこれに続けて内村は、自分にとって今は自然が教会のかわりになっていると語り、「然り余は無教会にはあらざるなり」と結ぶ[16]（傍線は筆者）。要するに彼は、「基督教会に捨てられし時」無教会になったのであって、本心では教会を求めていた。無教会「主義」を継承した人々とは異なって内村は、自らの個人的体験の帰結として無教会にたどりついたのである。

そのさい内村において注目すべきことは、教会に捨てられ無教会になったという体験がやがてひたすら聖書に固執する姿勢と重なり合ってくることである。『基督信徒の慰』には、次のような発言も見られる――「衆人の誹毀に対し自己の尊厳と独立とを維持せしむるに於て無比の力を有するものは聖書なり、聖書は孤独者の楯、弱者の城壁、誤解人物の休所なり、之れに依てのみ余は法王にも神学博士にも牧師にも宣教師にも抗する事を得るなり、……[17]」。つまり、内村にとって聖書は、教会と同じような役割を果たすものなのである。教会が信徒を支え訓練するように、聖書も危機にある内村を守り力づけてくれることが期待されている。「楯」・「城壁」・「休所」などの比喩は、聖書が目に見える「もの」として思い浮かべられていることを示唆する。教会の場合、その建築様式や礼拝堂の設計も信仰のとりでという教会のイメージと無関係ではないとするならば、聖書にもそのような要素が求められるかもしれない。「聖書全部神言論」というような主張はそれを志向している。[18] ここから聖書崇拝まではあと一歩である。民衆宗教運動において教典崇拝は珍しい現象ではない。無教会主義運動も、展開の仕方如何によっては、当然そのような可能性をもたらすはずであった。しかし内村自身は、それを慎重に避けようとした。聖書解釈が逐語霊感説に流れることに対しては、いたるところで繰り返し警告を発しているし、他宗教に見られる教典崇拝を意識的にしりぞけようとしている。[19]

内村は、教会を否定して単純な聖書崇拝にはしるという道から、知識人特有の直観によって身をひるがえしたが、あくまで文字の形をとった印刷物としての聖書に特別な価値をおく姿勢は、彼の生涯を通じ一貫して変わらなかった。そしてこれもまた、知識人内村の特徴を示すものにほかならなかったのである。内村自身は天才的な演説家であり、彼の文章も本来の意味での話し言葉のレトリックで満ちている。彼の聖書講解の独自の魅力と同時代への影響力の大半はこのレトリックによると思われるが、彼自らはこのことを積極的に評価しようとはしなかった。文学や演劇に非凡な才能をもちながら、これらの価値をあまり認めようとしなかったのと同様である。だが、宗教生活における教典の機能は、読むことともに語ることと密接に結びついている。キリスト教の場合にも、聖書の言葉は儀礼における朗誦や説教を通してはじめて生きたものとなる。内村は無意識のうちにこの条件を満たしていたが、彼に続く無教会主義運動は、彼の意識的主張にそって、書きものにひたすら固執する方向に傾いていったように見える。集団のアイデンティティを保障するしるしは、やはり目に見える「もの」[20]である必要があった。内村は一九〇一(明治三四)年雑誌『無教会』を創刊し、これを「紙上の教会」と名づけた。印刷物による広報活動が集団形成の基礎になるという原則がここで確認されたわけで、やがて内村の弟子たちも、会誌その他の著述活動に力を入れるようになる。その結果として、書き記されたものを読むということが、いつのまにか無教会主義運動の中心となり、無教会主義者たちの集団は、まさにそのような意味での「聖書集会」であった。この特質は、書物を通じて近代化の知識を仕入れようと努めていた当時の日本の知識階級の感覚にうまく適合した。無教会主義運動が一時期ある程度発展したきっかけは、この点に見出されるのではないかと思われる。

書物としての聖書が教会のいわば代替物になっていく傾向は、内村の弟子たちにおいて一層明瞭になる。[21] 彼らは内村の死後、それぞれの聖書集会を形成していった。[22] しかしこれらは、個人中心とはいえ、一種の教会とも見なされうるので、内村がただ一人教会から捨てられて聖書によりどころを求めたのとは多少趣を異にしていた。無教会主義の諸集会においては、聖書はむしろ儀礼の代替物になっていったと言う方が適切かもしれない。聖書へのこだわり方も、内村の弟子たちにいたって、師とは質的に異なるものとなったように見える。塚本虎二は、元来の聖書をありのままに読むという姿勢を推し進め、原語でテクストを研究し、やがて本文批評にまでいたる。[23] その情熱は十分に評価されなければならないとしても、結果はかなり恣意的であり、洗礼や聖餐と結びつきうるようなテクストの箇所は、本文批評の原則を無視してしりぞけられる。[24] これは、自らが立脚する聖書に完全性を求めるあまり、テクストの方に手を加えることであり、本末転倒の努力にほかならない。すでに当時カトリック司祭岩下壮一は、塚本の説を、一方では体験主義に基づいて「私の信ずる所」を主張し、他方教会の否定に「高等批評」を用いる戦術であると批判し、塚本の言う「聖書に示すが儘」に含まれている自己矛盾を指摘した。[25] 塚本はこれに対して反論を試みているが、本文批評の問題に関しては説得力を欠く。[26] 今日多少なりとも歴史的・批判的方法を受け入れるならば、聖書に含まれた視点の多様性を容認せざるをえない。それを容認してもなおキリスト教が存続しうるのは、聖書が教会の中で用いられるときのその用いられ方に宗教の生命がかかっているからである。もし聖書の多様性を認めないとすれば、聖書の言葉はそのままですべて誤りなきものであり、唯一の真理を証しているという信仰(ファンダメンタリズム)を固守しなければならない。このように考えると、いずれにしても聖書から教会の否定は出てこないことになる。

内村自身は聖書逐語霊感説・ファンダメンタリズムに対してほとんど共感を示していない。そのことは彼の著作におけるさまざまな発言からうかがわれる。(27)教会の代替物を聖書に求めつつも、彼はその方向に、必ずしも自らの意にそわないような帰結が可能性として含まれていることを感じとっていたのかもしれない。内村の発言はいつも揺れており、時折整合性が見失われる。無教会主義を語りながら、カトリック教会に対しても好意的である。(28)そしてついに、最晩年である一九三〇(昭和五)年のものと推定される遺稿においては、「私は今日流行の無教会主義者にあらず」とまで言うのである。(29)内村の無教会論は、このような振幅をもつ考え方の中からダイナミックに主張された。ここに示されているのは彼の思考の不徹底性ではなく、事態の可能性を見通す彼のすぐれた資質であろう。内村の本領は肯定的言辞よりもむしろ否定的言辞にある。時には聖書さえも、その否定的言辞の対象となることを免れない――「基督教は制度ではない、教会ではない、夫れは又信仰箇条ではない、教義ではない、神学ではない、夫れは又書物ではない、聖書ではない、キリストの言辞でもない、基督教は人である、活きたる人である、昨日も今日も永遠に変らざる主イエスキリストである……」(傍線は筆者)。(30)内村は聖書を絶対化しない。しかし、若き日に愛用の聖書の見返しに英語で書き記していたように、「自然と人と聖書」に終生こだわり続けたことは確かである。(31)「北海の自然の子」(32)という自覚をもっていた内村にとって、もろもろのディレンマを包みこむ最後のぎりぎりの安息所は、あるいは最初にあげた「自然」(Nature)であったのかもしれない。

それではここでさらに一歩を進めて、内村が旧・新約聖書全体の内容をどのような視点、どのような関心から理解しようとしていたのかを推測してみよう。その著作カタログを見れば明らかなように、内村は七〇年にわたる生涯において繰り返し旧・新約聖書の注解を試みた。(33)しかしそれらを概観すると、彼が特に愛好し、関心をよせたいくつかの文書があることに気づく。旧約聖書では創世記とヨブ記、新約聖書ではマタイ・ルカ両福音書、ローマの信徒への手紙、コリントの信徒への手紙、ガラテヤの信徒への手紙等々がそれにあたる。(34)このような事実は、彼がイエスとパウロの倫理的教説、なかんずくそれとの関連で人間の罪と苦難の問題にこだわり続けていたことをさし示しているのではないだろうか。(35) 内村が贖罪の論理を十分に理解していたことには疑問の余地はないが、彼の説くところはおおむね実践的であり、赦しのあとの新しい戒めに目が向けられているという印象を与える。聖書を通して彼が求めていたものは、何よりも来るべき時代の倫理規範であったのではないかと思われる。しかもそれは、伝統的な日本文化と折衝する中から求められたのである。(36) この動機は、内村以後の無教会主義運動の中でも、拡張された形で受け継がれ、日本の思想に媒介されたピューリタン的志向として定着していった。このような新たな行為モデルの探求は、近代化を推進するための心がまえをやや性急に模索していた当時の日本の知識階級の要請と符合することになった。教会の枠を越えて聖書が何となく受け入れられ、無教会主義が特に知識階級から心情的に支持されてきた原因はそこにあると考えられる。

以上検討してきたところをまとめてみると、次のようになるであろう。内村鑑三はアメリカ合衆国と日本における個人的な体験をきっかけとして既存の教会を離れ、もっぱら聖書に依拠することによって自らの信仰を確立しようとした。それは、欧米文化のコンテクストからも、さらに日本文化のコンテクストからも切り離して聖書を保持することにつながり、聖書崇拝のようなものにおちいる可能性を含んでいた。しかし、高度な知的訓練を受けた内村は、単純な聖書崇拝やファンダメンタリズムにはなじまず、自分なりの手法で聖書研究に没頭していくことになった。その作業を通して、彼は再び聖書を教典として使用する文化の問題に直面せざるをえなくなり、複数の文化のはざまに立って自らの道を切り開くという独自の役割を果たしていく。生来政治的・社会的問題に対して敏感であった内村は、やがて自ら身をおく日本の文化に一層深くかかわるようになり、新しい時代における規範のモデルをさぐるという課題を聖書研究と重ね合わせるにいたる。彼を継承する形をとって展開された無教会主義運動は、ある面では内村の関心を忠実に受け継ぎながらも、彼が自己矛盾としてかかえこんでいた考え方の振幅とダイナミズムを失っていったように見える。無教会主義運動はそれ自体すでに、近代日本社会に生じたディレンマの産物であった。そこに含まれている特徴、すなわち、文字に書き記され印刷されたものを尊ぶ志向、生き方の規範を求める実践的志向は、近代日本社会の潜在的志向と合致していたのである。

明治時代以降日本人は、聖書の受容にどちらかと言えば積極的であった。聖書を重んずるというプロテスタンティズムの一般的傾向以上に日本人キリスト教徒は、欧米文化への入口として、聖書に対してあこがれに近い感情をいだいていたように見える。そしてその点に関しては、非キリスト教徒にもある程度の共通性が見出されるのである。好むと好まざるとにかかわらず聖書は、欧米諸国とつき合っていかざるをえない新しい時代の価値観の方向を予見させるシンボル的存在であった。切支丹禁制下の一八七二(明治五)年アメリカ長老派宣教医J・C・ヘボンは、かねてアメリカ聖書協会から委託されていた英語訳聖書一冊と自著の和英語林集成第二版一部を明治天皇に献上した。天皇は“autograph letter”をもって受領の意志を示し、このニュースはキリスト教関係者の大きな喜びとなったと伝えられる。(37) ここには当時のキリスト教内外の日本人の聖書に対する感覚がよく現れている。彼らにとって聖書は、教会の儀礼に存立の場をもつ狭義の教典ではなく、自らの目ざす新しい時代をさし示すものであった。しかしながら、文化遺産として受け取られ、かなり恣意的に読まれたと思われる聖書も、時には個々人にとって一種の宗教的役割を果たしたかもしれないということまでも否定する必要はない。その役割は聖書の伝統的な機能とは異なっており、むしろ新たな宗教集団を作り出すための媒介的機能と言った方がよいであろう。近代日本社会において聖書が果たした機能は、非宗教的であると同時に宗教的であった。前述の聖書頒布数の統計は、そのような事態を表しているのではないかと思われる。無教会主義運動はそこから導き出されたひとつの結果であり、その運動のすそ野は、知識階級を中心とする日本社会へ、はっきりとは見えにくい形でとけこんでいく。[38] キリスト教徒であろうとなかろうと、さほど抵抗なく聖書に接するという風潮は、無教会主義運動を通して確かに助長されたが、他方、無教会主義の聖書集会がそれなりの形をもって定着するにしたがって、そこにおける聖書の機能は再び儀礼的色彩を帯び始めるのではないだろうか。

宗教現象を構成する諸要素の中で教典は、文字を書き記した文書として、自立した歩みをする「もの」となる可能性を常にもっている。宗教が異なった文化圏へ伝えられた場合には、この可能性が表面化し、教典がこれまでとは別な機能を担わされるにいたることがある。教典の内容は新しい文化のコンテクストの中であらためて意味づけられ、その意味は意識的な解釈に反映されることもあるし、また無意識のうちにそれを方向づけることもある。そこではしばしば聖俗の境界が不明確になる。[39] ある場合には、教典は文学と区別しにくいが、またある場合には、新たな宗教集団形成のきっかけを作る。そのきっかけは必ずしも教典の「思想」に触発されて生じるとは限らず、たとえ特定の思想が重要な役割を果たすとしても、それが原テクストの思想と一致するとは限らない。語られている思想以外にも、教典はさまざまな機能を果たしうるからである。[40] しかしどのような機能を果たすことになっても、ある文書が何らかの宗教現象とかかわっているならば、それは依然として教典であり続ける。特にセクト的運動が教典を受け継ぐ場合には、その機能が大きく変化することが多い。いずれにしても宗教学的教典研究は、教典を用いる宗教集団のあり方、それをとりまく文化のコンテクストをふまえた上で、はじめて教典の解釈を問題とする。原テクストが示していたと考えられる意味とある教団の解釈とが異なっているとしても、それを「誤り」と判定するのは特定の宗教的立場であり、宗教学の立場からは、そのずれの位相それ自体が関心の対象となる。「テクスト本来の意味」としてこれまでに主張されてきたことが、いかに主観的色どりに満ちたものであったかをかえりみるならば、このような宗教学的教典研究の重要性は明らかであろう。ある文化状況における教典解釈は、無意識のうちに特定の傾向に支配されているということが十分に考えられるのである。異なった教団の共生が求められるこれからの世界においては、各教団は自らの考え方を主張するとともに、その考え方が全体状況の中でどのように位置づけられるかをも認識できるような複眼的構えを保持しなければならなくなるのではないだろうか。

（1）この問題については、すでに一九九四年八月ベルギーのルーヴァンで開催されたSociety of Biblical Literature, Twelfth International Meetingにおいて、“The Reception of the Bible in Japan”と題して、また一九九四年九月に開催された日本宗教学会第五三回学術大会において、「教典の受容とその機能の変化――日本における聖書」（日本宗教学会『宗教研究』三〇三号に要旨掲載）と題して研究発表を試みてきた。以下の論述は、現時点でのそれらの一応の総括である。なお、日本人と聖書とのかかわりをさまざまな角度から論じたものとしては、鈴木範久監修『聖書と日本人』大明堂、二〇〇〇年がある。

（2）サヴィエルの来日に先立って、彼に日本布教の幻をいだかせた日本人青年ヤジロウ（霊名はパウロ・デ・サンタフェ）が、一五四八（天文一七）年にインドのゴアで、マタイ福音書を日本語に翻訳していたらしいが、この訳本は現存しない。海老沢有道『日本の聖書――聖書和訳の歴史』日本基督教団出版部、一九六四年、一九―二八ページ、新訂増補版、日本基督教団出版局、一九八一年、二六―三二ページ。

（3）ただし新約聖書の全訳は、すでにキリシタン時代に（一六一三年までに）京都で出版されていたと考えられる。同書、四九―五一ページ、新訂増補版、五六―五九ページ。海老沢有道は、これを示す資料をしりぞける新村出の説、ならびにそれを踏襲する豊田実、比屋根安定の説を、「先入的誤解によるもの」と見なしている。

（4）同書、二〇―二一ページ、新訂増補版、二四―二五ページ。注（3）で言及した新村出の「先入的誤解」は、カトリック教会の聖書観に対するこのような偏見をさす。しかし海老沢も、「とは言え、プロテスタントが聖書の国語訳を畢生の使命とし、神の言葉を地の果てまで直接伝えようとしたのと同様の熱意を、カトリック・キリシタンが持たなかったことは認められなければならない」と言う（同書、四九ページ、新訂増補版、五六ページ）。カトリックのラテン式典礼では、古ラテン語（ウルガタ）訳聖書が用いられたのであるから、これは当然であろう。同じ欧米のキリスト教でも、カトリック教会とプロテスタント諸教会とでは、聖書の用い方に相違があるという事実がここに現れている。

(5) 日本語訳聖書を歴史的に概観したものとしては、海老沢の前掲書以外に、門脇清・大柴恒『門脇文庫・日本語聖書翻訳史』新教出版社、一九八三年がある。ここでは現代訳についても述べられているが、その選択基準はあいまいである。新約聖書日本語訳の起源についての英語による紹介としては、宮地哉恵子 "Nineteenth-Century Japanese Translations of the New Testament", *The Japan Christian Review*, 61, 1995, pp. 75-90.

(6) 『日本聖書協会一〇〇年史』日本聖書協会、一九七五年、二四〇—二四二ページ、およびそれに添付された小冊子『聖書協会一〇〇年の歩み』には、一八七四年—一九七四年の期間における日本語訳聖書の頒布数が記されている(参考資料・表1参照)。

(7) *Christianity in Japan, 1971-90* (Successor to *The Japan Christian Yearbook*), compiled and edited by Kumazawa Yoshinobu/David L. Swain (Tokyo: 1991), pp. 344-345(参考資料・表2参照)。一九八七年九月に出版された最も新しい新共同訳聖書について見れば、一九九二年三月にはすでに販売部数が総計一〇〇万部に達している。この総計とは、旧・新約聖書(含・続篇付)と新約聖書だけのものとを合わせた数である。『一九九二年度・日本聖書協会年報』日本聖書協会、一九九三年、四—五ページ。

(8) 『日本聖書協会年報』は毎年「言語別頒布表」を掲載しているが、それによれば、英語・中国語・韓国語訳の聖書が比較的よく売れている。

(9) 『キリスト教年鑑』一九九五年版、キリスト新聞社、一九九四年、五八四—五八五ページには、日本のキリスト教教会人口の推移が記されている(参考資料・表3参照)。文化庁文化部宗務課によって毎年出されている『宗教年鑑』にも、諸宗教の統計とならべて、「キリスト教系」信者数の統計が記されている。その数が『キリスト教年鑑』のものと一致しないのは、どの集団を「キリスト教系」と見なすのかという基準が両者で異なるからであろう。

(10) これについては参考資料・表1参照。

(11) 無教会主義運動全体の歴史としては、無教会史研究会編著『無教会史I(第一期・生成の時代)』新教出版社、一九九一年、『無教会史II(第二期・継承の時代)』同、一九九三年、『無教会史III(第三期・結集の時代)』同、一九九五年が最もよくまとまっている。

(12) *How I Became a Christian: Out of My Diary*(一八九五年)、『内村鑑三全集』(以下『全集』と略記)3、岩波書店、一九

八二年、八九ページ。

(13) 教派主義の弊害については、多くの箇所で述べられている。例えば前掲書一〇二—一〇四ページ。そこには次のような記述が見られる——「アメリカは教派の国で、どの教派も他の教派を食って自分の教派の頭数を増やそうとする。すでに、私がそれまでに知っていた教派は言うにおよばず、ユニテリアン、スウェーデンボルグ、クェーカーといった初めて知る諸教派が、私に迫ってきた。異教からの回心者はどれを択んだらよいか途方にくれる羽目になる。こうして私はどれも信じないことにした」(松沢弘陽訳)。これは「無教派」主義の宣言であって、「無教会」主義の宣言ではない。

(14) 一八八八(明治二一)年二八歳で帰国した内村は、教師として北越学館、東洋英和学校、水産伝習所、第一高等中学校などを転々と渡り歩き、一八九一(明治二四)年には「不敬事件」を起こす。その間、離婚・再婚・妻の死・入院などをたて続けに経験する。

(15) 『基督信徒の慰』(一八九三年)、『全集』2、岩波書店、一九八〇年、三六ページ。

(16) その心情は次の記述によく表されている——「然れども余も社交的の人間として時には人為の礼拝堂に集ひ衆と共に神を讃め共に祈るの快を欲せざるにあらず、教会の危険物たる余は起て余の感情を述べ他を勧むるの特権なければ、余は竊かに坐を会堂の一隅燈光暗き処に占め、心に衆と共に歌ひ、心に衆と共に祈らん、……」。同書三七ページ。さらに「無教会論」(一九〇一年)、『全集』9、岩波書店、一九八一年、七一—七三ページをも参照。ここでは、「『無教会』は教会の無い者の教会であります」と述べられている。

(17) 『全集』2、岩波書店、一九八〇年、二七ページ。

(18) 『聖書全部神言論』(一九一八年)、『全集』24、岩波書店、一九八二年、三六七—三八〇ページ。ただし、内村がはじめて読んだ聖書は英語訳聖書であったと思われるし、その後も生涯にわたって彼は英語で聖書に親しんでいたらしい。「余の旧き聖書より」(一九〇六年)、『全集』14、岩波書店、一九八一年、三三一—三三七ページ参照。

(19) それは例えば次の箇所で明瞭に語られている——「聖書は勿論崇拝すべき書ではありません、基督信者は日蓮宗の信者が題目を法華経に向って唱へるやうに、聖書に対して神に向って奉るやうな尊崇を奉ってはなりません、縦令ひ聖書が貴いとは云へ是は人手に依て成りしものであって決して神ではありません、或人が聖書を日本の神々の守札のやうに思って、之を懐中して居れば何か悪魔でも除けられるやうに思ふて居るのは大間違で御座います、聖書は何も脚下で蹈むべきものではありませんが、然りとて神棚に上げて香花を奉るべき筈のものでも御座いません、……」。『宗教座談』(一九〇〇年)、『全集』

8、岩波書店、一九八〇年、一三七ページ。

(20)「『無教会』雑誌」(一九〇一年)、『全集』9、岩波書店、一九八一年、三一六ページ。

(21) 塚本虎二『私の無教会主義』伊藤節書房、一九六二年、二八六ページには、それを示す典型的な発言が見られる――「渡来六十年、舶来の教会は既に早や行詰まったではないか。しかも教会によらず聖書により独り神を信ずる人々の如何に増加しつつあることよ！」(傍線は筆者)。

(22) 当事者はこの方向を純粋な福音的立場と理解していた――「しからば無教会主義とは何か。前にも言ふごとく、無教会主義とは信仰の本質、根本に関するものである。即ち人は信仰のみで救はるるといふことを単純に、率直に、徹底的に信じかつ実行することである。そしてこれが福音の真義であると主張するものである」(同書二七五―二七六ページ)。内村はこの箇所に印をつけて、塚本の文章の公表を許したと伝えられる(同書二九三ページ参照)。しかし実際には塚本の集会は、既存のキリスト教会の外に形成された聖書研究集団であった。彼の個人誌『聖書知識』の表紙には、「教会の外に救いあり」(EXTRA ECCLESIAM SALUS)という宣言が掲げられていた。塚本集会以外の集会も、聖書集会という基本的性格は共有していたと言えよう。

(23) 塚本の集会には、「ギリシャ語聖書研究会」・「ヘブル語会」という会員制の研究会が組織されていた。ここからのちに幾人かの聖書学者が育っていくことになる。日本におけるキリスト教関係の学問研究は、聖書学によって代表されているように見える。元来聖書学は神学の一部門であったはずであるが、日本では主として国立大学出身者がそれを集中的に研究するという特異な現象が見られる。その原因はやはり無教会主義およびその発展を支えた日本文化の体質にあると思われる。中沢洽樹『日本の聖書学』山本書店、一九六八年、特に六七―七五ページ(「職業としての聖書学」)参照。

(24) 塚本虎二訳『福音書』岩波書店、一九六三年では、ルカ福音書第二二章一九節後半と二〇節は本文から削除されている。この箇所は聖餐式を示唆する部分で、一九節・二〇節は新共同訳では次のようになっている――「それから、イエスはパンを取り、感謝の祈りを唱えて、それを裂き、使徒たちに与えて言われた。『これは、あなたがたのために与えるわたしの体である。わたしの記念としてこのように行いなさい。』食事を終えてから、杯も同じようにして言われた。『この杯は、あなたがたのために流される、わたしの血による新しい契約である。……』」。写本を見ると、なるほどこの箇所については、さまざまな異本が認められるが、大筋はほとんどの有力写本によって支持されている。またヨハネ福音書第三章五節においても、「だれでも水と霊とによって生まれなければ、神の国に入ることはできない」(新共同訳)の「水と」が、塚本訳では削除されている。しかしこの削除を支持するギリシア語写本は存在しない。洗礼を示唆するイエスの言葉をしりぞけようとした訳者の意図は明らかである。

(25) 岩下壮一『カトリックの信仰』(ソフィア書院、一九四九年)、講談社、一九九四年、三八三—三九二ページ。

(26) 塚本虎二『私の無教会主義』二二四—二三四ページ。

(27) 「聖書は如何なる意味に於て神の言辞なる耶」(一九〇二年)、『全集』10、岩波書店、一九八一年、一四七ページに、そのような発言の一例が見られる——「研究の功を積まない聖書はたゞの紙とインキとであります、是れに何の功徳もなければ是に何の神聖なる所もありません、其紙とインキとの中に匿れて居る真理を発掘して始めて聖書が神の言辞となるのでありま す。聖書を死たる書とならしむるも又活きたる書とならしむるも全く私共の覚悟如何に依るのであると思ひます」。

(28) 「無教会主義を棄てず」(一九二二年)、『全集』19、岩波書店、一九八二年、九二—九三ページ——「若し万一私が教会に入るべく余義なくせられますならば、私は羅馬天主教会に入ります、私の知ります所では、是れが地上唯一の矛盾のなき教会であります、……多くの点に於て羅馬天主教会は最も寛大なる、最も善く人情に合ひたる教会であります、……無教会にあらざれば羅馬天主教会、私の選択は唯此二ツを以て限られてあるのであります、而して私は今は前者を撰むのであります、後日の事は知りません、……」。

(29) 「[私は無教会主義を……]」(一九三〇年)、『全集』32、岩波書店、一九八三年、三四八ページ。

(30) 「WHAT IS CHRISTIANITY? 基督教とは何である乎」(一九一四年)、『全集』21、岩波書店、一九八二年、三六—三七ページ。

(31) 内村がアメリカ合衆国滞在中(一八八五年)に聖書の見返しに書き記した言葉が写真の形で伝えられているが、現在その聖書は所在不明である。"There are Three Witnesses to the Truth"『全集』40、岩波書店、一九八四年、三ページ——"There are Three Witnesses to the Truth, viz. Nature, Man, and Bible. We cannot have the true Conception of one of three, without the correct understanding of the other two. They are the Trinity of one Eternal Knowledge the Trifeld Manifestations of one Godhead. April 18th 1885. Elwyn, Pa. U.S.A.".

(32) 「余の北海の乳母　札幌農学校」(一九〇七年)、『全集』15、岩波書店、一九八一年、二三六ページ。

(33) 一九六〇年から一九六六年にかけて教文館から出版された内村鑑三全集全五〇巻(山本泰次郎編)は、『信仰著作全集』二五巻・『日記書簡全集』八巻・『聖書注解全集』一七巻から成る。「信仰著作」にも、聖書の特定の箇所に言及した論述が数多く含まれている。

(34) 前掲『聖書注解全集』では、創世記・ヨブ記・マタイによる福音書、ルカによる福音書にそれぞれ一巻が、ローマの信徒への手紙には二・五巻があてられている。

(35) 創世記は人間の罪の問題、ヨブ記は人間の苦難の問題にかかわる。

(36) 内村は *Japan and Japanese*（一八九四年）、『全集』3、岩波書店、一九八二年、一六九―二九七ページの中で、西郷隆盛・上杉鷹山・二宮尊徳・中江藤樹・日蓮について論じる。この著作は一九〇八年に題名を *Representative Men of Japan* と改められ、内容にも若干手が加えられた。ここで内村が目ざしていたのは、「新しい宗教的人間像の創出」であったとも考えられる（鈴木範久『「代表的日本人」を読む』大明堂、一九八八年参照）。そうであるとすれば、彼の意識においては、これと聖書の倫理規範との折衝が試みられていたに違いない。

(37) 小澤三郎『幕末明治耶蘇教史研究』日本基督教団出版局、一九七三年、一〇七―一二一ページ。

(38) 塚本虎二は大変な努力を傾けて、独自に日本語で共観福音書の対照表を完成し、戦後の困難な時期に印刷にまでこぎつけるが、その「序」で次のように述べている――「欧米の基督教国では聖書の勉強は学者、伝道者、神学生などの仕事である為、異同一覧はあくまで専門家用である。一般信者がこれによって聖書を勉強するなどといふことは、思ひも及ばない。ところが我が国では普通の信者が聖書の勉強をするのである。現に本著についてもその予約募集をしたところ、広告らしい広告もしないのに、たちまち千数百人の応募者があり、しかもその大多数は普通の信者であった。これは日本基督教の世界的特性であり、またその誇りである」（塚本虎二『福音書異同一覧――前三福音書共観』新地書房、一九五一年）。ここで「一般信者」・「普通の信者」と言われているのは、無教会主義的感覚による表現であるから、必ずしも教会員ではなく、聖書研究に関心をもつものくらいの意味であろう。なお、内村鑑三および無教会主義指導者たちの著作が、比較的多く岩波書店から出版されてきたことは、一般の知識階級の間での権威づけのためにきわめて有効であった。

(39) G. Lüdemann, *The Unholy in Holy Scripture: The Dark Side of the Bible* (transl. by J. Bowden) (Louisville: 1997). R. Boer, *Knockin' on Heaven's Door: The Bible and Popular Culture* (New York: 1999).

(40) J. D. Boeft/M. L. van Poll-van de Lisdonk, *The Impact of Scripture in Early Christianity* (Leiden: 1999). R. B. Bottigheimer, *The Bible for Children: From the Age of Gutenberg to the Present* (New Haven: 1996).

表1　日本における100年の聖書頒布数　合計127,198,256(1874年〜1974年)

西暦	元号	頒布数	西暦	元号	頒布数	西暦	元号	頒布数
1874	明治 7	7,500	1908	明治41	391,232	1942	昭和17	176,829
1875	8	12,868	1909	42	366,154	1943	18	168,258
1876	9	10,865	1910	43	479,384	1944	19	21,256
1877	10	37,852	1911	44	412,137	1945	20	23
1878	11	29,191	1912	45	373,656	1946	21	1,013,858
1879	12	36,575	1913	大正 2	502,376	1947	22	1,203,057
1880	13	81,258	1914	3	934,345	1948	23	640,947
1881	14	102,979	1915	4	523,162	1949	24	1,935,678
1882	15	78,527	1916	5	372,149	1950	25	3,066,530
1883	16	79,393	1917	6	435,120	1951	26	3,503,014
1884	17	88,966	1918	7	293,804	1952	27	1,877,801
1885	18	87,648	1919	8	315,921	1953	28	1,567,389
1886	19	47,364	1920	9	361,373	1954	29	1,322,390
1887	20	89,748	1921	10	330,639	1955	30	1,872,313
1888	21	149,407	1922	11	405,594	1956	31	1,834,574
1889	22	63,903	1923	12	577,841	1957	32	1,792,353
1890	23	110,007	1924	13	977,127	1958	33	1,901,737
1891	24	57,894	1925	14	1,130,848	1959	34	1,969,173
1892	25	43,916	1926	15	1,161,244	1960	35	1,886,909
1893	26	76,220	1927	昭和 2	944,812	1961	36	2,524,409
1894	27	113,939	1928	3	1,192,999	1962	37	2,752,375
1895	28	257,578	1929	4	1,230,383	1963	38	3,117,656
1896	29	100,456	1930	5	1,141,310	1964	39	4,012,480
1897	30	57,813	1931	6	1,407,113	1965	40	4,181,266
1898	31	44,783	1932	7	1,139,213	1966	41	4,179,132
1899	32	98,439	1933	8	1,231,410	1967	42	4,825,605
1900	33	136,029	1934	9	1,118,573	1968	43	4,486,652
1901	34	181,492	1935	10	1,246,470	1969	44	4,918,392
1902	35	175,991	1936	11	1,283,535	1970	45	8,879,934
1903	36	167,825	1937	12	1,145,365	1971	46	5,413,806
1904	37	512,099	1938	13	1,247,237	1972	47	5,654,470
1905	38	564,345	1939	14	827,457	1973	48	7,335,545
1906	39	293,531	1940	15	816,091	1974	49	6,306,147
1907	40	285,000	1941	16	258,823			

表2　Sales of Bible Supplies in Japan, 1970–90

Year	*Full Bibles*	*Old Testaments*	*New Testaments*	*Subtotals*	*Single Books*[1]	*Braille*	*Tapes*	*Tracts*[2]	*Maps*	*Totals*
1970	157,611	14,152	496,704	668,467	3,271,536	4,870	–	4,928,175	6,886	8,879,934
1971	163,912	11,624	495,083	670,619	565,331	4,206	–	4,165,664	7,986	5,413,806
1972	187,459	11,954	657,969	857,382	455,849	3,755	–	4,327,864	9,620	5,654,470
1973	234,160	13,463	1,031,370	1,278,993	1,307,142	4,802	–	4,730,180	14,428	7,335,545
1974	238,737	13,729	799,217	1,051,683	652,769	4,714	–	4,578,495	18,468	6,306,147
1975	228,845	15,188	1,056,274	1,300,307	170,363	4,515	–	5,792,620	14,958	7,282,763
1976	203,557	9,979	885,358	1,098,894	224,766	4,201	–	6,664,328	12,069	8,004,258
1977	227,670	12,410	974,562	1,214,642	269,087	5,067	709	9,361,401	14,170	10,865,076
1978	210,392	10,287	1,042,201	1,262,880	126,020	5,122	1,656	9,088,475	12,414	10,496,567
1979	222,009	12,323	927,293	1,161,625	89,290	4,977	1,671	8,662,211	14,971	9,934,745
1980	244,430	12,688	1,205,826	1,462,944	199,610	5,750	1,517	10,203,039	13,410	11,886,270
1981	251,181	13,755	924,084	1,189,020	76,090	5,672	1,718	8,477,773	12,619	9,762,892
1982	221,461	13,950	766,359	1,001,770	60,340	6,274	1,839	10,144,690	12,404	11,227,317
1983	174,657	11,305	907,059	1,093,021	106,299	6,213	2,172	8,626,031	7,811	9,841,547
1984	184,135	10,848	704,281	899,264	119,843	4,899	3,203	7,817,336	7,542	8,852,087
1985	182,276	9,527	831,135	1,022,938	73,338	5,044	5,128	7,465,970	9,617	8,582,035
1986	190,179	10,019	498,858	699,056	64,256	4,397	4,922	8,245,901	7,372	9,025,904
1987	250,142	8,661	835,075	1,093,878	79,878	4,534	4,945	8,321,072	6,744	9,511,051
1988	233,737	7,238	419,467	660,442	89,038	3,876	4,332	6,914,940	6,392	7,679,020
1989	218,156	5,357	565,409	788,922	32,500	6,382	3,532	7,807,489	3,964	8,642,789
1990	225,312	3,060	672,782	901,154	39,890	7,575	3,992	7,661,998	4,783	8,619,392
Totals	4,450,018	231,517	16,696,366	21,377,901	8,073,235	106,845	41,336	153,985,652	218,646	183,803,615

Source: Japan Bible Society
[1]E.g., Psalms, one of the four Gospels.
[2]Selected Bible sentences in leaflet form.

表3　日本のキリスト教教会人口の推移

区分　年次[1]	1948	1952	1954	1956	1958	1960	1962	1964	1966	1968	1969	1970	1972	1974
プロテスタント	199,026	207,077	233,394	257,276	297,650	340,583	360,301	339,287	399,155	413,586	429,376	454,297	460,693	460,624
カトリック	111,209	141,638	185,284	212,321	227,063	266,608	287,943	296,617	323,880	333,169	344,343	337,243	346,818	352,103
オーソドックス	14,063	32,889	33,173	33,911	34,391	35,293	35,656	9,215	9,385	9,828	9,099	9,549	24,330	24,502
信徒合計	324,298	381,604	451,751	503,911	559,104	642,484	683,900	645,119	732,420	756,583	782,818	801,089	831,840	837,229
教職者合計	6,789	7,727	7,837	12,063	6,524	12,671	14,244	14,026	14,581	15,000	17,428	17,744	18,863	16,417
総数（a）	331,087	389,331	459,588	515,571	565,628	655,155	698,144	659,145	747,001	771,583	800,246	818,833	850,704	853,646
人口比（%）	0.423	0.461	0.528	0.578	0.622	0.707	0.740	0.685	0.760	0.770	0.790	0.799	0.809	0.782
その他[2]（b）	436	1,132	4,086	14,118	24,485	35,774	43,572	51,728	62,166	69,362	112,827	123,401	133,859	139,405
総合計（a＋b）	331,523	390,643	463,674	529,689	590,113	690,929	741,716	710,873	809,167	840,945	913,073	942,234	984,563	993,051
参考・人口比(%)	0.423	0.462	0.533	0.593	0.649	0.746	0.787	0.739	0.723	0.839	0.901	0.919	0.936	0.910

区分　年次[1]	1976	1978	1980	1982	1984	1986	1988	1990	1991	1992	1993	1994	1995
プロテスタント	478,384	454,112	472,680	485,988	494,926	495,203	535,071	546,583	555,963	576,577	580,121	593,245	602,353
カトリック	363,273	375,533	387,204	396,416	408,051	416,481	428,423	412,023	413,766	418,706	431,633	423,172	434,844
オーソドックス	25,283	25,073	25,199	25,161	25,309	25,654	25,729	25,803	25,967	25,867	25,625	25,713	25,713
信徒合計	866,940	854,718	885,083	907,565	928,286	937,338	989,223	984,409	995,596	1,021,150	1,037,379	1,042,130	1,062,910
教職者合計	17,593	18,072	18,672	18,234	17,500	16,894	19,431	19,009	19,166	19,887	19,709	20,203	19,572
総数（a）	884,533	872,790	903,755	925,799	945,786	954,232	1,005,654	1,003,418	1,014,762	1,041,037	1,057,088	1,062,333	1,082,482
人口比（%）	0.790	0.764	0.778	0.785	0.791	0.788	0.825	0.814	0.821	0.840	0.855	0.853	0.867
その他[2]（b）	165,603	210,999	233,969	308,987	370,415	451,571	518,639	555,375	559,546	742,814	742,814	846,520	879,266
総合計（a＋b）	1,050,136	1,083,789	1,137,724	1,234,786	1,316,201	1,405,803	1,527,293	1,558,793	1,574,308	1,783,851	1,799,902	1,908,853	1,961,748
参考・人口比(%)	0.938	0.949	0.979	1.047	1.101	1.161	1.249	1.265	1.274	1.439	1.456	1.534	1.572

（注１）　西暦年は「キリスト教年鑑」の各年版。
（注２）「その他」は，イエス之御霊教会教団，原始福音・キリストの幕屋グループ，末日聖徒イエス・キリスト教会およびものみの塔聖書冊子協会４教派・団体の合計。

第三部　「新約聖書学者」R・ブルトマン再考

二〇世紀最大の新約聖書学者R・ブルトマンの『イエス』(一九二六年)は、一九世紀に出現した多くのイエス伝が、結局、著者の恣意的願望の表現にほかならなかったという事実をふまえ、福音書研究に歴史的・批判的方法を適用することによって、そこから得られる史的イエスについての情報を最小限にまで削り落とした。そこで残ったのは、イエスの「人となり」(Persönlichkeit)ではなく、彼の「教説」(Lehre)、すなわちキリスト教神学の術語で言えば、彼の「宣教」(Verkündigung)であった。史的イエスの問題をめぐっては、その後ブルトマンの説を積極的方向へ修正する試みが積み重ねられてきたが、最近ではまたいつのまにか、一九世紀のイエス伝の再生産におちいっている感がある。したがって、ブルトマンが史的イエスをその教説にまで追いつめたことの意義は、今日なお失われていないのではないかと思われる。しかもここで教説と言われているものは、形而上学的理論でも倫理的戒めでもなく、一種の問いかけであった。これは一見消極的・破壊的に見えるが、視点を変えれば、余計な横道をふさぐという意味で、むしろ生産的とさえ言えるであろう。

ブルトマンはイエスの教説を新約聖書神学の「前提」(Voraussetzung)と考えていた。新約聖書神学とは、異教世界に対する初期キリスト教団の弁証活動を通して練り上げられていく教義や倫理の全体を意味する。しかし、宣教という動的概念にもおきかえられうるイエスの教説は、その新約聖書神学と無関係でないとはいえ、未分化な出発点として、もうひとつ別の本質的な事柄を示唆している。つまり、やがて言葉として展開されていく教説は、歴史の推移の中で硬直化する運命を免れないが、未分化なままで発せられた教説は、実は言葉の消失と表裏一体をなしていたのである。教典はこのような経緯の中から成立し、結果的には当然、教義や倫理がその中心となる。ところが、生きた宗教活動は、教義や倫理につきるものではないので、教典の内容を重視しながらも、実際には無意識のうちに、教典をどのように用いたらよいのかという問題ととりくまざるをえなくなる。言葉の無力化、教典の「もの」化が生じるとともに、教典の内容を異なった角度から繰り返し見なおす動きも出てくるわけである。教典論は教典をめぐるこの事態を総合的に考察するものであるが、ブルトマンは本来「新約聖書学者」であるから、問題をそのような方向で扱おうとはしない。

キリスト教神学が諸文化との間に一線を画し、独自なメッセージのうちにひきこもるのであれば、史的イエスを単純な教説にまで追いつめる必要はなかったし、のちの展開の諸相の中で、教典の硬直化に対する危機意識が生じることもなかったであろう。ブルトマンの発想法はそれとは基本的に異なっていただけに、新約聖書学者としての彼の立場は、一種の矛盾をはらんだ緊張に基づくものであった。たてまえ上の議論はともかく、宗教が文化現象にほかならないことを、ブルトマンは暗黙のうちに認めていたのであるから、彼が再構成した新約聖書神学は、本質的には哲学や宗教学とも通底しているはずである。ところが他方、彼は新約聖書学者としての自らの使命に忠実であろうとするために、教典論の地平へ歩み入る一歩手前のところでふみとどまろうとする。それは、歴史的宗教の特殊性を安直に越えたときに立ち現れる空虚な普遍性を避ける良心的な自己防衛と言えるかもしれない。しかし視点を転換させれば、宗教学と神学の不即不離の関係をここに見ることもできよう。

第一章　ブルトマンと「宗教」

旧・新約聖書研究における歴史的・批判的方法は、学問の近代化再編成にさいして、伝統的「聖書学」に市民権の確保を約束し、場合によっては他の学問の模範になるという栄誉すら与えてきた。それは、近代の諸学問が結局自然科学的方法と歴史学的方法を基盤としており、古典文献学的資料分析の精密さを誇る歴史的・批判的方法が後者に深く根ざしていたからである。しかしそのような資料分析をふまえつつ、史的信憑性を尺度として原像の把握が企てられたとき、そこにはすでに特定の価値観が入りこむ可能性が開かれていたし、必ずしも実証的でない手続きも混入していた。もし複雑な資料分析が、結果的に見て、比較的単純な世界観を招きよせるだけであったとすれば、むしろはじめからその世界観を正面にすえて検討した方がよいと考えられるのは当然であろう。少なくとも歴史的・批判的方法によって帰納的に導き出されたものから判断する限り、その中には新しい神学も新しい哲学も見あたらないことは確かである。本来歴史的・批判的方法の意義は、神学や哲学に積極的内容を与えるという方向ではなく、従来主として護教的動機に基づいてなされてきた旧・新約聖書研究を広い地平へ向かって解き放つという方向にのみ求められるべきであろう。[1] これは、旧・新約聖書研究を宗教研究の一分野としてとらえなおすこと、[2] さらに、現代における宗教と哲学の関係を考え、宗教哲学という概念を再検討することにも通ずるはずである。

歴史的・批判的方法と呼ばれるものは、具体的には一九世紀の資料批判に始まり、その萌芽はさらに一八世紀にまでさかのぼるが、展開の推移から見ると、二〇世紀の様式史的方法の段階で、最も大きな影響力をもつにいたったと言えよう。そして様式史的方法は、元来旧・新約聖書全体に適用されうるものであるとはいえ、実際には福音書研究において、自らの有効性と価値を証明することができた。そこで最も指導的な役割を果したのは、おそらくR・ブルトマンの『共観福音書伝承史』(一九二一年)であろう。[3] 彼は自覚的には一種の歴史家なのであるが、単なる歴史家でないことを示す兆候は、幅広い問題を扱ったその著作のいたるところからうかがわれる。[4] だが、もしブルトマン流の歴史学的方法が普遍的に妥当する科学的・実証的方法ではなく、何らかの思想的前提によって支えられていたとすれば、彼を継承する今日の諸研究の中で、それがどの程度意識されているのかが、あらためて問われねばならない。予想される思想的前提は、一方では宗教学との関連で、もう一方では哲学との関連で明らかにされる必要があると思われるが、本章ではさしあたり、ブルトマンにおける「宗教」のとらえ方を主として彼の神学論文の中にさぐってみることにする。

1

ブルトマンの著作表を見ると、[5] 一九二〇年代、つまり、マールブルク時代の初期までの論文題名には、しばしば「宗教」(Religion)や「宗教史」(Religionsgeschichte)という言葉が用いられているが、[6] その後は、一九四九年の『原始キリスト教』およびそれに続くひとつの論文を除いて、[7] 少なくとも著作の題名においては、宗教という言葉は見あたらない。この事実は、彼の宗教理解を考えるにあたって決定的な指標にはならないが、とりあえず彼の関心のありかを知るための一応の目安にはなる。周知のように、ブルトマンは研究生活の出発点において、J・ヴァイスやW・ハイトミュラーの影響の下に、いわゆる「宗教史学派」(Religionsgeschichtliche Schule)と結びついていた。したがって、初期の論文に現れる宗教や宗教史の概念は、当然宗教史学派のそれと密接な関係をもっていたと思われる。問題は、そこにブルトマン独自の意味合いが含まれていたかどうか、またこの概念をめぐる彼の思想に深化ないし展開が見られるかどうかであろう。

それを検討するさいにまずおさえておかなければならないのは、宗教史学派なるものの性格である。今日の感覚からすれば、人間に見られる宗教現象の射程を問いつつ、その歴史的流れを明らかにしていくのが宗教史学であるが、このような性格は宗教史学派の仕事には全くあてはまらない。学説史的意味での宗教史学派は、キリスト教神学、特に聖書解釈学のひとつの手法であった。[8] のちに多少広い意味でも用いられるようになったが、根本的性格は変わらなかったと思われる。宗教史学派において諸宗教が論じられる場合、それらはあくまでキリスト教の「背景」であり、キリスト教も歴史的に相対化される傾向があるとはいえ、それが最高の宗教であるという前提は動かなかった。[9] この学派に属するE・トレルチの用いた「宗教史の神学」(religionsgeschichtliche Theologie)という概念は、この学派全体の雰囲気をよく表している。

ブルトマンは、一九一二年に、エピクテトスの倫理的教えにおける宗教的要素と新約聖書との関係を問うかなり長い論文を発表した。[10] 彼はそこで、「宗教的色彩を帯びたストア哲学」(religiös gefärbter Stoizismus)と「新約聖書の宗教性」(neutestamentliche Religiosität)とを比較検討し、両者の共通点と相違点を見出そうとする。その結果、新約聖書の宗教にあってストアの教えに欠けているものとして、生ける宗教すなわち人格的神信仰の活力と熱狂、個人の評価、人間の魂を自らの生命に向かって目ざめさせる力などをあげるのである。ここから明らかになることは、若きブルトマンにとっては、宗教概念がキリスト教を広い視野からとらえなおすための手がかりであったが、そのさい宗教の理念型としては、やはりキリスト教が考えられていたということである。こうした彼の発想は、宗教概念の用い方にやや意欲的な姿勢が感じられるとはいえ、基本的には宗教史学派のものである。一九二六年に出版されたかなり詳しい学説展望において、その立場が公然と現れる。(11) そこでは、一九一五年から一九二五年までに書かれた原始キリスト教に関する諸文献が批判的に検討されるが、もっぱら宗教史学派に属する研究者の業績が評価の対象となっている。そのため、個別研究としては、「狭義の宗教史的問題」すなわち「ヘレニズム混淆主義の宗教・祭儀・神話・思弁と原始キリスト教との関係」を扱ったものが、重点的にとりあげられるのである。このように、ブルトマンと宗教史学派との結びつきはだれの目にも明瞭であるが、それでは彼自身が宗教概念をどのように把握していたのかということになると、実はいまひとつはっきりしない。おそらく、実証主義的・客観主義的傾向に対して抵抗を示しながら、F・D・E・シュライエルマッハーその他の宗教観を漠然と受け入れていたというのが実情であろう。(12)

宗教史学派は、大体一九二〇年頃に衰退し始め、それにかわって弁証法神学が台頭する。ブルトマンは、このような変動の中で学問的作業を進めたわけであるから、宗教史学派にくみすると言っても、当然、その先の問題を考えざるをえなかった。一九二〇年代の彼の代表作は、前述の『共観福音書伝承史』(一九二一年)と『イエス』(一九二六年)である。そのうち『共観福音書伝承史』は、他宗教の伝承を比較の対象としてとりあげる手法などに宗教史学派の影響をとどめているが、その場合でも、もはや史的イエス自身は論議の中心的主題とならず、伝承の中に現れた多様なイエス理解に目が向けられていく。(13) 『イエス』では、史的イエスの「人となり」には関心をよせないという点がさらに明確にされて、人間と自然との関係は「観察」によって可能になるとしても、人間と歴史との関係は「対話」もしくは「出会い」でなければならないという有名な主張が述べられる。[14] こうした考え方は、すでに宗教史学派とは異なる立場を志向しており、その後二〇年ほどの間、ブルトマンは、一方において人間と歴史をめぐる思索を深めながら、新約聖書テクストの歴史的・批判的解釈に自らの研究を集中する。一九三〇年代以降、彼の著作の題名から宗教や宗教史という言葉が消えていったことは、このような事情と対応していると思われる。

しかしながらブルトマンは、新約聖書テクストの歴史的・批判的解釈を遂行していく途上で、折にふれて方法論的考察の成果をも発表する。[15] 宗教・宗教史をめぐる問題は、自然神学・自然啓示の問題として、自覚的な神学の立場から形を変えてとりあげられた。そこで新たに現れたのが、宗教概念の否定的な用い方である。すでに一九二〇年代の論文にもその傾向がうかがわれるが、[16] 一九三〇年代と一九四〇年代に出版された三つの重要な論文（『自然神学』の問題」、「自然啓示の問題」、「結合と矛盾」）で、その点に関するブルトマンの考え方がはっきりと示される。[17] まず、「あらゆる宗教の中に見出される神認識をいっそう純粋に展開したものがキリスト教信仰である」という宗教史学派的な見方が否定される。[18] ブルトマンによれば、キリスト教信仰は、キリスト教以外の立場からの「問い」を批判しないが、その「答え」を批判し、キリスト教の答え以外のすべての答えを幻想としてしりぞける。[19] キリスト教信仰は宗教一般の中の一現象ではなく、非キリスト教的諸宗教との間には「矛盾」しか見出さない。人間に「宗教的器官のようなもの」がそなわっていて、それがキリスト教にも通ずるというわけではない。しかし、そのように神に対する矛盾の中にある人間が、逆説的に啓示との「結合点」にされる。実存のうちにある人間が、全体として矛盾のままで結合点になるのである。[20] 宗教概念を否定的にとらえかえす考え方は、三つの重要な論文以外でも、例えば一九三一年の論文「信仰の危機」でわかりやすく説かれている。そこでは、信仰は道徳や宗教と関連してはいるが、人間の彼岸の信仰であることによって、これらから区別されるというふうに説明される。[21]

ブルトマンのこのような考え方は明らかに弁証法神学を反映するものであるが、歴史学的方法に依拠しつつなおもキリスト教神学者たらんとする彼にとっては、必然的帰結でもあった。宗教概念を否定的にとらえかえしたことは、キリスト教を宗教史の発展段階における最高のものとする見方を断念するにいたったことを意味する。歴史学者ブルトマンは、その見方が歴史学的に正当化されないことを的確に見ぬいた。歴史学の成果はすべて相対的な妥当性しかもたない。トレルチの説は純粋な意味でのキリスト教神学ではなく、結局「歴史汎神論」(Geschichtspantheismus)におちいるものとして批判される。[22] キリスト教信仰の立場は、歴史学的に導き出される優劣の基準とは無関係に、それを選びとることによってのみ実現される。しかし前述のように、啓示と歴史的人間とを終始一貫矛盾関係においてとらえるという考え方も、ブルトマンにとっては本質的に受け入れがたい。具体的な事実を扱う歴史学者には、歴史的な人間とその営みに対する愛着を捨て去るような方向はなじまないのである。そしてその結合点が、当時の哲学を援用しつつ「実存理解」(Existenzverständnis)という形で積極的にとらえかえされる。だがそれによって再び、弁証法神学的発想自体が歴史的相対化の波にまきこまれていくことにもなる。

こうしたディレンマの中から、本来の歴史学的関心が反作用として突出したのが、一九四九年の『原始キリスト教』であった。ここでブルトマンは、原始キリスト教を「同時代に宣べ伝えられている他の諸宗教や諸世界観との競合」の中に位置づけ、「人間の実存理解の新しい可能性として原始キリスト教に現れた実存理解」を明らかにしようとする。しかしそれは、原始キリスト教が競合相手よりもすぐれていたことを証明するためではない。キリスト教の真理性を主張することは、あくまで「個人的決断の事柄」と考えられている。[23] 著者の意向はさておき、ここでの問題の立て方は、全体として宗教史学派の再来のような印象を与える。だが最終的には、歴史的・

批判的方法に基づく研究の成果がとり入れられることにより、宗教理解に新しい局面が開かれてくる。それは一言で言えば、原始キリスト教という概念の多様性の認識であった。すでにH・グンケルが主張していたことであるが、ブルトマンにとって原始キリスト教は「混淆現象」(synkretistisches Phänomen)にほかならない。彼はその中からなんとかして「人間実存に関する統一的で新しく独自な根本理解」をとり出そうとする。結果的に見れば、その根本理解はどこからでも得られるものではなくて、パウロとヨハネだけから得られるものであった[24]。ともかく、キリスト教が少なくともその原初形態においては、ひとつのまとまった像を示さず、多様な可能性を含んでいたという認識は、それまでさほど明白に主張されたことがなかっただけに、きわめて重要であった。

『原始キリスト教』と時を同じくして執筆された論文「東洋および西洋の宗教としてのキリスト教」も、キリスト教が東洋に始まって西洋に伝えられ、さらに世界宗教になった原因を、そこで開かれた人間の実存理解の可能性が一種の普遍的性格をもっていたことに求める[25]。キリスト教を実存理解へと解きほぐしていく手法がここでも貫かれているわけであるが、いかに普遍的性格をもつとはいえ、ひとつの実存理解という形でとり出す限り、それは現実には比較の対象とならざるをえず、歴史的相対化を免れない。特定の実存理解を選ぶのは「個人的決断の事柄」であると言っても、人間は全く動機なしに決断するのではない。単純な優劣の基準が用いられるのでなければ、それにかわる別な動機は何かということが問われなければならない。そのとき、一般の実存理解の中から仮説的に「宗教的」実存理解とでも言うべきものをくり出してみることの意義に、あらためて注意が向けられるはずである。ところがブルトマンは、この論文の題名でも、また『原始キリスト教』の副題でも、宗教という言葉を用いているにもかかわらず、実際にはキリスト教以外の宗教現象を積極的に関心の対象とすることはなかった。そこで次に、同じ時代にマールブルク大学の教授であったR・オットーとブルトマンとのかかわりに注目することによって、このへんの事情を少し異なった角度から考察してみることにする。

2

オットーは、一九一七年から一九二九年まで、マールブルク大学で組織神学の教授をつとめた。ブルトマンがマールブルクへ移ったのは一九二一年であったから、二人のルードルフは約八年間を同僚としてすごしたことになる。だが、両者の関係は必ずしもしっくりいかなかったようである。二人の「緊張」関係が学生の間でも論議の種になったことを、ブルトマンは自伝的文章の中に印象深く書き記している。[26] オットーがこだわり続けたのは、宗教の本質と真理を学問的にとらえるにはどうしたらよいのかという問いであったとすれば、[27] 彼とブルトマンとの対立点を検討する作業が、ひるがえってブルトマンの宗教理解の一面を照射することにもなるであろう。

オットーがW・ヘルマンの後継者としてマールブルク大学へ赴任した一九一七年に、彼の代表作『聖なるもの』が出版され、これはその後改訂されながらも、彼の死(一九三七年)を越えて版を重ねてきた。[28] 翌年、当時ブレスラウ大学にいたブルトマンはオットーへ長文の書簡を送り、新著を読んで得た感想と疑問点を述べた。それによれば、この著作はブルトマンにとって、「魅力あるもの」(Fascinosum)ではあるが、「秘義」(Mysterium)だったのである。[29] 彼の方では何らかの応答を期待していたようであるが、結局、この働きかけは片道書簡で終わってしまった。[30] 今日から見れば、確かに彼はオットーの説を「心理主義」(Psychologismus)と誤解したのであり、[31] 数多く現れたオットー批判の一類型にすぎないかもしれない。しかし、ブルトマンがこの著作に大きな関心をよせたことは事実であり、見方によっては「リッチュル主義の原則的克服を準備するもの」として単純に歓迎の意を表したK・バルトよりも、[32] むしろこれを高く評価していたとも言えるであろう。『聖なるもの』は、それだけブルトマンの関心に接近していたのである。オットーの方も返信は書かなかったが、改版にあたってブルトマンの批判を考慮に入れた形跡がないわけではない[33]。だがその場合にも、基本的枠組は変わっておらず、両者の考え方は元来微妙なところですれちがっていたのではないかと思われる。先に述べたとおり、『聖なるもの』が出版されたころ、ブルトマンはまだ宗教史学派の影響下にあったが、すでに『共観福音書伝承史』を執筆しつつあり、弁証法神学の台頭を予感しながら、新たな方向を模索する状態にあった。それがやがて宗教概念の使用に対する消極的姿勢として現れてくるのであるとすれば、心理主義批判は、まさに当時のブルトマン自身の問題意識を示唆するものでもあった。彼は、オットーが自らと同じ神学的状況をふまえているにもかかわらず、逆の方向を目ざしていることを直観したのである[34]。それでは、オットーの根本的意図はいずれにあったのであろうか[35]。

『聖なるもの』において著者は、自らの研究を「宗教学」と結びついたものとしてとらえているように見える。あるいはまた、「宗教史」や「一般宗教心理学」との関連にも言及する[36]。ところが、のちになってオットーは、自分の興味の中心が宗教史学や宗教心理学にはなく、キリスト教神学にあったと語る[37]。確かに彼は組織神学の教授であり、彼の著作は当然キリスト教神学の色彩を帯びていた。その点からすれば、オットーとブルトマンは同じところから出発したが、いずれも単なるキリスト教神学にとどまることができず、それぞれ独自な仕方でそこからのずれを示すにいたったと言えるであろう。オットーの場合、そのずれは「宗教そのもの」を明らかにする試みとして現れる[38]。これはキリスト教を諸宗教との連続性の中でとらえる方向につながる。ただし、宗教を実証的・客観的に把握することは、オットーの好むところではなかった。彼は宗教研究にあたって、宗教的感動・宗教的感情の体験を要求する[39]。彼によれば、「宗教はそれ自身とともに始まる」(Religion fängt mit sich selber an)がゆえに[40]、宗教研究はそれにそくしたものでなければならないのである。したがって、オットーにとっての神学は、最終的にはキリスト教の優越性を主張するキリスト教神学の性格を脱していないとしても、さしあたりもっと広い、もしくはもっと根底的な意味での神学であった。

しかしながら他方この神学が、オットーにおいては同時にある種の客観主義を志向することになる。彼はヌミノーゼの感情を「質的に特有な独自の感情」、「時間的ではなく原理的な意味での原感情」としてとらえ(41)、宗教現象を説明するために「原存在」(Erstgegebenes)が必要であることを説く(42)。彼の理論は、繰り返し語られる「素質」(Anlage)(43)とか、「精神そのものの隠れた深み」(44)とかに依拠しているように見える。そこから「アプリオリな範疇としての聖なるもの」が出てくるのであるが、その間の関係が必ずしもはっきりせず、彼の説の中に少なくともひとつの契機として客観主義的志向が含まれていることは否定しがたい。そもそも、オットーがヌミノーゼ概念を導入したときには、「神的なものの理念における非合理的なもの」の理解に道を開くことを目ざしていたはずである。だが『聖なるもの』では、非合理的なものは常に「合理的なものとの関係」を通してのみ問題にされる(45)。オットーは、理論的には両者の関係を「図式化」(Schematisierung)によっておさえようとするが(46)、この説明にはいささか説得力が欠けているように思われる。それに比べれば、ヌミノーゼが歴史的に「合理化」され「道徳化」されていくという記述の方ははるかにわかりやすい(47)。ともかくオットーにとって、「これら両要素[＝合理的なものと非合理的なもの]が存在し、かつ健全に完全に調和することは、ある宗教の優越性が計られる尺度、しかも真に宗教的な尺度である」。そしてこの点で「キリスト教は、地上に存在する他の諸宗教に対し、絶対的に優越している」のである(48)。

このようにオットーの思想には、神学を根底的な意味でとらえなおそうとするねらいがあったのであるが、組織神学者としての護教的動機がこれとうまくかみ合わず、いくつかの要素が十分媒介されないままに、あいまいな形で混在しているのである。最も重要な「宗教そのもの」も、「宗教の前庭」(Vorhof der Religion)(49)や「宗教以前」(Vorreligion)(50)などの不明確な表現と併存しながら、いつのまにかキリスト教の方へ融合してしまう。オットーが宗教の独自性を強調するあまり、それを他の活動領域から切り離しすぎたという批判は正しい(51)。だがそうなった原因も、やはり当初のねらいに反して、宗教をキリスト教によっておきかえてしまったところにあると思われる。とは言うものの、批判はいずれにせよ結果論であって、オットーのねらいが一定の成果をおさめたことは決して無視されてはならない。特に、宗教史学派衰退の気運の中で、キリスト教神学の立場に立ちつつも、「宗教そのもの」に目を向け続けたことは、ブルトマンとの対比において注目に価する。そしておそらくこの点で、両者の志向がくいちがってきたのであろう。

オットーは一九三四年に『神の国と人の子』を著した。[52] これは直接名前をあげてはいないが、明らかにブルトマンに対する挑戦であった。ブルトマンの方では、早速それを受けて長文の書評を公にするが[53]、ここにも両者の志向のくいちがいが如実に現れる。ブルトマンのオットー批判はその宗教学的・宗教史学的・比較宗教的視点に向けられる――「しかし『ヌミノーゼ』なる複合概念の全体は、イエスの人格と宣教という現象を解釈するには適しないように私には思われる。端的に言えば、聖書の宗教にとって神はヌミノーゼの領域ではなく、人格である。神はその要求とその行為において知覚される。神の奇跡は出来事であって、神秘的生成過程の段階ではない。神は人間の意志によって知られるのであって、神秘的感覚によって知られるのではない」[54]。要するにブルトマンによれば、オットーはイエス像を本来あるべきところから引き離し、無縁な世界へと押しやってしまったと見なされるのである。[55] ところが他方オットーも、すでにブルトマンに対して同じ形の批判を投げかけている――「人はこの現代志向をさらにはやりの『実存』哲学からの借りものと結びつけ、イエスの説教のうちに、それとは無縁でそれを変えてしまうような視点や思考法をもちこむのである」[56]。ブルトマンはもちろんこの批判の正当性を認めない。要するに、両者はともにイエスを根本的有様においてとらえようと志しながら、オットーは宗教（聖なるもの）に依拠し、ブルトマンは哲学（実存理解）に依拠することによって、互に相手の逸脱を指摘しながら非難し合うわけである。

ブルトマンの非神話化論も、宗教概念の使用に対する彼の消極的態度と本質的に結びついているように思われる。非神話化論争の過程においては、神話の概念規定をめぐる問いも提起されたが、ブルトマンはこれにあまり関心を示さず、宗教学や宗教史学で通常用いられている意味に従うという発言を繰り返すにとどまる。(57) 彼によれば、神話の与える客観的な表象そのものはほとんど問題にならず、その表象のうちに現れている実存理解こそが重要なのである。(58) 神話の具体的な表象形式はすべて「有意義性」(Bedeutsamkeit) に還元される。そして新約聖書の場合、そのような有意義性を明らかにするための非神話化の作業は、結局ケリュグマを肯定する道をひらくにすぎない。(59) キリスト教信仰にとっては、ケリュグマは客体でないとはいえ、それを前提とする実存理解は、人間学の地平ではやはり限定された特殊なものと見なされざるをえないであろう。非神話化論争はキリスト教神学の枠を越えて広く関心を集めたと言われるが、(60) 今日からふりかえるとき、本来の神話研究に与えた影響は意外に小さいことに気づくし、論争が一段落した時点から、再び神話的表象形式の現代的意義が見なおされるようにすらなってきた。(61) それは、ブルトマンが宗教現象に対する場合と同じように、さまざまな神話の具体相にまで立ち入ることを避け、神話という概念をはじめから総体として否定的に扱ってしまったためではないだろうか。旧・新約聖書研究が伝承の表現形式に目を向けるようになった今日、キリスト教神学内部においても神話の再評価が要請されてくるのは当然であろう。

ブルトマンの主観的意図のうちには、キリスト教を実存理解へと解きほぐしていくならば、キリスト教以外の世界との出会いが可能になるのではないかという漠然とした期待があったと思われる。事実彼は、キリスト教とヒューマニズムとの連帯について繰り返し語っている(62)――「ヒューマニズム的実存理解はキリスト教的実存理解との関連においてのみ存在し、またその逆でもあるということは、われわれの歴史的運命である。この二つの力の関係は、いきいきとしたみのり豊かな緊張の関係である。……キリスト教の信仰がその明澄性と純粋性とを保つために、ヒューマニズムという対立物を表面にかかげる理由をもつさまざまな時代もあるとすれば、それと同じように、キリスト教とヒューマニズムが両者に共通な関心事に想を致そうとする理由のある時代もある。今日こそはまさにそういう場合であるように私には思われる」[63]。ところが実際には、ブルトマンがキリスト教的実存理解と考えたものは、伝統的ケリュグマに制約されており、その意味で従来のキリスト教神学の枠を越えることはなかった。自由主義神学から弁証法神学へと転換していく時代風潮の中で、新約聖書の解釈に固執しようとするブルトマンの姿勢は、正統主義の範囲内で調停的役割を果たしたにすぎないとも言えるのである。

それでは、ブルトマンの道はどこで自らの主観的意図からずれていったのか。そのきっかけは、すでに示唆したように、彼の著作にしばしば現れる「決断」(Entscheidung) の要請にあると思われる[64]。これはもちろん実存哲学に由来する言葉であるが、ブルトマンにあっては、同時にキリスト教信仰へと人をいざなう実践的ひびきをもっている。しかし決断は飛躍を内に含むがゆえに、ある程度問いを進めたところで突然究極的解答と直結し、中間のつめを放棄することを意味する。決断にはそれなりの動機があるわけであるが、ブルトマンの場合、それは問題にならない。動機が明確になることによって決断が相対化されるからである。歴史学的方法を貫く限り、キリスト教は所詮相対化を免れないことを鋭く感じとっていたブルトマンは、最後に決断によって信仰者の主体性を獲得しようとした。第三者から見れば、決断は偶然以外の何ものでもないが、当事者にとってはそれが必然なのである。ブルトマンによれば、決断はそのつど新たになされるわけであるから、ケリュグマという形以外に決断の対象を恒常的にとらえきることはできず、また聖書の解釈の結果ただちに決断が要請されるので、他の宗教現象との共通基盤に目を向ける余裕もない。要するに彼は、実存理解というレベルでキリスト教信仰と文化との接点を求めたのであるが、思考を越えた決断の要請をそこへ導入し、しかも決断の場面を伝統的キリスト教から遠くないところに設定して、それ以上拡大・深化させようとはしなかったので、現実にはむしろ彼の目ざす方向と文化との距離感の方が浮かび上がってしまったのである。

特に、文化の中でキリスト教信仰の足もとを形成しているはずの宗教現象の積極的把握を、ブルトマンは次第に意識的に避けるようになったわけであるが、その理由は何であろうか。彼の著作から推しはかれば、それはシュライエルマッハーに始まるいわゆる「体験神学」(Erlebnis-Theologie)に対する警戒であったように思われる。ブルトマンの見方によれば、この体験神学は「宗教性」(Religiosität)を前提としており、人間の主体性を重んじて人間と神との対比をあいまいにする。キリスト教信仰は「真の宗教」(echte Religion)を目ざして、この宗教性と戦うのである。[65] そのさい真の宗教はキリスト教と等置されるわけであるから、キリスト教以外の宗教はおしなべて否定的に扱われることになる。結局ブルトマンの宗教観は、宗教や宗教史の概念自体を清算していく過程においてあとづけられるのであり、そこに本質的な展開を認めることは困難であろう。[66] オットーとブルトマンはともにシュライエルマッハーの思想から出発し、それを批判していくが、宗教概念に対する両者の感覚は全く異なっていた。結果の成否はともかく、宗教現象を仮説的にくくり出そうとする努力によって、オットーは少なくともブルトマンよりは文化の内実にくいこむことができたのではないだろうか。しかし、ブルトマンの業績を立体的にとらえなおすためには、さらに「哲学」との関係を明らかにしなければならない。

（1）　歴史的・批判的方法以後の諸問題については、W. A. Beardslee, *Literary Criticism of the New Testament* (Philadelphia: 1970)、拙訳『新約聖書と文学批評』ヨルダン社、一九八三年、特に「訳者あとがき」(一七七—一九五ページ)参照。

（2）　拙稿「教典論の新しい可能性」日本宗教学会『宗教研究』二五八、一九八三年、九五—一一四ページは、一九八〇年代のはじめにおいて、旧・新約聖書研究を教典論としてとらえなおすことを提唱した。

（3）R. Bultmann, *Die Geschichte der synoptischen Tradition* (Göttingen: 1921, 1964^6), Ergänzungsheft, 1962^2, 加山宏路訳『共観福音書伝承史』I（ブルトマン著作集1）新教出版社、一九八三年。E. V. Mcknight, *What is Form Criticism?* (Philadelphia: 1969), 加山久夫訳『様式史とは何か』ヨルダン社、一九八二年。cf. R. Blank, *Analyse und Kritik der formgeschichtlichen Arbeiten von Martin Dibelius und Rudolf Bultmann* (Basel: 1981).

（4）*Theologische Rundschau*, N. F. 41 Jg., 1976, S. 293-294 には、「学問分野の限界を越える総括的な学識をもった編集者」ブルトマンの死（一九七六年七月三〇日）を悼む文章が、E. Dinkler, W. G. Kümmel, K. Løgstrup, H. G. Siebeck の連名で寄せられている。

（5）“Veröffentlichungen von Rudolf Bultmann”, R. Bultmann, *EXEGETICA: Aufsätze zur Erforschung des Neuen Testaments*, ausgewählt, eingeleitet und herausgegeben von E. Dinkler (Tübingen: 1967), S. 483-507.

（6）「宗教」もしくは「宗教史」という言葉が入っている論文題名を年代順にあげれば、次のようになる。
“Das religiöse Moment in der ethischen Unterweisung des Epiktet und das Neue Testament” (1912), “Die Bedeutung der Eschatologie für die Religion des Neuen Testaments” (1917), “Religion und Kultur” (1920), “Ethische und mystische Religion im Urchristentum” (1920), “Der religionsgeschichtliche Hintergrund des Prologs zum Johannes-Evangelium” (1923), “Geschichtliche und übergeschichtliche Religion im Christentum” (1926), “Urchristliche Religion” (1926), “Vom Begriff der religiösen Gemeinschaft” (1927). その後、一九三〇年代はじめに “Urchristentum und Religionsgeschichte” と題する文章がひとつある（スウェーデン語が一九三〇年、ドイツ語が一九三二年）。

（7）*Das Urchristentum: im Rahmen der antiken Religionen* (1949), “Das Christentum als orientalische und als abendländische Religion” (1949).

（8）O・アイスフェルトは、かつて宗教史学派を次のように規定したが、これはきわめて適切である——「宗教史学派という名称は——その本来の用い方によれば——目ざす方向を同じくする気心の合った神学研究者の一群をさし、その起源は前世紀の八〇年代にまでさかのぼる」。Art. “Religionsgeschichtliche Schule” (O. Eißfeldt), *RGG*^{2}, IV, S. 1898-1905.

（9）例えばW・ブーセットは、未開人の宗教、部族宗教、自然宗教、仏教、イスラム、ユダヤ教などとならべてキリスト教を論ずるが、結論としては、キリスト教を最高段階の宗教として位置づける。しかし彼によれば、キリスト教は歴史的にさまざまな変化をとげてきたのであり、あらためてキリスト教の将来を問うとき、最後に残るのはイエスの福音である。そして

「キリスト教の将来への問いは、宗教の将来への問いなのである」。W. Bousset, *Das Wesen der Religion: dargestellt an ihrer Geschichte* (Halle: 1904).

(10) R. Bultmann, "Das religiöse Moment in der ethischen Unterweisung des Epiktet und das Neue Testament", *ZNW* 13, 1912, S. 97-110, 177-191.

(11) R. Bultmann, "Urchristliche Religion (1915-1925)", *Archiv für Religionswissenschaft* 24, 1926, S. 83-164.

(12) W. Stegemann, *Der Denkweg Rudolf Bultmanns: Derstellung der Entwicklung und der Grundlagen seiner Theologie* (Stuttgart: 1978), S. 22-36.

(13) 『共観福音書伝承史』は一九二一年に出版されたが、実際に執筆されたのはブレスラウ時代(一九一六―一九二〇年)であった。したがって、これを初期の仕事の総決算と見ることはさしつかえないであろう。R. Bultmann, "Autobiographical Reflections (1956)", *Existence and Faith: Shorter Writings of Rudolf Bultmann*, selected, translated and introduced by S. M. Ogden (New York: 1960), p. 285.

(14) R. Bultmann, *Jesus* (Tübingen: 1926), S. 7-17, 川端純四郎・八木誠一訳『イエス』未来社、一九六三年、七―一九ページ。

(15) それらは主として論文集『信仰と理解』におさめられている。R. Bultmann, *Glauben und Verstehen* (以下 *G. u. V.* と略記) (Tübingen: I 1933, II 1952, III 1960, IV 1965). Iは拙訳、IIは山岡喜久男・小野浩・川村永子訳、IIIは川村永子訳、IVは山形孝夫・一柳やすか訳で、『ブルトマン著作集』一一、一二、一三、一四として、それぞれ一九八六年、一九八一年、一九八四年、一九八三年に新教出版社から刊行されている。

(16) 例えば、R. Bultmann, "Die liberale Theologie und die jüngste theologische Bewegung" (1924), *G. u. V.* I, S. 22-23, 拙訳、二九ページ。

(17) R. Bultmann, "Das Problem der 'Natürlichen Theologie'" (1933), *G. u. V.* I, idem, "Die Frage der natürlichen Offenbarung" (1941), *G. u. V.* II, idem, "Anknüpfung und Widerspruch" (1946), *G. u. V.* II.

(18) *G. u. V.* I, S. 303, 拙訳、三四四ページ。

(19) *G. u. V.* II, S. 86, 山岡他訳、一二四ページ。

(20) *ibid.*, S. 118-121, 山岡他訳、一六五―一六八ページ。ブルトマンは、この論文の中で、"christliche Religion" という表現を用いる。これは、キリスト教の宗教的性格を肯定することによって、意識的かどうかはわからないが、結合点を示唆する概念となっている。

(21) R. Bultmann, "Die Krisis des Glaubens" (1931), *ibid.*, S. 1, 山岡他訳、七ページ。

(22) G. *u.* V. I. S. 5, 拙訳、一一ページ。

(23) R. Bultmann, *Das Urchristentum: im Rahmen der antiken Religionen* (Zürich: 1949, 1963^3), S. 7-8, 米倉充訳『原始キリスト教』新教出版社、一九六一年、九―一〇ページ。

(24) *ibid.*, S. 194-195, 米倉訳、二一八―二二〇ページ。ただし、引用文は米倉訳と同じではない。ブルトマンの新約聖書解釈がパウロとヨハネを中心にしていることは、広く認められている。cf. P. Stuhlmacher, *Vom Verstehen des Neuen Testaments: Eine Hermeneutik* (Göttingen: 1979), S. 179, 斎藤忠資訳『新約聖書解釈学』日本基督教団出版局、一九八四年、二八一ページ。この点についてなお論ずべき問題がないわけではないが、本章においては、それには立ち入らないことにする。

(25) R. Bultmann, "Das Christentum als orientalische und als abendländische Religion" (1949), G. *u.* V. II, S. 188, 山岡他訳、三五五ページ。

(26) idem, "Autobiographical Reflections", *Existence and Faith*, p. 286.

(27) Art. "Otto, Rudolf" (G. Wünsch), *RGG*^{3}, IV, S. 1749-1750.

(28) R. Otto, *Das Heilige* (Breslau: 1917, München: 1979^{41-44}), 山谷省吾訳『聖なるもの』岩波書店、一九六八年。

(29) "Rudolf Bultmann an Rudolf Otto vom 6. IV. 1918", H.-W. Schütte, *Religion und Christentum in der Theologie Rudolf Ottos* (Berlin: 1969), S. 130-139. 「魅力あるもの」や「秘義」などの言葉づかいがオットーの説をもじったものであることは言うまでもない。

(30) *ibid.*, S. 119.

(31) *ibid.*, S. 118-119.

(32) "Karl Barth an Eduard Thurneysen vom 3. Juni 1919", *ibid.*, S. 8.

(33) 藤本浄彦 "Eine Betrachtung über die Verbesserung des Buches 'Das Heilige' von Rudolf Otto—in Beziehung auf die Kritik R. Bultmanns über 'Das Heilige' (1. Aufl.)", 竹中信常博士頌寿記念論文集『宗教文化の諸相』山喜房佛書林、一九八四年、七一―八六ページ。

(34) G. *u.* V. I. S. 22, 拙訳、二八ページ。
(35) R. Otto, *op. cit.*, S. 139, 171 Anm., etc., 山谷訳、一八五、二二四ページ、その他。ただし、「宗教学」を表す術語は "Religionswissenschaft", "Religionskunde und Religionsvergleichung" など一定しない。
(36) *ibid.*, S. 135, 山谷訳、一八一ページ。「宗教史」は "Religions-geschichte"「一般宗教心理学」は "allgemeine Religionsseelenkunde" である。
(37) "Prophetische Gotteserfahrung" と題するこの論文(一九二三年)は、前記山谷訳に「附属論文」として訳出されている。同書、二七一ページ参照。
(38) R. Otto, *op. cit.*, S. 4, 山谷訳、一三ページ。
(39) *ibid.*, S. 8, 79, 山谷訳、一八、一〇八ページ。
(40) *ibid.*, S. 160, 山谷訳、二二〇ページ。
(41) *ibid.*, S. 60, 山谷訳、八四ページ。
(42) *ibid.*, S. 139, 山谷訳、一八五ページ。
(43) *ibid.*, S. 140, etc., 山谷訳、一八七ページその他。
(44) *ibid.*, S. 165, 山谷訳、二二六ページ。
(45) 『聖なるもの』の副題は「神的なものの理念における非合理的なものとその合理的なものとの関係について」である。オットーは、『カント-フリース的宗教哲学』の英訳(一九三一年)に付加した "Author's Notes on the Translation" の中で、自分は「非合理主義者」(non-rationalist)と見られることを欲しないと述べている。H.-W. Schütte, *op. cit.*, S. 122-125.
(46) R. Otto, *op. cit.*, S. 60-65, 山谷訳、八五—九一ページ。
(47) *ibid.*, S. 134-136, 山谷訳、一八〇—一八二ページ。
(48) *ibid.*, S. 170-171, 山谷訳、二三三ページ。
(49) *ibid.*, S. 143, 山谷訳、一九〇ページ。
(50) *ibid.*, S. 150, 山谷訳、一九九ページ。
(51) 田丸徳善「R・オットーと宗教学」竹中信常博士頌寿記念論文集『宗教文化の諸相』山喜房佛書林、一九八四年、五九—七四ページ。

(52) R. Otto, *Reich Gottes und Menschensohn: Ein religionsgeschichtlicher Versuch* (München: 1934, 1954[3]).

(53) R. Bultmann, "Reich Gottes und Menschensohn", *Theologische Rundschau*, NF9, 1937, S. 1-35.

(54) *ibid.*, S. 19.

(55) *ibid.*, S. 9.

(56) R. Otto, *Reich Gottes und Menschensohn*, S. 35.

(57) R. Bultmann, "Neues Testament und Mythologie", *Offenbarung und Heilsgeschehen* (München: 1941), *Kerygma und Mythos* I (Hamburg: 1948), S. 22, Anm. 2, 山岡喜久男訳『新約聖書と神話論』増訂第三版、新教出版社、一九五九年、四一ページ注三。idem, "Zum Problem der Entmythologisierung", *Kerygma und Mythos* II (Hamburg=Bergstedt: 1952), S. 180.

(58) *Kerygma und Mythos* I, S. 22-23, 山岡訳、四〇―四一ページ。

(59) 熊澤義宣『ブルトマン』(人と思想シリーズ)日本基督教団出版局、一九六二年、増補改訂版、一九八七年、一〇四―一二六ページ。非神話化論の思想史的背景については、R. A. Johnson, *The Origins of Demythologizing: Philosophy and Historiography in the Theology of Rudolf Bultmann* (Leiden: 1974).

(60) 例えばM・エリアーデは、キリスト教と神話について論ずるにあたり、ブルトマンの考え方を完全に相対化している。M. Eliade, *Aspects du Mythe* (Paris: 1963), 中村恭子訳『神話と現実』(エリアーデ著作集七)せりか書房、一九七三年、一八二―一八四ページ。

(61) C・G・ユングは、その自伝の中で、現代における神話の必要性を説く――「人類の半分は、人間の推論によってねつ造された教義をむさぼり、強く成長し、他の半分は、現代の状況にふさわしい神話の欠如に病んでいる。キリスト教の国々は悲しい峠にさしかかっている。つまり、そのキリスト教は何世紀にもわたって、無為にすごし、その神話をいっそう発展せしめることを怠ったのである。……われわれの神話は黙し、答えを与えない。聖書にも述べられているとおり、罪は神話にあるのではなく、全くわれわれにある。われわれは神話を発展させることをせず、むしろ、そのような試みを抑制しようとしてきた」。*Erinnerungen, Träume, Gedanken von Carl Gustav Jung*, aufgezeichnet und herausgegeben von Aniela Jaffé (Zürich: 1962), 河合隼雄・藤縄昭・出井淑子訳『ユング自伝――思い出・夢・思想』二、みすず書房、一九七三年、一八〇―一八一ページ。

（62）“Humanismus und Christentum”という同じ題名の論文が、『信仰と理解』の第二巻と第三巻にそれぞれおさめられている。

（63）G. *u.* V. II, S. 145, 山岡他訳、一九九ページ。

（64）ブルトマンの著作に「決断」という言葉がはじめて現れたのは一九二五年であったと言われる。G. M. Martin, *Vom Unglauben zum Glauben: Zur Theologie der Entscheidung bei Rudolf Bultmann* (Zürich: 1976), S. 9.

（65）G. *u.* V. IV, S. 119-120, 山形他訳、一五二―一五三ページ。

（66）川端純四郎「ブルトマンにおける実存的宗教論の問題」日本基督教学会『日本の神学』五、教文館、一九六六年、一六―二六ページは、「ブルトマン自身の中に見られる変化展開」を三つの時期に分けて論じている。

第二章　ブルトマンにおける「非神話化」と現代の神話論

R・ブルトマンと「哲学」との関係を検討するに先立って、いわゆる非神話化論の評価について簡単にふれておきたい。ブルトマンによって「新約聖書の宣教の非神話化」(Entmythologisierung der neutestamentlichen Verkündigung)が唱えられて以来、すでに半世紀以上が経過しており[1]、この問題をめぐる状況は、キリスト教界においても非キリスト教界においても大きく変化した。今日では、ブルトマンの主張を一段と広い視野からとらえなおし、それをめぐる論争にどのような研究史的意味があったのかを冷静に評価することが可能になってきたのである。実際キリスト教神学の内部では、そのような再検討がさまざまな形で進められており、最近もB・ヤスパートの編集した『聖書と神話』と題する論集が出版された[2]。これは一九九一年四月一五日―一六日に行われた研究集会の記録で、編者によれば、「現今の神話ルネッサンス」と「神話の多義性の発見」が、非神話化論争を再検討する動機になっているようである。こうした現状認識は一応適切であるが、キリスト教神学という土俵が設定された場合、どうしても神話に対する消極的評価が無意識のうちに前提となり、議論全体に終始つきまとってしまうように思われる。したがって本章では、まずブルトマン自身の神話理解の妥当性を、神話学の地平において問いなおすことから始めることにしたい。

1

問題の著作『新約聖書と神話論』の中で、ブルトマンは神話の定義らしきものを次のような形で述べる――「ここで言う神話(Mythos)は、宗教史的研究によって理解されているような意味をもつ。つまり、非世界的・神的なものが世界的・人間的なものとして、彼岸的なものが此岸的なものとして現れる表象様式が神話論的(mythologisch)なのである」[3]。この文章は「神話」(Mythos)の定義を与えているように見えるが、実はそれをたくみに避けており、神話的思考方法のひとつの特徴を「神話論」(Mythologie)として説明する。この著作の問題意識を先取した『歴史と現代における宗教』第二版および第三版の記述でも、事態は同様であった[4]。「新約聖書の世界像は神話的世界像である」[5]というブルトマンの有名な命題は、神話の定義をめぐるこのような事態をふまえて理解されなければならない。一九五二年出版の『宣教と神話』第二巻に掲載された「終結的態度決定」を示す論文[6]は、彼の意に反して論争の「終結」をもたらすものとはならなかったが、定義問題についての一層明瞭な発言を含んでいる。それによれば、要するにブルトマンは、神話概念を正確に規定するという問題をさほど重要な事柄とは見なしていなかったのである。「神話」は一定の歴史的現象として、「神話論」は一定の思考様式としてとらえられており、後者すなわち「神話的思考」(mythisches Denken)を「科学的思考」(wissenschaftliches Denken)と対置することが、彼の最大の関心事になっていた[7]。これはまさに近代的な発想法以外の何ものでもない。

そうであるとすれば、新約聖書の世界像を神話的世界像と呼ぶ前述の命題は、歴史的事実をありのままに述べた中立的命題ではなく、新約聖書に対する近代の「科学的」視点からの評価を表した命題であることになる。新約聖書の著者たち自身は自らの世界像をそのような意味での神話的世界像と考えていなかったことは明らかだからである。「神話」の語源となった古典ギリシア語「ミュートス」には元来否定的ニュアンスはなく、広く「言葉」を意味する機能がそなわっていたが、のちに「ロゴス」と区別されるようになってから徐々に意味が変化し、新約聖書の時代にはすでに否定的ニュアンスもかなり一般化していたと推定される。批判すべき相手の考え方をさす一テモ一・四などの「ミュートス」はそのようなニュアンスで用いられており、普通「作り話」と訳される。新約聖書の著者たちが天界・大地・下界の三層から成る自らの世界像を「神話」すなわち「作り話」と考えていたわけではない。科学的認識ではなかったとしても、彼らにとってそれはまぎれもなく真実だったのである。したがってブルトマンの命題には、新約聖書の世界像を「神話的」と判断する近代人の視点が入りこんでいる。ここでは神話的なものとは、科学的思考に合わなくなったもののすべてであり、それを神話と言うとすれば、神話は時代が進むにつれて無限に増えていくことになる。そのさい神話の表象様式それ自体の意義はほとんど問題とされない。ブルトマンの念頭には、さしあたり「ユダヤ的黙示文学およびグノーシス的救済神話という同時代史的神話論」(8)があったが、実際にどの範囲までの歴史的現象を神話と見なすべきかという歯どめは与えられていない。彼は「イデオロギー以外の何ものをも意味しないような現代的意味で『神話』を問題にしているわけではない」と言うが、このただし書きはあまり説得力をもっていないように思われる。(9)

それでは、今日一般に神話はどのように定義されるべきであろうか。ブルトマンは、歴史学や宗教学で通常用いられている意味で神話概念を用いると簡単に言うが、(10)そのような用法が一義的に決定されているわけではない。歴史学や宗教学における神話の定義は研究者によって異なるという事実が、まずふまえられなければならない。

だがそうは言っても、それらの中から共通なものとしていくつかの基本的要素をとり出すことは、ある程度可能であろう。原古すなわち始めの時に起こった出来事を語ること、現存の事物や秩序がそれによって基礎づけられ証明されていること、語られた内容は真実と考えられていること等々である。[11] そして何よりも重要なことは、神話が伝説や昔話とは明確に区別されるひとつの文学類型をさすということである。これは単なる思考様式ではなく、具体的な型をともなった表現法なのである。このような一般的状況からブルトマンの説をふりかえってみると、まず新約聖書をそのまま分析ぬきで神話と呼ぶのが妥当であるかどうかという疑問がわいてくるであろう。確かに旧・新約聖書の伝承の根源には、いくつかの古代オリエント神話が存在するが、それらは明らかに新約聖書よりも古い時代に由来するものである。もしイエスの出来事とともに新しい時が始まるというキリスト教理解を前提とするならば、多少拡大解釈した神話概念を新約聖書の記事にあてはめることも不可能ではないかもしれない。しかしその場合にも、文学類型としての神話をどのような形で確認するかが、依然問題として残るのである。

2

神話の定義問題に立ち入ることを慎重に避けながら、ブルトマンが主題としてとりあげようとしたのは、神話的なものの考え方すなわち神話論であった。彼の本領はまさにこの点にあると思われるので、あいまいな部分は一応保留しておいて、そのねらいの向けられたところについて十分考えてみなければならない。ブルトマンによる神話論の内容規定は前述のとおりで、要するに、超越的なものを内在的なものの表象で表すのが神話論なのである。神話で語られた内容はそのまま事実ではなく、何かを象徴的に示すのだという神話論理解であるならば、神話学の歴史においては特に珍しい立場とは言えず、「寓意説」という神話解釈の一変形にすぎない[12]。実際ブルトマンの神話論理解には寓意説の要素がないわけではないが、ひとつひとつの神話的表現がそれぞれに対応する寓意的意味をもつという見方は存在しない。また、神話は超越的なものを本来の姿で表現しないと言うのであるから、その点では、キリスト教神学において通常主張されてきた否定的神話観を継承しているようにも見えるが、あとから述べるとおりブルトマンは、他方では、特定の歴史的出来事の内在性に固執し続ける。ここにもブルトマンの所説の逆説的性格が現れていると言えよう。しかし神話的思考が意図的に科学的思考と対置されるときには、少なくとも神話的思考は現代に適合しないとの判断が下されていると思われる。ただしこの科学的思考は自然科学的思考のことで、歴史科学の場合は別に扱われる――「自然科学は神話を除去するが、歴史科学はそれを解釈しなければならない[13]」。こうしたとらえ方には、自然科学に対する一時代前の楽観的幻想がうかがわれるが、ともかくこの認識に基づいて、神話を解釈する必然性が導き出される。そして神話をめぐるブルトマンの議論の中で最も生産的な部分は、この神話解釈の方法を論じたところにほかならない。

ブルトマンによれば、「神話の本来の意義は客観的な世界像を与えることではない。むしろそこでは、人間が世界の中で自己をどのように理解しているかが語られている。神話は宇宙論的にではなく人間学的に、さらに言えば実存論的に(existential)解釈されることを要請している[14]」。換言すれば、「神話自らが自己自身を、すなわち、その客観化する諸表象を批判する動機を内に含んでいる[15]」のである。その課題を遂行することがいわゆる非神話化である。したがってこれは、何度も確認されてきたように、神話の否定ではなく、神話を前向きに肯定することである。「非神話化は神話の本来の意図(die eigentliche Intention des Mythos)を押しとおそうとする。つまり、人間の本来の現実を語るという意図である[16]」。二〇世紀の神話学の歩みは、神話的思考を「未開人」固有の属性に帰する従来の傾向を次第に脱し、神話を神話自体から理解しようとする方向に進んできた。C・G・ユングの深層心理学的神話解釈、G・デュメジル、C・レヴィ＝ストロースなどの構造主義的神話解釈は、それぞれ視角を異にするとはいえ、おしなべてそのような方向を示唆していると言えよう。現代神話学の自覚が二〇世紀後半に生まれてきたことから考えると、ブルトマンによる神話の再評価はかなり早い時期に位置づけられるのではないだろうか。

ところがこの「神話の本来の意図」を、ブルトマンは常に一義的に決定しうるかのように考えている。「有意義性」(Bedeutsamkeit)という彼の用語がそのことを示唆する。それはイエスをめぐる歴史的出来事と結びつけられ、「イエスの史的形姿および生涯の有意義性、すなわち、救済の形態および救済の出来事としてのそれらの意味」というふうに語られる。「イエスの生涯、イエスの十字架は史的根拠に基づいて問われるべきではない。彼の生涯の意味は、それを通して神が私に語ろうとすることから生じる。したがってイエスの形姿は、その有意義性に関しては、世界内的連関からは把握されない。すなわち、神話論的語り方においては把握されない。イエスは永遠に由来し、いかなる人間的・自然的起源をももたない[17]」。この表現は一種のキリスト仮現論(Doketismus)に近づいているようにさえ見える。

この有意義性は神話の象徴的意味に通じるのであろうか。「神話論的言説は確かに宗教文学、祭儀的・礼典的言葉に比喩と象徴を与え、敬虔な信心はそれらの中にひとつの意味内容を予感し、感じとり、知覚する。しかし決定的なことは、そのような比喩や象徴が現実にひとつの意味内容を含むということであり、哲学的・神話的省察は、この意味内容を明らかにすることをもって課題とする[18]」。ここで語られているひとつの「意味内容」(Sinngehalt)が前述の有意義性であり、これは単なる言葉の象徴的意味ではない。人間は神の行為を客観的に語ることはできず、神の行為にとらえられたわれわれの実存について語りうるにすぎない。ブルトマンはそのような語り方を「類比的」(analogisch)と呼んでいるが、それについて立ち入った説明を与えているわけではない[19]。いずれにしても彼が問題にしているのは、哲学や神話の対象になるような一定の思想内容である。それは「人間の実存的自己理解」と言ってもよいであろう。

現代の神話学の大きな特徴は、神話の多義性を認めることである。それによって複数の解釈方法の併用が可能になったため、神話はひとつの原理・原則への還元から自由になり、また神話の安易な利用も避けられるようになった。しかしブルトマンの言う神話の意味内容はあくまで「ひとつ」なのであるから、そのような現代神話学の方向とは相容れない。神話の多義性は、その表現形態が多様な解釈を許すところから由来する。ブルトマンは結局、個々の神話論的表現形態を、意味内容伝達のための必須のものとは考えていないのではないかと思われる。それでは、神話論的世界像に基づく新約聖書は、現代人に合った哲学的・神話的論述として書き直されるべきなのであろうか。

3

当然提起されるであろうと思われる以上のような疑問に対して、ブルトマンは、神話の表現形態ならざる歴史的出来事を唐突に強調することによって歯どめをかける——「まだ神話論が残っているだろうか。神の行為、神の決定的な終末論的行為が語られるときに、すでにそれを神話論と呼ぶ人にとっては、確かに残っている。しかしいずれにしてもそのような神話論は、神話的世界像の没落とともに衰退した古い意味での神話論ではない。われわれが語る救済の出来事は、不可思議な超自然的出来事ではなく、空間と時間の中における歴史的出来事だからである[20]」。つまりここでは、最後に残る歴史的出来事自体は、古い意味での神話論ではないのであるから、哲学や神学に解消されることはないと考えられている。これは「新約聖書の宣教の逆説」である。すなわち、「神の終末論的派遣者が一人の具体的人間であり、神の終末論的行動が一人の人間の運命において成し遂げられ、さらにそれが終末論的なものとしてこの世的には立証されえない出来事であるということ」なのである。[21] キリストにおけるこの神の決定的行動についての使信をブルトマンは「ケリュグマ」と呼び、非神話化の対象から除外する。ケリュグマは、服従する信仰によってのみ受け入れられる真の「つまずき」(Ärgernis)だからである。もはやそれ以上の言いかえを許さないことが、つまずきのつまずきたる所以である。

非神話化されないケリュグマを歯どめとすることによって、ブルトマンはキリスト仮現論からかろうじて身をかわす。しかし、一方で新約聖書の非神話化を説き、他方においてケリュグマへの無条件の聴従を要求するということは、両者の間に緊張を生み出す。これは歴史学者であると同時に神学者であるブルトマンの実存につきまとう緊張であるが、そのようなあり方を不徹底と見る立場も当然現れる。例えばK・ヤスパースによれば、「科学と神学とに関するこのような混乱の中で、なおなんらかの力が働くとすれば、それは結局オーソドックスの力である。偽りの啓蒙と強力なオーソドックスとの奇妙な混合が存在するかのようである」ということになる。[22] ヤスパースはすぐれた歴史学者としてのブルトマンを認めるが、神学者としてのブルトマンを全く評価しない。ヤスパースの考えでは、神話はその形態においてのみ理解されうるのであって、他の言葉におきかえられるわけにはいかない――「神話的な直観の素晴らしさや驚異は純粋化さるべきではあっても、廃止さるべきではない。非神話化ということは確かに冒瀆的な言葉である。それは啓蒙ではなくて、神話という文字を無価値にする偽啓蒙である」。[23] 神話という主題の方から論じれば、ヤスパースの主張はまさしく正しい。[24] しかしながら、ブルトマンの非神話化論はそもそも現代におけるキリスト教の弁証という神学的動機から出発するもので、そこでは神話学そのものへの貢献は最初から期待できなかったのではないかと思われる。あらためて問われなければならないことは、ヤスパースの言うように、果たして神学へのブルトマンの貢献がなかったかどうかである。

ブルトマンは、非神話化という批判的作業の終着点に真のつまずきとしてのケリュグマをすえることによって、キリスト教神学の根拠がどこにあるかを明らかにした。それはイエス・キリストにかかわる歴史的出来事であり、M・ハイデッガーから借用した概念で言えば「人間の歴史性」である。キリスト教は結局この「歴史」によって立ちもし、倒れもする。したがって、キリスト教に対して批判的な立場が歴史をしりぞけようとするのは不思議ではない。例えばM・エリアーデは、まさに神話に依拠しつつ歴史をしりぞけようとする。彼によれば、「古代社会の基本的概念」は「事物の始めの神話時代へ周期的に回帰しようとするノスタルジア」すなわち「祖型と反復」(archetypes and repetition)である。このような形で歴史を棄却することには、「人間実存に関するある種の形而上学的な『公定価格設定』」(a certain metaphysical "valorization" of human existence)がある[25]。ところが、「ユダヤ的・キリスト教的意味(=神にとってはすべてが可能である)における信仰の『発明』以来、祖型と反復の地平を去った人間は、もはや神観念をとおさずには、かの恐怖(歴史の恐怖)に対して身を守ることができない」。キリスト教こそ「『堕落した人間』の宗教」にほかならない、とエリアーデは言う[26]。またユングは、キリスト教と神話を対立させることはしないが、キリスト教における神話の疎外を批判する――「キリスト教は何世紀にもわたって、無為にすごし、その神話をいっそう発展せしめることを怠ったのである。……神話は生き育っていかない限り死んでしまうことを、人々は知らないのだ[27]」。

いずれにしても、キリスト教にとって神話は一種の「鬼門」である。ブルトマンはその事態を明確に意識した上で、キリスト教を一旦神話と関係づけ、そのあとであらためて歴史を強調する。彼がキリスト教神学者である以上、この指摘は的確で、ここに既成宗教としてのキリスト教の最後のとりでがあることを鮮明にしたのは、神学的貢献と言ってさしつかえないであろう。ただし、それが一般にどこまで説得力をもち続けうるかは、また別の問題である。

（1）　いわゆる非神話化論争は、R. Bultmann, “Neues Testament und Mythologie: Das Problem der Entmythologisierung der neutestamentlichen Verkündigung”, *Offenbarung und Heilsgeschehen* (München: 1941) によって始まったが、著者によってこの問題が提出された時期はもっと前にさかのぼる。

（2）　B. Jaspert (herausg.), *Bibel und Mythos: Fünfzig Jahre nach Rudolf Bultmanns Entmythologisierungsprogramm* (Göttingen: 1991).

（3）　R. Bultmann, *Neues Testament und Mythologie*, Nachdruck der 1941 erschienen Fassung herausgegeben von Eberhard Jüngel (München: 1985), S. 22f., Anm. 20, 山岡喜久男訳註『新約聖書と神話論』増訂第三版、新教出版社、一九五九年、四一ページ。ただし引用文は私訳。以下の論述においても同様。

（4）　idem, “Mythos und Mythologie im NT”, *RGG*³ IV, S. 1278–1282.

（5）　idem, *Neues Testament und Mythologie*, S. 12, 山岡訳、二七ページ。

（6）　idem, “Zum Problem der Entmythologisierung”, *Kerygma und Mythos*, II (Hamburg=Bergstedt: 1952), S. 177–208 (Abschliessende Stellungsnahme Bultmanns).

（7）　*ibid.*, S. 180.

（8）　idem, *Neues Testament und Mythologie*, S. 13.

（9）　*ibid.*, S. 23, Anm. 20, 山岡訳、四一ページ。おそらくブルトマンはナチズムによる神話利用を批判的に念頭においているが、それを意識するあまり、かえって彼自身も必要以上に神話論を現代へ引きよせてしまったのではないだろうか。確かに神話は政治的イデオロギーに利用されやすい。その関係がいかに微妙なものであるかは、C・ギンズブルグの論文（「ゲルマン神話学とナチズム」、「フロイト、狼男、狼憑き」）によって見事に描き出された。ここでは、G・デュメジル、C・G・ユング、M・エリアーデなどの神話理解の問題性が指摘されている。C. Ginzburg, *Miti Emblemi Spie: Morfologia e storia* (Torino: 1986), 竹山博英訳『神話・寓意・徴候』せりか書房、一九八八年、二二七―二七六ページ。ブルトマンの場合には、神話の濫用を避けようとしたため、逆に神話的表象を無造作に過去の遺産へと追いやることになってしまった。これも神話を「非科学的思考」という一種のイデオロギーに解消する試みではないだろうか。

（10）　*Kerygma und Mythos*, II, S. 180.

（11）　小口偉一・堀一郎監修『宗教学辞典』東京大学出版会、一九七三年、四四四ページ（大林太良）。例えばエリアーデの神話理解も、彼独特の表現を除けば、大体この線にそっている。M. Eliade, *Myth and Reality* (New York: 1963), 中村恭子訳『神話と現実』(エリアーデ著作集七)せりか書房、一九七三年、一二―二六ページ。

(12) 神話学の歴史については、大林太良『神話学入門』中央公論社、一九六六年および吉田敦彦・松村一男『神話学とは何か』有斐閣、一九八七年に適切な形でまとめられている。松村一男によれば、神話についての理論には、大まかに言えば、神話を言葉の問題としてとらえる立場と神話を歴史の問題としてとらえる立場とがある。前者が「寓意説」(アレゴリズム)であり、後者が「エウヘメリズム」である。吉田敦彦・松村一男、前掲書、一八四―一八六ページ。

(13) R. Bultmann, "Zum Problem der Entmythologisierung", *Glauben und Verstehen*, IV (Tübingen: 1965), S. 133, 山形孝夫・一柳やすか訳「非神話化の問題によせて」(『ブルトマン著作集』一四)新教出版社、一九八三年、一七二ページ。

(14) idem, *Neues Testament und Mythologie*, S. 22, 山岡訳、四〇ページ。

(15) *ibid.*, S. 23, 山岡訳、四一ページ。

(16) idem, *Glauben und Verstehen*, IV, S. 134, 山形他訳、一七三ページ。

(17) idem, *Neues Testament und Mythologie*, S. 53f., 山岡訳、七七―七八ページ。

(18) idem, *Glauben und Verstehen*, IV, S. 134, 山形他訳、一七三―一七四ページ。

(19) *ibid.*, S. 135, 山形他訳、一七四ページ。

(20) idem, *Neues Testament und Mythologie*, S. 63, 山岡訳、九〇ページ。

(21) *ibid.*, S. 64, 山岡訳、九一ページ。idem, *Glauben und Verstehen*, IV, S. 136f., 山形他訳、一七五―一七六ページ。

(22) K. Jaspers/R. Bultmann, *Die Frage der Entmythologisierung* (München: 1954), 西田康三訳『聖書の非神話化批判――ヤスパース・ブルトマン論争』(ヤスパース選集七)理想社、一九六二年、八一―八二ページ。

(23) *ibid.*, 西田訳、二五ページ。

(24) アメリカの神話学者J・キャンベルによれば、人間が真に求めているのは「生きることの意味」ではなく、「今生きているという経験」であり、神話は、生きている喜びを求めて人間生活の精神的な可能性をさぐるかぎとなる。彼は特定の「意味」の担い手としての機能を神話に帰することはしない。ただそこにあるありのままの表現形態が神話なのである。J. Campbell/B. Moyers, *The Power of Myth* (New York: 1988), 飛田茂雄訳『神話の力』早川書房、一九九二年、三三―三四ページ。

(25) M. Eliade, *The Myth of the Eternal Return* or *Cosmos and History*, transl. from the French (*Le Mythe de l'éternel retour: archétypes et répétition*, Paris, 1949) by W. R. Trask (Princeton: 1971), p. ix, 堀一郎訳『永遠回帰の神話――祖型と反復』未来社、一九六三年、一―二ページ。

(26) *ibid.*, pp. 161f., 堀訳、二〇七―二〇八ページ。

(27) *Erinnerungen, Träume, Gedanken von Carl Gustav Jung*, aufgezeichnet und herausgegeben von Aniela Jaffé (Zürich: 1962), 河合隼雄・藤縄昭・出井淑子訳『ユング自伝――思い出・夢・思想』二、みすず書房、一九七三年、一八〇―一八一ページ。

第三章　ブルトマンと「哲学」

本章においては、R・ブルトマンの「宗教」理解をめぐる考察[1]をふまえて、彼が総じて「哲学」なるものをどのようにとらえていたのかが検討される。先の考察は、ブルトマンの著作活動の中で宗教という概念がどのように扱われてきたかを追跡し、そこには宗教概念自体を清算していく過程が認められるにすぎず、概念内容の発展は見られないことを明らかにした。そのような方向をとるにいたった背景には、F・D・E・シュライエルマッハーに始まるいわゆる「体験神学」(Erlebnis-Theologie)に対する警戒があったと思われるが、ブルトマンはその慎重な態度のゆえに、結局自らの主観的意図に反して、ケリュグマを文化の内実から切り離してしまったように見える。R・オットーとの微妙な行き違いも、おそらくひとつにはそのへんの問題と関係しているのであろう。ブルトマンのこうした宗教理解の性格は、彼の哲学理解との対比によって一層明確になるはずである。そしてその認識は、さらに進んで、旧・新約聖書研究における歴史的・批判的方法の中にひそむ思想的前提の確認、キリスト教を媒介とした宗教哲学の特徴の洞察へとつながっていくことが期待される。

従来ブルトマンと哲学という問題は、しばしばブルトマンとM・ハイデッガーという問題におきかえられた上で論じられてきた。確かにブルトマンのように、キリスト教神学者でありながら、しかも組織神学者ではなく新約聖書学者でありながら、同時代の有力な哲学者と親密な学問的対話をすることができた例は現代には少ないので、この点が注目の的になったのは当然であろう。どちらかと言えば地味な聖書解釈に仕事の中心をおくブルトマンと比べて、ハイデッガーの影響力は広範囲に及んだので、両者の折衝ははじめからハイデッガー優位のうちに進められたかのように見なされることが多かった。ブルトマンは初期ハイデッガーの術語を流用して新約聖書を解釈したにすぎないとか、そのさいになにがしかの誤解があったとかいう批判もそこから出てくる。(2)だが今日では、これらの批判をそのまま受け入れるわけにはいかないし、またハイデッガーの考え方を正確に適用しているかどうかがブルトマンの仕事の価値を決定するわけでもない。むしろそれぞれの道を独立したものと認め、両者の間の「相応と相違」を積極的に評価するべきであろう。(3)そこでまず、ハイデッガーの側から指摘されることが多かった「相応と相違」をブルトマンの側から見なおし、それが哲学に対する彼の見方全体の中でどのような位置を占めるのかを考えてみたい。

1

ブルトマンとハイデッガーがマールブルク大学で「共同の時」(gemeinsame Zeit)をすごしたのは、一九二三年—一九二八年の五年間であった。のちにそれぞれ別箇の道を歩むようになるとはいえ、この五年間の体験は、両者のいずれにとっても、感慨をもって思い起こすだけの重みをもったものであった。(4)この時期には、ブルトマンはすでに『共観福音書伝承史』(一九二一年)を刊行しており、一般向きの著書『イエス』(一九二六年)や後年の大著『ヨハネ福音書注解』(一九四一年)の基礎となるような諸論文を執筆していたし、ハイデッガーは『存在と時間』(一九二七年)の形成と発展に没頭していた。ハイデッガーはブルトマンのサークルに出席してヨハネ福音書を読み、ブルトマンはハイデッガーの講義を聴講したと伝えられる。[5] そのような「共同の時」を通してブルトマンが何を考えていたかを知るためには、さしあたり『信仰と理解』第一巻(一九三三年)におさめられたものを中心とする初期神学論文が手がかりとなるであろう。[6]

それらの論文におけるブルトマンの用語を調べてみると、[7] 明らかにハイデッガーからの借用とわかる表現は、後期神学論文と比べれば確かに目につくとはいえ、実はさほど多くない。例えば、"In-der-Welt-Sein"(ブルトマンの場合"In-der-Welt-sein"ではない)は、一九二六年の論文に一回現れ、[8] またのちになってから一九四〇年の論文に一回現れるが、[9] いずれもさほど重要な意味をこめて用いられたものとは思われない。"das ,man'"に関しても同様で、一九二八年の論文と一九五二年の論文にそれぞれ一回現れ、[10] ハイデッガーからの借用であることが明記されている。"Entshlossenheit",[11] "Erschlossenheit",[12] "Stimmung",[13] "Verfallensein", "Verfallenheit"[14] などの場合にも、用いられる回数は異なるが、用いられ方は大体同じである。これらの言葉はいずれも、ブルトマンの文脈ではあまり重要な役割を果たしておらず、ハイデッガー用語であるという意識に導かれつつも、どちらかと言えば特殊性を脱した意味を与えられているように見える。

いくつかの初期神学論文の中で比較的好んで用いられているハイデッガー用語は、"Vorhandenes", "Vorhandenheit", "Vorhandensein"などで、『存在と時間』を参照するように指示されている箇所もある。[15] ブルトマンはこれらの表現を、ある場合には、「汝」(Du)に対する「私」(Ich)の誤ったかかわり方を表すために用い、[16] またある場合には、「見ること」(Sehen)を通して学問的知の対象となるような世界現象を表すために用いる。[17] 一般的に言ってこれらは、「この世」・「肉」・「自然的なもの」・「過去」などと結びつけられて、否定的ニュアンスを帯びる。[18] ブルトマンにはしばしば、パウロやヨハネの言葉づかいに基づく一種の二元論的な概念設定が見られるが、ここにもそれが現れている。このような用法はハイデッガーからはずれてはいないが、かなりブルトマン的である。[19] だがそれだけに、これらの表現はブルトマンの考え方の核心につながっており、同時にハイデッガーの問題意識との微妙な接点も形づくっている。さらに初期神学論文には、“Eigentlichkeit”,[20] “Sein-Können” (“Sein-können”, “Sein-können”),[21] “Zweideutigkeit”[22] などのハイデッガー用語も少なからず見出されるが、これらはいずれも二元論的な概念設定と結びつきうるがゆえに、積極的にとり入れられたのであろう。

これら一群の用語の場合と比べて、“Dasein” や “Ereignis” をめぐる事情は多少入りくんでいる。ハイデッガーの “Dasein” は『存在と時間』の時期には、「存在者的」(ontisch) 意味と「存在論的」(ontologisch) 意味の両方をもちつつも、前者に力点があり、大体は人間という存在者を表しているものと考えてよい。[23] ところが後期になると、これが人間の脱自的本質を表すものとして、神と人間の間の中間境域をさし示すようになる。[24] それに対してブルトマンでは、“Dasein” は主として初期神学論文で用いられ、[25] その意味は『存在と時間』の時期におけるハイデッガーのそれとほぼ一致するが、力点はむしろ存在論的意味におかれているように見える。のちの神学論文にこれが全く現れないというわけではないが、[26] 現れるときにも用法はあまり変化していない。この事実だけから判断すると、ブルトマンは『存在と時間』の時期におけるハイデッガーの影響を受け、ハイデッガーの方の思想的展開にもかかわらず、そこにとどまっていたと言えるかもしれない。しかしブルトマンの文脈においては、“Dasein” もはじめから二元論的概念設定の中へくみこまれており、人間自体のあり方を示すものとしてその構成要素となっていた。したがってまた、ブルトマンの二元論的概念設定が最終的には二つの領域のかかわりを考えるためのものである限り、彼の “Dasein” の用法は元来後期ハイデッガーの問題意識の方向とふれ合っていたと言えるのではないだろうか。

“Ereignis”も含蓄のある言葉で、その意味の幅は大きく、しかも流動的である。ハイデッガーの『存在と時間』では、“Geschehen”は時折出てくるが、“Ereignis”は用いられていない。ところが後期ハイデッガーでは、“Ereignis”が次第に重要な意味を帯びて登場してくる。それは存在そのものとしての「原存在」(Seyn)の「現成」(Wesung)というハイデッガー独自の意味である。(27) しかしブルトマンにおいては、やや事情が異なる。“Ereignis”はあらゆる時期の論文に現れ、初期神学論文ではむしろ頻繁に用いられていると言ってもよいくらいである。(28) そこで意味されている事柄は、当然のことながら、イエス・キリストの死と復活を中心として歴史に影響を及ぼしている出来事である。その出来事は単なる史的事実ではなく、各人が自らのおかれたところにおいて聴くべき言葉すなわちケリュグマとして理解されている。動詞形“ereignen”を加えれば、その使用頻度はかなりのものになるし、あまり多くないとはいえ、“Geschehen”も大体同じ意味で用いられているのであるから、“Ereignis”はまさにブルトマンの思想の方向を示す鍵概念であると思われる。ハイデッガーが“Ereignis”を語るようになる直接のきっかけは、ヘルダーリンの詩であったかもしれないが、その背後にブルトマンの影響が全くなかったとは言い切れないであろう。(29)

さらにまた“Augenblick”, “Jetzt”, “Verborgenheit”などもブルトマンとハイデッガーの両者に共通した用語であり、特に“Augenblick”と“Jetzt”(しばしば“Hier und Jetzt”の形で用いられる)は、ブルトマンではあらゆる時期の著作に現れる。しかしこれらの用語に関しては、ブルトマンとハイデッガーのどちらが影響力をもったかを論ずるよりも、両者の背後にあるルターやキルケゴールの思想に本来の起源を求めるべきであろう。

以上の共通用語の概観から推測しうるところによれば、ブルトマンとハイデッガーは相互に影響を及ぼし合いながらも、同時に各々が相対的自律性を保っていたように思われる。ハイデッガーとのみ関係をもつことの是非について組織神学者J・マコーリーが問うたとき、晩年のブルトマンは、新約聖書釈義にあたって他の哲学者から学ぶ可能性を排除しているわけではないことを示唆した。[30] ただブルトマン自身にとっては、ハイデッガーの哲学が自らの時代の中で出会った最も重要な哲学だったのであり、それを自らの新約聖書釈義に適用したのである。歴史の中で生きるこのような姿勢は、ブルトマンの考え方の根本的特徴を形づくっている。そこからブルトマンなりの哲学観が成立し、ハイデッガーの思想もそういう意味での哲学としておさえられる範囲内でのみとり入れられたのである。

2

それではブルトマンは、そもそも哲学をどのように理解していたのであろうか。ブルトマンは一度ならず、「学問」(Wissenschaft)もしくは「方法的学問」(methodische Wissenschaft)とならべて哲学に言及する。[31] いずれの場合にも、両者は古代ギリシア精神と結びつけられており、問題解決へ向けて一歩一歩方法的に考えを推し進めていくという点で、同じ性格をもつものとされる。そして両者が引き合いに出されるのはいつも、旧・新約聖書やキリスト教の根源はそのようなものに関知しなかったことを強調するためである。またある場合には、哲学は「宗教」・「神概念」・「倫理」などとならぶものとして言及される。[32] 要するにブルトマンによれば、哲学は神の働きや人間の生き方について語るときにも、ロゴスの制約の中で学問的に語っているにすぎない——「哲学者の発言に耳を傾けるものは、哲学者に同意するのではなく、ロゴスに同意するのである」[33]。本来の価値そのものは哲学からは生まれない——「『私は何をなすべきか』との問いに答えようとすれば、哲学はその権限を越えることになるであろう。哲学は道徳的行為の形式的構造を述べること、……にとどまらねばならない。哲学は道徳的状況を実存論的に(existential)解釈しうるだけで、実存的に(existentiell)は解釈しえない」[34]。ブルトマンにとって哲学とは、ハイデッガーが『存在と時間』で試みたような現存在の「哲学的分析」・「実存論的分析」のことであった。[35] 後期神学論文ではブルトマンも、「実存哲学」(Existenzphilosophie) について語るが、その場合にも、実存哲学が決して人間実存の理想像を与えるものではなく、実存とは一体何を意味するのかを示すにすぎないことが確認されている。[36]

ブルトマンが哲学について、特に哲学と神学の関係について、最もまとまった形で述べているのは、「自然神学」の問題を扱った論文(一九三三年)である。[37] ここでも哲学は、「実存論的分析論としての哲学的存在論」(philosophische Ontologie als existentiale Analytik)・「哲学的現存在分析」(philosophische Daseins-analyse)・「哲学的分析」(philosophische Analyse) などと言いかえられる。ブルトマンによれば、哲学と神学はいずれも学問的に現存在とかかわりをもつ。信仰するのが人間である限り、神学は人間の実存を分析する哲学と重なり合うのである。神学と同じ内容を哲学も述べるし、哲学がすでに語った内容を神学も語らざるをえないことになる――「哲学と神学とがある種の言表において一致することは明白である。神学のある種の言表は哲学においてあらかじめ形成されているように思われる」[38]。信仰をもつものももたないものも、現存在であることには変わりはない――「実際の状況からすれば、信仰の現存在と不信仰の現存在とは、互いに何のかかわりもない二つのもののように単純に並行するわけではない」[39]。かくして哲学も神学も、現存在について語るという点では共通の土俵をもつのであるが、現存在のあり方に関する評価ということになると、両者は分かれざるをえない。哲学にとっては、神学が不信仰と見なす現象も現存在の根源的自由を表すものであり、逆に信仰は、堕落した無意味な可能性にかかわるものなのである。[40] それに対して神学は、その堕落した無意味な可能性を根源的服従としてとらえかえす。しかしその場合にも、現存在そのものが質的に作り変えられるわけではないから、信仰とはたえず不信仰を克服することでしかない。信仰以前の実存とその自己理解を信仰の立場から解釈するとき、それがまさに自然神学になる。そのような意味での自然神学は教義学のための下部構造などではなく、教義学的作業そのものの一定の構成要素なのである。(41)

ブルトマンにとっては、哲学は現存在の形式的構造を明らかにする存在論的分析である限り、「中立的」(neutral)性格をもつ。(42)これは特定の信仰の立場に対する中立という意味であって、哲学の内容が各々の時代に依存することはむしろ積極的に認められている。もともとブルトマンがハイデッガー哲学をとり入れた背景には、一九世紀の観念論哲学の表象から聖書釈義を解放しようという意図があった。(43)ブルトマンの時代においては、ハイデッガー風の実存哲学が、人間理解のための最も適切な展望と表象を与える「正しい哲学」(richtige Philosophie)であるように見えたのである。(44)この場合の「正しさ」とは、歴史的に制約された状況の中での妥当性というほどのニュアンスであって、絶対的真理のことではないし、進歩・発展の図式がこれと結びつくこともない。旧・新約聖書やキリスト教の根源は学問としての哲学に関知しなかったと考えられていることは前述のとおりであるが、他方神学は常に何らかの哲学を媒介として表現されざるをえず、また聖書釈義も何らかの哲学に由来する表象を用いざるをえないと言われる。(45)神学としての自覚があったかどうかはさておき、聖書記者たちにおいても事態は本質的に変わらなかったであろう。諸々の表象を通して語る以上、聖書記者たちは多かれ少なかれ当時のさまざまな哲学に依存していたにちがいない。

このように見てくると、ブルトマンは哲学を扱うにさいして、「表象」(Vorstellung)もしくは「概念」(Begriff)・「概念性」(Begrifflichkeit)のレベルでこれをとらえようとしていることがわかる。カール・バルト著『死人の復活』を批評した論文(一九二六年)は、聖書の釈義にあたってその意味での哲学に目をとめることがいかに重要であるかを実証したものと言えよう。(46)ただしここではそれは「概念的研究」(begriffiche Untersuchung)・「概念的分析」(begriffiche Analyse)と呼ばれ、哲学という名称は用いられていない。ブルトマンによれば、釈義は「冒険」(Wagnis)であり、「きわめて厳密な時代史的知識」と「慎重で徹底的な概念的分析」を必要とする。そのとき、パウロ書簡を釈義することは「パウロを批判的に解釈すること、パウロの自己理解以上に適切に彼を理解すること」になる。[47] 実際にはパウロの個々の表現に対して、彼自身に由来する批判的尺度をあてはめるという「内実批判」(Sachkritik, sachliche Kritik)が遂行されるわけである。[48] 聖書釈義の場合、概念的分析は主として聖書記者の観念世界を明らかにするためのものであるが、哲学自体はさらに概念を歴史的に検討し、「伝統的概念性の批判」を行うことを課題とするとも言われている。これは哲学の課題であると同時に歴史学の課題でもある。[49] したがってブルトマンが理解する哲学は、歴史を超越した普遍的真理という意味を決してもちえない。ブルトマンはこの世界の物事をあくまで相対性の中で見すえようとしており、そうである限りやはり本質的には歴史家なのであろう。

3

ところで、ハイデッガーは同じ問題をどのように考えていたのであろうか。哲学と神学の関係についてのハイデッガーの考え方が最もはっきりと現れているのは、「現象学と神学」と題する論文である。これは、一九二七年にテュービンゲンでなされ、一九二八年にマールブルクで繰り返された講演の一部で、一九六九年になってからはじめて印刷された(*Archivs de Philosophie*, 32)。その後、一九七〇年に前述の献辞(注4参照)を付して出版され、さらに全集におさめられた。[50] 講演の時期はブルトマンとの「共同の時」に属しており、“Vorwort”によれば、現在のテキストはその折に手を加えられた形のままであるので、この問題に関する限り、ハイデッガーの考えはブルトマンと出会って以来変わっていないことになる。つまり後期ハイデッガーの思索も、この論文の路線に対してはさほど矛盾を感じなかったのではないかと思われる。

ハイデッガーは哲学と神学の関係を考察するにあたって、「二つの世界観上の立場の緊張と闘争」を想定する通俗的見解をしりぞけ、「根本から決定的な洞察」を目ざす。そのためにまず両方の学問の理念を理想的に構成しようとする。彼によれば、学問には二つの根本的可能性がある。「存在者についての諸学問つまり存在者的な諸学問」と「存在についての特定の学問つまり存在論的な学問つまり哲学」とである。前者は「目の前にある一つの存在者」・「定立されているもの」(Positum)をテーマとするので、「実証的諸学問」(positive Wissenschaften)と名づけられる。[51] 実証的学問はいずれも哲学とは異なるが、その相違は相対的ではなく絶対的である。そして、神学はそのような実証的学問に属する。神学にとっては、キリスト教信仰が「定立されているもの」だからである。ところが神学は、学問として自らを提示しようとする限り、哲学を必要とする――「信仰は哲学を必要としない。しかし、実証的学問としての信仰の学問は哲学を必要とする。これは言いかえれば、次のような区別を立てることである。信仰の実証的学問がそれに加えて哲学を必要とするのは、その実証性つまりキリスト教性を根拠づけ、他に先がけて露呈するためではない。キリスト教性は自らを自らの仕方で根拠づける。信仰の実証的学問は、その学問性を顧慮する場合にのみ哲学を必要とする」。[52]

そのことの理由としてあげられるのは、キリスト教信仰をもった人間の二重のあり方で、この点に関する理解はブルトマンと変わらない――「信仰において、キリスト教以前の実存は確かに実存的・存在者的には克服されている。しかし、再生としての信仰に属するこの実存的な克服、キリスト教以前の実存のこの克服は、克服されたキリスト教以前の現存在が信仰的実存のうちに実存論的・存在論的には含まれているということを意味する。克服することとは突き離すことではなく、新しい形で用いることである」。[53] ここでハイデッガーは「罪」(Sünde)と「負い目」(Schuld)の概念を引き合いに出してそのことを説明するが、このように概念に注目する論述方法にも、ブルトマンとの共通性がうかがわれる。結局哲学の神学に対する関係は、「矯正」(Korrektiv)としてまとめられる——「哲学は神学的根本概念のキリスト教以前の存在者的な内容を形式的にさし示しつつ、可能な限り存在論的に矯正することである。しかし哲学は、このような矯正として事実上機能しなくても、それがあるところのものでありうる」[54]。

この最後の文章はきわめて重要である。つまりハイデッガーは、哲学と神学のかかわりを語りながらも、両者の根源的な自立を前提としている。両者は安易に野合してはならない——「したがって、キリスト教的哲学というようなものは存在しない。それは》木製の鉄《でしかない。しかしまた、新カント主義的神学とか価値哲学的神学とか現象学的神学とかも存在しない。現象学的数学が存在しないのと同様である」[55]。ハイデッガーの本音では、哲学から自由になることこそが神学に期待されているようにも見える——「何らかの哲学とその体系の適用を神学がはっきりと放棄すればするほど、神学は、その自生的学問性という点で一層哲学的になる」[56]。この文章の意味は必ずしも明瞭ではない。しかし神学が哲学と折衝するのは、それが学問として成立する場面であるとすれば、そのような折衝を放棄した神学はいわゆる学問ではなくなるであろう。実際ハイデッガーは「思うに神学はそもそも学問などであってはならない」と言う[57]。この発言を支える心情をもって前述のやや不明瞭な文章を見なおすと、そこには哲学もまたいわゆる学問を脱却していく可能性が示唆されているのではないだろうか。

以上の検討から明らかになったように、ブルトマンもハイデッガーも、学問の方法に関する限りでは、哲学と神学に共通するものを考えていたように見える。しかし学問の動機に目を向けると、ブルトマンの場合、神学(=聖書釈義)の背後に本来のキリスト教信仰が留保されているだけで、哲学の方はもっぱら方法のレベルでしか扱われないのに対して、ハイデッガーの場合には、むしろ哲学の背後に存在の問いが留保されている。そこでこの点にさらに考察を加えることによって、ブルトマンとハイデッガーのそれぞれの考え方の特徴をさぐってみることにする。まず思想史的脈絡から言えば、哲学を現存在の形式的構造の分析に限定し、信仰の自立性と主導権を確保しようとするブルトマンの考え方は、体験神学を回避し弁証法神学に共感を示す彼の姿勢と符合しており、また何よりも、「義人にして同時に罪人」というルター主義の根本命題と結びついている。ハイデッガーの宗教的背景は公式にはカトリシズムであるが、思想形成期のハイデッガーはルターから多くを学んでいた。[58]ブルトマンと同じく学問を学問として突き放し、そこから哲学と神学のかかわりを考えようとする点には、ルター的発想法が影を落としているのではないかと思われる。ところが後期ハイデッガーになると、「キリスト教的ではないにしてもやはり本質的に宗教的に気分づけられている思索」[59]が現れる。そこではもはやルター的逆説は認められず、ブルトマンが哲学と見なしたものも不明確になる。[60]後期ハイデッガーの思索についてブルトマンは、初期ハイデッガーと折衝したときと同じ角度から一種の期待を述べているが、詳しい論評を公にするにはいたらなかった。[61]ハイデッガーは最終的には、哲学と神学を調和のうちにとらえようとするカトリシズムの発想法へ立ちもどったと言えるかもしれない。

ブルトマンと少なくとも初期のハイデッガーがいだいていた学問観は、一種の二元論的枠組に依拠している。つまり彼らは学問を、実存のある限られた可能性の中でのみ行われるわざと見なす。そのような学問の典型として想定されているのは、おそらく自然科学と歴史科学であり、ブルトマンでは哲学が、ハイデッガーでは神学が、それとの連関で論じられている。しかしいずれの場合にも、本当の関心はそのような意味での学問を越えたところへと向けられていたことも事実であろう。そのため考え方の構図は、全体として二元論的になるのである。ルター神学や弁証法神学も本質的には二元論を拒否しているとしても、実際には多くの主張を二元論的表現で語っており、むしろそちらに強調点をおいているようにすら見える。神観念を前提とする以上、それを純化していく過程で二元論的枠組が必然的に現れてくるのである。ブルトマンはこうした考え方そのものを「一つの実存的決断」(eine existentielle Entscheidung) と呼ぶ(62)。二元論にこだわらない考え方もありうるとすれば、そして自らの考え方の真理性を客観的に立証しうる手段がありえないとすれば、確かに決断と呼ぶしかないであろう。現にハイデッガーは、やがて二元論的枠組の前提となっているもの自体を再検討するようになる。それは同時に、もはや方法的学問などにこだわらない自由な「思索」(Denken) につながっていく(63)。「ハイデッガーは思索的に詩作しているのか、それとも詩作的に思索しているのかは、ほとんど決定しがたい」というK・レーヴィットの評言はそれなりに正しい(64)。

学問観をめぐる二元論的枠組は、歴史もしくは時間を基礎におく思考と結びついているように思われる。すでにふれたように、ブルトマンは哲学と歴史学に共通の課題を見出しており、また歴史の問題を哲学の主要な問題としてとらえる(65)。他方ハイデッガーは、神学を「独自な種類の史的学問」(eine historische Wissenschaft eigener Art) と呼ぶ(66)。いずれの場合にも、歴史学は学問性の明確な指標であり、またそれなるがゆえに、ある点では相対化される。K・ヤスパースはブルトマンの本領を歴史家としての仕事に見出し、神学者ブルトマンを認めようとしない。特に、初期ハイデッガーとの折衝の中で行われる実存論的解釈をはっきりとしりぞける(67)。ヤスパースによれば、歴史学的に正しい理解は信仰の現実とほとんど関係がないのである(68)。それに対してブルトマンは、自分にとっては本来解釈学的問題こそが重要なのであるが、ヤスパースの主張ではその点が理解されておらず、またそもそも人間存在の歴史性が理解されていないと言う(69)。この人間存在の歴史性ということは、ブルトマンとハイデッガーの共通理解であった。レーヴィットはハイデッガーの思索の根底にある特徴をやはり時間への固執に見る。それは存在と時間を結びつけること、存在の意味を時間の地平から解釈することに現れている(70)。ハイデッガーは「乏しき時代」の思索者として、存在を時間から考えているのである(71)。レーヴィットが言うように、ハイデッガーの思索はこの点で、今なお存続している西洋の「伝統」（Überlieferung）の内部でしか動いていなかったとすれば[72]、ブルトマンもまさにそうであった。

しかしながらそれと同時に、ブルトマンにもハイデッガーにも、各々ニュアンスの相違はあるとしても、歴史と結びついた学問を相対化しようとする動機が働いている。問題は、その相対化されたものにどこまでこだわり続けるかであり、こだわりをふりきるときにはじめて、二元論的枠組を越える可能性が出てくる。ブルトマンの場合、学問は信仰の立場から相対化され、学問を支える「見ること」に対して、「聴くこと」（Hören）の意義が説かれる。ところがそこでは、「聴くこと」はただちにケリュグマに聴従することと同一視されてしまう[73]。ケリュグマ自体が実は歴史的性格をもつのであるから、結局ブルトマンの発想には終始歴史がつきまとい、二元論的枠組は消え去らないことになる。したがってそれを統合しようとすれば、本質的に相対的なものの中で何かを選ばねばならないはずであり、「決断」が強調されざるをえない。歴史的・批判的方法に基づく聖書解釈は、要するにこの比較的単純な構図をめぐって展開されるのである。それに対してハイデッガーの思索は、ややあいまいな要素を含むがゆえに、もっと広い可能性を示唆する。レーヴィットの批判はきびしいが、彼もハイデッガーの魅力が「語られなかったものすなわち宗教的モティーフ」にあることを認めている。それはキリスト教信仰からは離れているが、まさに教義的に拘束されないその不確定性によって、もはや信仰深いキリスト教徒ではないにしてもなおも宗教的でありたいと思っている人々に、かえって強く訴えかけるのである[74]。ハイデッガーの思索は、キリスト教信仰もそれからずれたものもともに可能性として含むような根源的性格をもつのかもしれない[75]。ブルトマンの哲学理解は最終的には特定の歴史にからめとられるのに対して、ハイデッガーの哲学理論は宗教的なものへとつきぬけていくように見える。宗教に対するブルトマンの消極的態度は、まさしくこの結論の方向と対応するのである[76]。

（1）第三部第一章参照。

（2）この種のブルトマン批判のきっかけとなったのは、H・オットの主張であろう。彼によれば、ハイデッガーの関心が終始「存在」へ向けられていたことを、ブルトマンは見そこなったのである。H. Ott, *Geschichte und Heilsgeschichte in der Theologie Rudolf Bultmanns* (Tübingen: 1955), idem, *Denken und Sein: Der Weg Martin Heideggers und der Weg der Theologie* (Zürich: 1959), 川原栄峰・小川圭治訳『思考と存在――マルティン・ハイデガーの道と神学の道』(現代キリスト教思想叢書一四)白水社、一九七五年。この問題をめぐる一時期の議論については、熊澤義宣『ブルトマン』(人と思想シリーズ)日本基督教団出版局、一九六二年、増補改訂版、一九八七年、二四七―二五二ページ。しかし、ハイデッガーの思惟が、オットの言う意味での超越論的思惟ではないことはすでに明らかであろう。茅野良男『初期ハイデガーの哲学形成』東京大学出版会、一九七二年、七三―七六ページ。

（3）辻村公一「ブルトマンとハイデッガー――信仰と思惟」京都哲学会『哲学研究』四二―四九三、一九六四年、五七―七六ページ、同『ハイデッガー論攷』創文社、一九七一年、二一九―二四三ページ。この問題を扱った最近の論文としては、H. Mörchen, "Zur Offenhaltung der Kommunikation zwischen der Theologie Rudolf Bultmanns und dem Denken Martin Heideggers", B. Jaspert (herausg.), *Rudolf Bultmanns Werk und Wirkung* (Darmstadt: 1984), S. 234-252. ここでは、時間経験を手がかりにして、哲学と神学の関係が再考されている。

（4）ブルトマンは、*Glauben und Verstehen*(以下 *G. u.* V.と略記)(Tübingen: I, 1933), 拙訳『神学論文集 I』(ブルトマン著作集一一)新教出版社、一九八六年に、次のような献辞を書き記している。"MARTIN HEIDEGGER, bleibt dieses Buch gewidmet in dankbarem Gedenken an die gemeinsame Zeit in Marburg", 他方、ハイデッガーも、*Phänomenologie und Theologie* (Frankfurt am Main: 1970) に、同様な献辞を書き記している――"Rudolf Bultmann gewidmet in freundschaftlichem Gedenken an die Marburger Jahre 1923 bis 1928". これは、現在では、*Wegmarken* の一部として、*Gesamtausgabe*, I Abteilung, Band 9 (Frankfurt am Main: 1976), S. 482, 辻村公一/ハルトムート・ブフナー訳『道標』(ハイデッガー全集九)創文社、一九八五年、六〇〇ページにおさめられている。

（5）茅野良男『ハイデッガー』(人類の知的遺産七五)講談社、一九八四年、巻末の「ハイデッガー年表」参照。

（6）*G. u.* V. I には、一九二四年から一九三三年にかけての論文が収録されている。同じ期間のものとしては、さらに、*G. u.* V. II, 1952 に、一九三一年の論文が一篇("Die Krisis des Glaubens")、*G. u.* V. III, 1960 に、一九二九年の論文が一篇

(“Der Begriff der Offenbarung im Neuen Testament”) 見出される。これ以外にも、G. *u.* V. に収録されなかった初期神学論文がある。cf. “Veröffentlichungen von Rudolf Bultmann”, R. Bultmann, *EXEGETICA: Aufsätze zur Erforschung des Neuen Testaments*, ausgewählt, eingeleitet und herausgegeben von E. Dinkler (Tübingen: 1967), S. 483-507.

(7) G. *u.* V. における用語の検索には、M. Lattke, *Register zu Rudolf Bultmanns Glauben und Verstehen Band I-IV* (Tübingen: 1984) が役に立つが、必ずしも完全なものではない。

(8) G. *u.* V. I, S. 39, 拙訳、四九ページ。

(9) G. *u.* V. II, S. 77, 山岡喜久男・小野浩・川村永子訳『神学論文集II』(ブルトマン著作集一二) 新教出版社、一九八一年、一一三ページ。

(10) G. *u.* V. I, S. 136, 拙訳、一五五ページ。G. *u.* V. II, S. 265, 山岡他訳、三五〇ページ。

(11) G. *u.* V. I, S. 150, 309, 拙訳、一六九、三五〇ページ。

(12) G. *u.* V. I, S. 121, 128, 151, 拙訳、一三八、一四五、一七一ページ。

(13) G. *u.* V. I, S. 110, 221, 拙訳、一二六、二五〇ページ。G. *u.* V. II, S. 1, 山岡他訳、七ページ。

(14) G. *u.* V. I, S. 138f., 拙訳、一五七—一五八ページ。G. *u.* V. III, S. 194, 川村永子訳『神学論文集III』(ブルトマン著作集一三) 新教出版社、一九八四年、二四三ページ。

(15) G. *u.* V. I, S. 57, 125, 135f., 147, 157, 172, 185, 228, 231, 245, 258, 拙訳、六九、一四三、一五四、一六六、一八〇、一九四、二〇七—二〇八、二五七、二六二、二七九、二九一ページ。G. *u.* V. II, S. 15, 山岡他訳、二七ページ。G. *u.* V. IV, S. 170, 山形孝夫・一柳やすか訳『神学論文集IV』(ブルトマン著作集一四) 新教出版社、一九八三年、二一五ページ。

(16) G. *u.* V. I, S. 231, 拙訳、二六二ページ。

(17) G. *u.* V. I, S. 185, 245, 拙訳、二〇七、二七九ページ。

(18) G. *u.* V. I, S. 57, 135, 228, 258, 拙訳、六九、一五四、二五七、二九一ページ。

(19) ハイデッガーでは、“Vorhandenes” が “Zuhandenes” とともに用いられ、それらがさらに “Seiendes” と呼ばれるので、二元論的図式は浮かび上がりにくい。

(20) G. *u.* V. I, S. 145, 203, 279, 304, 309f., 321, 323, 拙訳、一六四、二二九、三一三、三四五、三五〇、三六三、三六五ページ。その他 G. *u.* V. II-IV にもかなりの用例が見られる。

(21) G. u. V. I, S. 118f., 126, 145, 147, 150, 156, 拙訳、一三五、一四四、一六四、一六六、一七〇、一七八ページ。

(22) G. u. V. I, S. 83, 159f., 177, 208, 227, 拙訳、九八、一八一、一九九、二三四、二五七ページ。

(23) 茅野良男『ハイデガーにおける世界・時間・真理』朝日出版社、一九八一年、付録II「『存在と時間』用語註解」参照。

(24) 辻村他訳、前掲書、巻末の「訳語解説」参照。

(25) G. u. V. I, S. 8, 83, 95, 118, 121-123, 128, 160, 215, 234, 240f., 270, 276, 295, 297, 301-312, 拙訳、一四、九七、一一一、一三五、一三九―一四〇、一四五、一八三、二四四、二六五、二七一―二七二、三〇六、三一〇、三三五、三三七、三四二―三五二ページ。G. u. V. II, S. 2-6, 山岡他訳、八―一五ページ。G. u. V. III, S. 3, 8, 14f., 川村訳、九、一五、二一―二三ページ。

(26) G. u. V. II, S. 22, 63, 76, 211f., 224, 227f., 232, 山岡他訳、三六、九四、一一一、二八二―二八三、二九五、二九九、三〇四ページ。

(27) 辻村他訳、前掲書、「訳語解説」。茅野良男『ハイデッガー』七二―七六ページ。

(28) G. u. V. I, S. 37, 143, 221, 259, 266, 269, 273f., 283, 286, 292f., 296, 307, 311, 拙訳、四六、一六二、二五〇、二九二、三〇〇、三〇五、三〇八―三〇九、三一六、三二〇、三二六―三二七、三三六、三四八、三五一ページ。G. u. V. II, S. 10f., 山岡他訳、二〇―二一ページ。

(29) ハイデッガーの "Ereignis" については、O. Pöggeler, *Der Denkweg Martin Heideggers* (Pfullingen: 1963), 大橋良介・溝口宏平訳『ハイデッガーの根本問題――ハイデッガーの思惟の道』晃洋書房、一九八〇年、一七三ページ以下参照。ペゲラーは、ブルトマンのことには全く言及していない。さらに、E. Vietta, *Die Seinsfrage bei Martin Heidegger* (Stuttgart: 1950), 川原栄峰訳『ハイデッガーの存在論』理想社、一九六四年、七四、二三四ページも参照。

(30) C. W. Kegley (ed.), *The Theology of Rudolf Bultmann* (New York: 1966) に収録されている論文 J. Macquarrie, "Philosophy and Theology in Bultmann's Thought", pp. 127-143 およびそれに対する R. Bultmann, "Reply", pp. 273-275 参照――「私は自分の片よりを認める。私にとってはハイデッガーの実存分析が、解釈のために、つまり新約聖書とキリスト教信仰の解釈のために、実りあるものとなったのである。他の神学者たちは解釈にあたって、他の哲学者たちを実りある形で使用しうるのかどうか、私は知りたいと思う。私は喜んで彼らから学ぶつもりである」(p. 275)。

(31) G. u. V. II, S. 190, 山岡他訳、二五八ページ。G. u. V. III, S. 159, 川村訳、二〇一ページ。G. u. V. IV, S. 43, 山形他

訳、六一ページ。

(32) G. *u.* V. II, S. 121, 山岡他訳、一六九ページ。

(33) G. *u.* V. I, S. 275, 拙訳、三一〇ページ。

(34) G. *u.* V. I, S. 234, 拙訳、二六四—二六五ページ。ハイデッガーでは、"existenzial", "existenziell" であるが、意味は同じであろう。

(35) G. *u.* V. IV, S. 171, 183, 山形他訳、二二六—二二七、二三一ページ。

(36) G. *u.* V. IV, S. 169-170, 山形他訳、二一五ページ。

(37) "Das Problem der 'Natürlichen Theologie'" G. *u.* V. I, S. 294-312, 拙訳、三三四—三五四ページ。特にS. 305-312, 拙訳、三四五—三五三ページ参照。

(38) *ibid.*, S. 308, 拙訳、三四八—三四九ページ。

(39) *ibid.*

(40) *ibid.*, S. 310, 拙訳、三五〇ページ。

(41) *ibid.*, S. 311, 拙訳、三五二ページ。

(42) *ibid.*, S. 312, 拙訳、三五二ページ。cf. G. *u.* V. IV, S. 172, 山形他訳、二一七ページ。

(43) G. *u.* V. I, S. 18, 拙訳、二四ページ。G. *u.* V. IV, S. 169, 山形他訳、二一四ページ。

(44) G. *u.* V. IV, S. 169, 山形他訳、二一四ページ。

(45) *ibid.*

(46) G. *u.* V. I, S. 38-64, 拙訳、四八—七八ページ。

(47) *ibid.*, S. 63, 拙訳、七六ページ。

(48) *ibid.*, S. 39, 57, 拙訳、四九、六九ページ。

(49) G. *u.* V. III, S. 8, 川村訳、一五ページ。

(50) M. Heidegger, "Phänomenologie und Theologie", *Gesamtausgabe*, I Abteilung, Band 9, S. 45-78, 辻村他訳、五三—九〇ページ。

(51) *ibid.*, S. 48, 辻村他訳、五七ページ。ただし、引用した部分は私訳。

(52) *ibid.*, S. 61, 辻村他訳、七一ページ。

(53) *ibid.*, S. 63, 辻村他訳、七三ページ。

(54) *ibid.*, S. 66, 辻村他訳、七六ページ。

(55) *ibid.*

(56) *ibid.*, S. 58, 辻村他訳、六七ページ。

(57) *ibid.*, S. 77, 辻村他訳、八八ページ。

(58) 前掲の茅野良男「ハイデッガー年表」参照。一九二〇年頃のハイデッガーは、ルターを研究しており、それについてヤスパースと語り合ったと言われる。

(59) K. Löwith, *Heidegger: Denker in dürftiger Zeit* (Göttingen: 1961), S. 10, 杉田泰一・岡崎英輔訳『ハイデッガー——乏しき時代の思索者』未来社、一九六八年、一三ページ。

(60) ハイデッガー自身、「ハイデッガー哲学」(Heidegger'sche Philosophie)などというものは存在しないと言っている。M. Heidegger, "Phänomenologie und Theologie", S. 69, 辻村他訳、七九ページ。

(61) G. *u.* V. IV, S. 106, 山形他訳、一三七ページ。

(62) G. *u.* V. IV, S. 171, 山形他訳、二一七ページ。ブルトマンの考え方の二元論的性格については、A. C. Thiselton, *The Two Horizons: New Testament Hermeneutics and Philosophical Description with Special Reference to Heidegger, Bultmann, Gadamer, and Wittgenstein* (Exeter: 1980).

(63) ブルトマンが本来の科学的思惟を古代ギリシア精神と結びつけているのは近代科学に対する誤解であると批判するK・ヤスパースの方向は、これとは全く異なる。ヤスパースは、二元論的限定を認めず、結果的には、学問を越えたものをも学問の中へとりこんでしまうように見える。K. Jaspers/R. Bultmann, *Die Frage der Entmythologisierung* (München: 1954), 西田康三訳『聖書の非神話化批判——ヤスパース・ブルトマン論争』(ヤスパース選集七)理想社、一九六二年、一二、一六ページなど。

(64) K. Löwith, *op. cit.*, S. 11, 杉田他訳、一四—一五ページ。ただし、引用した部分は私訳。

(65) G. *u.* V. III, S. 8, 川村訳、一五ページ。G. *u.* V. IV, S. 91, 山形他訳、一二一ページ。

(66) M. Heidegger, "Phänomenologie und Theologie", S. 56, 辻村他訳、六五ページ。

(67)　K. Jaspers/R. Bultmann, *op. cit.*, 西田訳、七二—七三、八〇ページ。もちろんヤスパースも、ブルトマンは神学者でないと言っているわけではなく、ブルトマン神学の成果について否定的判断をしているだけである。だが、ブルトマンが歴史家・文献学者であるだけでなく、神学者でもあろうとしたこと自体に意義を見出すものもないわけではない。例えば、B. Dieckmann, *"Welt" und "Entweltlichung" in der Theologie Rudolf Bultmanns* (Paderborn: 1977).

(68)　K. Jaspers/R. Bultmann, *op. cit.*, 西田訳、一五七ページ。

(69)　*ibid.*, 西田訳、九二、一〇〇ページ。

(70)　K. Löwith, *op. cit.*, S. 110, 杉田他訳、二〇五ページ。

(71)　*ibid.*, S. 12, 杉田他訳、一七ページ。

(72)　*ibid.*, S. 46, 杉田他訳、八四ページ。

(73)　「見ること」と「聴くこと」の対比については、*G. u. V.* I, S. 160, 324, 拙訳、一八二—一八三、三六六ページなど参照。「聴くこと」がケリュグマと結びついていくことは、全体の論旨からして明らかであろう。

(74)　K. Löwith, *op. cit.*, S. 111, 杉田他訳、二〇六ページ。

(75)　茅野良男『初期ハイデガーの哲学形成』四七一—四七二ページ。

(76)　宗教に関する限り、ヤスパースは、ブルトマンよりも現象の特質を正しく見ぬく。したがって、彼の非神話化批判には、問題点をついた適切な指摘が含まれている。K. Jaspers/R. Bultmann, *op. cit.*, 西田訳、二五—二七、七五—七六ページ。

第四章　ケリュグマとレトリック

1

R・ブルトマンの思想は、やや論争的なニュアンスもこめて「ケリュグマ神学」と呼ばれてきた。新約聖書の記述のケリュグマ的性格に注目するという意味では、この呼称は適切であったが、救済の出来事をケリュグマによっておきかえる試みとして「救済事実の神学」(fact-of-salvation theology)と対置されたときには、すでに誤解に基づく非難のひびきが表面化してくることになる。(1)しかし今や、非神話化論、史的イエスの問題、黙示文学再評価など、ブルトマンの著作に触発されて生じた諸論争の波は一応過ぎ去ったと考えられるので、彼の根本思想をもう一度冷静に見つめなおすことは比較的容易であろう。一九八四年には、ブルトマン生誕一〇〇年を記念して、未公刊資料がいくつか刊行され、また絶版になっていた重要な著作も復刊された。それをきっかけとして新たな研究論文が発表されつつあるが、のちに述べるように、特に手紙や説教に次第に目が向けられるようになってきた以上、まさにケリュグマ（＝宣教）概念を彼の個人史に定位しつつあらためて広い視野から再検討することが必要なのではないかと思われる。本章では、さらに最近の新約聖書研究におけるレトリック批評の動向をも射程に入れながら、この問題を考察していきたい。

新約聖書ではさほど頻出する言葉とは言えない「ケリュグマ」が神学用語として定着するにいたったのは、やはりブルトマン以降である。(2) その意味で、ケリュグマ概念が彼の思想のキーワードとなったことは当然と思われる。H・オットによれば、ケリュグマ概念はかつてJ・S・ゼムラーなどの著作にも現れていたが、意識的に神学概念として用いられたのは現代のキリスト教理解においてである。(3) そこには二つのきっかけがあった。ひとつは、様式史的方法がイエスの生涯を史実として復元する可能性を後退させたことである。それによって福音書の記事は、単なる史実の記録ではなく、イエス・キリストの宣教を目ざす神学的刻印を帯びたものと見なされるようになった。もうひとつは、神学に対する実存哲学の影響である。その影響下で弁証法神学は説教者の困難な実存状況、すなわち人間として神の要求を語らねばならないという状況の自覚から出発し、信仰の歴史性の認識を導き出すにいたった。これら二つのきっかけは一般的にも相互に関連しているが、なかんずく様式史的方法と実存論的解釈に基づく新約聖書研究を自らの課題としたブルトマンにおいて、ケリュグマ神学という形で結びついたのである。このようなオットの見方は思想史的概観としてはほぼ的確であろう。そこで次に、ブルトマン自身にそくしてケリュグマ概念成立の経緯をさらに立ち入って考えてみなければならない。

ブルトマンがケリュグマという言葉をいつごろから意識的に用い始めたのかは必ずしもはっきりしない。しかし遅くとも一九二六年の論文「カール・バルト著『死人の復活』」では、ケリュグマはすでにのちに見られるような特別な意味を獲得している。それによれば、ケリュグマは「愚かなもの」として「知恵」と対置され、また「信仰論」(Glaubenslehre)とは異なり啓示によるものと考えられている。(4) 一九二六年は『イエス』が出版された年でもあり、ケリュグマ概念の強調はイエス伝記述の可能性の問題と密接に関係しているので、おそらくこの時期からブルトマンはこの概念に依拠して自らの考えを展開し始めたのではないかと思われる。[5] そして彼自身の表現のうちにケリュグマの最も明確な定義を求めるならば、かなりのちのものではあるが、「キリストにおける神の決定的行為についての使信」(Botschaft vom entscheidenden Handeln Gottes in Christus)がそれにあたる。[6] パウロはこのようなケリュグマに直面して、新たな自己理解に到達し、それを通じて、原始教団のケリュグマが暗黙のうちに含んでいた事態が明白になる。[7] したがって実は、イエスの言葉がケリュグマのうちに受け入れられているという仕方で、史的イエスはケリュグマの中に現存するのである。[8] さらにケリュグマをめぐる包括的な論議が『新約聖書神学』の「エピレゴメナ」でなされているが、これについてはのちにふれることにする。新約聖書のケリュグマには元来宣教の「内容」・「行為」・「職制」の三つの意味合いが含まれているが、[9] ケリュグマ概念を強調するようになったブルトマンにおいては、やはり「内容」に重点がおかれていたように見える。ギリシア語であれば動詞形(κηρύσσειν)もただちに想起されるが、ケリュグマという名詞形だけが切り離されて神学的概念とされるときには、どうしてもその傾向は避けがたい。ブルトマン自身は必ずしもこれによって教義の歯どめをもうけることなどを考えていたわけではないが、ケリュグマの内容規定は次第に固定的なものになっていかざるをえなかった。

しかしブルトマンがケリュグマを強調するようになった背景には、元来彼が「語り―聴く」人間のあり方に強い関心をよせていたという事実が存在したのではないかと考えられる。ケリュグマに対する人間のかかわり方は基本的には聴くことであるが、それはさしあたり人間による語りかけを聴くことである。ブルトマンによれば、「宣教(Verkündigung)とは語りかけ(Anrede)である。それも権威ある語りかけ、つまり逆説的に一人の人間、説教者その人によって語られる神の言葉の語りかけである」。[10] ブルトマンがJ・ヴァイスの指導の下に書いた学位論文は『パウロの説教の文体およびキュニコス・ストア派のディアトリベー』と題され、一九一〇年に処女作として出版された。[11] これは、題目が示唆するように、パウロの説教形式がキュニコス・ストア派の通俗哲学者たちの説教形式すなわちディアトリベーと類似していることを明らかにしようとするものであった。ここで注目すべきことは、ブルトマンがさしあたりパウロの手紙の文体・文学類型を論じながら、その背後にパウロの説教の文体を想定していることである。つまり、ブルトマンの関心は書かれたもの(手紙)ではなく、語られたもの(説教)に向けられていたのである。彼はこの課題設定がごく限定されたものであることを認めているが、少なくとも彼の着眼点は新鮮であり、今日あらためて再評価されなければならないと思われる。一九八四年にこれを復刊するにあたってH・ヒューブナーは、一一年後に出版されて九版を重ねた『共観福音書伝承史』が共観福音書研究において占めたのと同じくらい重要な位置を、この学位論文はパウロ研究において占めるべきであると述べている。[12]

それでは、語られたもの(説教)に対するブルトマンの関心は、どのような背景から生み出されたのであろうか。彼は一九〇三年にテュービンゲン大学で学生生活を開始するが、一年余りのテュービンゲン滞在期間中に最も影響を受けた教授は教会史のK・ミュラーであった。[13] ブルトマンはミュラーの「教会史」、「ルターの生涯と著作」、「信条学」などを聴講するが、母親宛の手紙でその第一印象を次のように述べている――「ミュラーはとても気に入りました。彼は決して雄弁家ではありませんが、彼が語ることはすべて洗練されており、機智に富み、十分に練り上げられたもので、興味しんしんです[14]」。さらにブルトマンはベルリン大学へ移ってから、A・v・ハルナックをミュラーと比較して、友人に次のように書き送る――「ハルナックは進んでその才気をひけらかし、事物と戯れますが、テュービンゲンのミュラーはいつも真面目で、いつも根本的でした[15]」。これらの手紙では、ミュラーのどのような考え方がブルトマンをひきつけたのかは明らかでないが、ミュラーが書き残したいくつかの小論からそれを推測することはある程度可能であるように思われる。ミュラーは晩年のエッセイで自らの生涯の歩みをふりかえっているが、それによれば、彼の学問には一貫して確固とした視点がある。つまり、教会史をその独自性にもかかわらず一般史の一部分として記述すること、および、教会史は固定的先入見なしにとらえられなければならないことである。[16]しかしながら他方彼は、自らのゼミナールにおいては、特定の学派を形成する野心などもっておらず、将来の牧師に歴史的作業の要求することを伝えるだけだとも語っている。[17]それより前の別な文章ではもっとはっきりと、学問と「敬虔」(Erbauung)との対立が指摘されており、学生は学問にたずさわるだけではだめで、内的人間にかかわる場をもつべきだと主張される。[18]さらにさかのぼって、ブルトマンと接した時期には、この敬虔は「宗教性」(Religiosität)という形で強調されていたように見える。[19]

大きな期待をいだいて大学に入ったブルトマンが最初に共感を覚えたのは、おそらく厳しい現実認識と素朴な敬虔とがせめぎ合いながら併存するミュラーの姿勢に対してではなかったかと思われる。ブルトマンの生涯にわたる学問的努力の跡には、明らかにこれら二つの契機が影を落としているからである。ミュラーの考え方については、A・リッチュルなどとの関連で論じることもできるが、ここではむしろ、出発点においてブルトマンが直観的に受け取ったものが彼自身の思想の中でどのように展開したかを中心に考察していくことにする。そのような観点からすれば、語られたもの(説教)に対するブルトマンの関心の根は、さしあたりミュラーの示唆する宗教性もしくは敬虔に対する共感に見出されると言ってよいであろう。ともかく若きブルトマンが一心に見つめていたものは、書かれた文字の背後にある個人的かつ集団的な体験と出来事であった。しかもそれは説教学とか実践神学とかの狭い枠内で考えられていたのではなく、もっと根底的な人間学的地平でとらえなおされていたのである。[20]

2

それでは、ブルトマン自身はどのように説教を行ったのであろうか。前述の推論を受けてこの問題を考えようとすると、人は一種のディレンマにおちいらざるをえない。書かれたものよりも語られたものに重点がおかれているという認識から、ブルトマンの説教に目が向けられたわけであるが、それを知るための資料としてはもはや書かれたものしか存在しないからである。語り出す行為はまさに状況の中での一回起的な出来事であり、いかなる記録も、またいかなる回顧談もそれをありのままにすくいとることはできない。人間の歴史性を重視するブルトマンは、語ることをそのような意味でとらえていたと思われる。そのため彼は自分の説教のメモや手紙の公刊にはきわめて消極的で、一時はそれらをすべて破棄しようとしたらしい。[21]しかし結局それらの扱いは娘に託され、生誕一〇〇年以降は一部分が一般の人々の目にもふれるようになり、この方面の研究が一段と進展した。[22]そこで、ブルトマン研究における説教の重要性があらためて広く認識されることになったが、[23]今までのところ研究者の関心はもっぱら説教の新たに知られた「内容」にとどまっており、語ることそれ自体には向けられていない。[24]だが少なくとも初期のブルトマンの本来の意図は、書き残された説教の神学的内容につきるものではなかったと思われる。もし説教に書き表しえないところを語り出すというニュアンスがあるとすれば、今度は逆に、彼自身があえて『マールブルク説教集』(一九五六年)なるものを出版した動機を問わざるをえなくなる。ブルトマン自身が出版した説教集はただひとつであったが、これは彼の思想を理解する上でどのような意味をもつのであろうか。

『マールブルク説教集』は、一九三六年から一九五〇年までの間に行われた二一の説教から成っている。しかもそれらのほとんどが第二次世界大戦前夜から戦中にかけてのもので、特別な歴史的状況下での説教であった。

もしかするとブルトマンは、この時代における自らの歩みをともかく何らかの形で証明しておきたかったのかもしれない。彼は自伝の中で「私は一九三四年の創設以来『告白教会』に所属していた」と述べているが[25]、神学の政治化に対して常に警戒を怠らなかったためか、あまり積極的な活動はしなかった[26]。そのため晩年になって、当時の微妙な姿勢をもっとはっきりと説明しておきたかったのではないかと思われる[27]。そうであるとすれば、本書の根本的性格は説教よりもむしろ論述(書かれたもの)に近いと言えよう。多分この説教集と他の説教メモとは、ブルトマンにとってそれぞれ本質的に異なった意味をもっていたにちがいない。

しかしながら『マールブルク説教集』の体裁はあくまで説教であるから、ここにはやはり、説教の重要な特徴である状況志向性がはっきりと現れている。ブルトマンはそのつど、教会暦や大学の学年暦を意識しつつ説教内容を組み立てる[28]。ところが、説教者をとりまく状況はそれだけではない。季節にともなう自然の変化も状況の一部であるが[29]、次第に政治的変化が、すべてをのみこむ状況として大きくのしかかってくる[30]。そのさいブルトマンの説教は確かに状況志向的ではあるが、状況の問題を解決するための施策を直接提起するわけではない。むしろどちらかと言えば、説教の基調は、現在の困難に如何に耐えていくかということにおかれている。政治的状況への言及は、しばしば同胞の苦悩を思い起こす形で説教の最後になされる。敗戦に直面した一九四五年六月一七日の説教すら、二コリ四・六―一一を引用しつつ次のように述べる――「しかしこのテクストが私たちに教えているることは、そのような心配や希望は最も重要な第一のものであってはならないということであり、そのような患難の本来の克服はむしろ内的な克服であり、それは将来はじめて行われるべき克服ではなく、現在すでに行わなければならない克服であるということである[31]」。さらにまた、一九四六年六月二三日の説教では、「すべての恐ろしい出来事があたかもなかったかのように、世界が一挙に再び元に戻りうるためには、あまりにも多くのことが起こったのであり、あまりにも多くのものが滅びたのであり、あまりにも多くのものが破壊されたのであった。

……しかし、短気[忍耐なきこと]は無益なばかりでなく、有害である」と語られる。(32) これが状況を志向するブルトマンの基本姿勢なのであり、その点では、彼の説教は純粋に魂の配慮にこだわり続けたと言えるのかもしれない。

こうしたブルトマンの姿勢は、ともすれば、状況への働きかけの消極性というふうに評価されやすい。確かにルター主義の流れをくむ彼の思想にはそのような傾向があったし、「内的な克服」などという前述の表現もそれに通ずる。だが状況志向的説教の意義は、状況の問題の直接的解決の指示だけにつきるものではないことに注意しておかなければならない。状況を超越した信仰の言葉によってそれをさばくのではなく、状況と同じ種類の言葉によってその中へ入りこみ、そこにおける問題性をあらわにしていくこともまた、状況志向的と呼ばれて然るべきではないだろうか。ブルトマンが目ざしていたのは、基本的にはそのような方向であったと思われる。『マールブルク説教集』の最初におかれた一九三六年六月七日の説教は、使一七・二二―三二(アレオパゴスにおけるパウロの演説)を引用しつつそのことを示唆しているように見える。ブルトマンによれば、「多神教に対するキリスト教の闘いのねらいは、キリスト教が啓蒙によって異教の間違った神表象を取り除かねばならないということにあるのではない(33)」。「神があまりにも既知の親しげなものになりすぎている現代人は、自らの不安のうちに知られざる神を崇拝した人間よりも、神から一層へだたっている。……神に近づこうとする人は、自己放棄の暗闇を通って行かざるをえない。人間の我意が死ぬ死の暗闇の中からのみ、神が贈る生命は輝き出るのである(34)」。ただしこのような形での説教の真意は、異なった状況で読まれる文章からはなかなか伝わりにくい。ブルトマンの説教には、しばしばドイツの詩人の引用が見られる。これは単なる文学趣味ではなく、まさに耳から聴く音声に基づくそのつどの出来事を彼が重んじていたことの現れではないかと思われる。

この問題をブルトマンが繰り返し考え続けていたことは、彼のいくつかの論文からうかがい知ることができる。

彼によれば、説教される言葉は歴史的事実や普遍的真理に通じているが、説教する人間はキリスト教を普遍的真理として所有しているわけではない。「普遍的真理は語りかけられたものの今を保証しつつ、具体的状況の中でそのつど普遍的真理としての性格を失うことによって、キリスト教宣教のもつ語りかけの性格に参与しうる」[35]。「明らかに宣教は諸事実の単純な伝授ではない。……宣教は何と言っても聴き手に直接話しかけ、ある一定の態度へと誘う声明である」[36]。したがって「宣教の逆説」は、「歴史に終末をおく出来事が歴史の内部で生じたという逆説」である。[37]さらにまた「説教者の逆説的状況」は、「神の言葉を宣教しつつ教団に向かって立つが、同時に神の言葉を語られなければならない一人の人間にすぎない」ということなのである。[38]ブルトマンが若き日にテュービンゲン大学で出会ったミュラーは、教会史を一般史の一部分として描き出しつつも、学問を越えた敬虔を語っていた。ブルトマンが生涯考え続けた問題も、そのモティーフにおいてはこれと相通じるものであったと思われる。

3

旧・新約聖書研究の方法は、二〇世紀に入ってから目まぐるしく新たな展開をとげてきた。それは他の諸学問における方法の自覚に対してきわめて敏感に反応し、時には自らの先駆的認識によって、隣接する学問の方法に刺激を与えた。そこには資料批判、様式史的方法、編集史的方法、構造分析、文学批評など微妙に交錯し合うさまざまな方法的推移が見られたが、全体としては、歴史的・批判的方法とそれを越えようとする試みというふうにまとめられるであろう。そしてブルトマンの業績はおそらく、構造分析を除いてほとんどすべての方法に多かれ少なかれかかわっているのではないかと思われる。ところがさらに一九七〇年代半ば以降、時にアメリカ合衆国を中心として、もうひとつの「方法」が新約聖書研究の分野から浮かび上がってくる。今日では「レトリック批評」(rhetorical criticism)と呼ばれるようになったこの動向は、本質的には「文学批評」(literary criticism)の延長線上で成立したものである。[39] アメリカ合衆国にはすでに、レトリックを重視するK・バークやW・ブースの文学批評の伝統があり、新約聖書研究の分野でもA・N・ワイルダーの先駆的なレトリック論があるが、[40] レトリック批評が盛んになった直接のきっかけは、C・ペレルマンとL・オルブレクツ＝テュテカの著書が英訳されたことであろう。[41] その意味ではレトリック批評も、旧・新約聖書研究における生産的試みがいつもそうであったように、非神学的世界もしくは非キリスト教世界との接触の中から生み出されたものなのである。

しかしレトリック批評には、学派も公認の指導者も方法的規準もないので、さしあたりせいぜい共通のテーマをめぐる議論の大まかな傾向をおさえておくしかない。[42] まずそれは、近年一般に受け入れられてきたレトリックに対する新しい評価、すなわち、レトリックは単なる文飾ではなく「対論」(argumentation)であるという認識を共有している。つまり、レトリックは「説得術」(art of persuasion)、人間が社会的存在として生きていくために用いなければならない表現法として理解されるわけである。[43] したがって、レトリック批評に基づいて新約聖書を研究することは、伝承がかつて語られた状況をさぐり、テクストをもう一度社会史的連関へもどしてとらえなおすことを意味する。そのためには、新約聖書の中から何らかの形でレトリックの単位がとり出されなければならない。当然予想されるように、最初にパウロ書簡へ目が向けられた。だがやがて福音書、使徒言行録、パウロ以外の書簡などについても、主として英語圏で同様の試みが積み重ねられ、レトリック批評の応用範囲の広さが立証されていった。[44] これはテクストの文学形式と生活背景との双方に注意を払うわけであるから、結果的に文学批評と社会史的分析とを媒介する役割を果たすものとなることが期待されている。[45]

前述のように、ブルトマンの関心は元来状況の中へ語り出すことにあったし、彼の処女作もその方向を示していた。実際『パウロの説教の文体およびキュニコス・ストア派のディアトリベー』は、パウロ書簡とディアトリベーのレトリックについても論じている。ところが、レトリック批評の提唱者たちはこの点にあまり注目しない。B・L・マックは、ブルトマンの実存論的解釈がレトリック批評に敵対していると言うし[46]、V・K・ロビンズは、M・ディベリウスもブルトマンもレトリックの原則を用いてはいるが、共観福音書伝承の細かい問題にとらわれるあまり、それから離れていったと指摘する[47]。レトリック批評そのものにもさまざまな問題点があり、再考の余地が多分に残されていると思われるが、ブルトマンに対するこのような評価も全くあたっていないわけではない。彼の根本動機は確かにレトリックの問題にあったが、やがて彼の思想の中心テーマとなったケリュグマ概念は、必ずしも常にそれとの連続性を保っていたとは言い切れないからである。

ケリュグマという言葉がギリシア語以外の世界で名詞として一人歩きをするにつれて、次第に神学的・教義学的色彩がこれに加わっていく。実際ブルトマンも、『新約聖書神学』の「エピレゴメナ」では「新約聖書の中でケリュグマ的命題と神学的命題とを単純明快に区別することは不可能である」と認めている[48]。ただしその場合でも、具体的状況への語りかけとしてのケリュグマの優位は動かず、神学思想はそれによって呼び覚まされた自己理解にすぎない。ブルトマンの説明によれば、信仰の対象である「正しい教え」(rechte Lehre)は神学ではなく、ケリュグマである。「哲学の命題は、それが真理を含んでいる限り、それ自身〝正しい教え〟なのであるが、それに比して神学の命題は、そもそもそれ自身が〝正しい教え〟なのではなく、もしそれが真理を含んでいる場合にも、それは何が〝正しい教え〟であるかを教えるものなのである。そしてその〝正しい教え〟は、研究によって発見されるものではなく、ケリュグマにおいて与えられるものなのである。しかしまさにこのケリュグマを神学は決定的な形態で把握することはできず、常にただ概念によって把握されたものとして、すなわちすでに神学的に解釈されたものとしてしか把握することはできないのである[49]」。このようにさまざまな留保がつくとしても、とにかくここでケリュグマが「正しい教え」と同一視されていることには注意しておかなければならない。

その結果、ブルトマン自身の意識はどうであれ、彼の思想を論じた人々の多くにとっては、ケリュグマ神学はすでにひとつの神学であった。例えば『マールブルク説教集』も、人間の感性の広い基盤をふまえたものであることは認められたが、他方、自己の実存にとっての純粋な「有意義性」(Bedeutsamkeit)に固執するがゆえに宣教を抽象化していると言われる。[50] そのつどの状況への語りかけが現実的指示を含まないために、逆に抽象的と受け取られてしまうわけである。新しい資料を用いてブルトマンの説教の展開をあとづけた研究も、結局そこにおける「神学命題」(Theologumenon)の探求に終わりがちである。[51] またいわゆる政治神学の立場からのブルトマン批判も、やはり同様な見方から発しているものと思われる。[52] これらの場合には総じて、彼はいつのまにか一種の客観的対象として「観察」されている。しかし周知のように、彼の著作においては一般に「観察」は「出会い」と対置され、本来の理解にとって消極的な意味しか与えられていないのである。さらにまた、旧・新約聖書研究における歴史的・批判的方法は、彼による福音書研究をきっかけとして大きく展開をとげていったのであるが、そこに見られるような書かれたテクストの詳細な分析は、元来様式史的方法が口頭伝承の単位の復元を目ざすものであったがゆえに、彼の最初の問題意識とかろうじて接続していた。ところがこの流れも、やがて書かれたテクストにひたすらこだわる形で受け継がれていくことになる。おそらくケリュグマ神学を自覚的に中心にすえて以来、ブルトマンの観察者たちはもちろんのこと、ブルトマン自身の思想も少しずつ初期のレトリックへの関心からずれていったのではないだろうか。とはいえ、皮肉なことに、これによってはじめて彼の思想が神学思想史に一定の地位を占めうるようになったことも確かであろう。

すでに第三部第一章および第三章において、ブルトマンの思想と「宗教」および「哲学」との関係が論じられた。そこでは、彼の思想の発展が宗教や宗教史の概念を清算していく過程と見なされること、彼の哲学理解が最終的には特定の歴史にからめとられることなどが明らかになったのではないかと思われる。そして本章の結論もまたそのような方向と符合する。一九二五年頃からブルトマンが繰り返し強調するようになった「決断」(Entscheidung)[53]は、キリスト教信仰と文化との間になにがしかの距離を作り出した。決断は非キリスト教的文化のコンテクストにそったそのつどの決断でもありえたはずであるが、結果的には神学的なケリュグマ自体が決断の対象となっていった。そのため、非キリスト教的なものを積極的に受けとめるレトリック的性格がそこから失われることになったのである。しかしブルトマンの出発点における信念では、ケリュグマとレトリックが互に生きた関係を保っていたとするならば、書かれたテクストももとをただせば瞬間の語りかけであり、状況の中での特定のふるまいにほかならなかったこと、非キリスト教的世界の中でこそキリスト教的意味の場がさぐられなければならないことが、実は彼の本来こだわり続けるべき命題だったのではないだろうか。これはまさに、神学ならぬ宗教学がとりくむはずの問題につながっていくのであるが、ブルトマン自身はついにこれと正面から向き合うことはなかったようである。

(1) C. W. Kegley (ed.), *The Theology of Rudolf Bultmann* (New York: 1966), p. 12 (G. Bornkamm), p. 237, n. 1 (M. Stallmann). 「救済事実の神学」の立場からは、あたかも「ケリュグマ神学」が救済事実をケリュグマとすりかえようとしているかのように誤解された。しかしG・ボルンカムが言うように、ブルトマンの考えでは、ケリュグマと救済事実は不可分なのである。

(2) 名詞形の *κήρυγμα* は、マルコ福音書の異本を含めても、新約聖書中に九回しか現れない(マタ一二・四一、マコ一六・八、ルカ一一・三二、ロマ一六・二五、一コリ一・二一、二・四、一五・一四、二テモ四・一七、テト一・三)。

(3) H. Ott, "Kerygma——Dogmatisch," *RGG*^{3}, S. 1251f.

(4) R. Bultmann, "Karl Barth, "Die Auferstehung der Toten"" (1926), *Glauben und Verstehen* (以下 G. *u.* V. と略記) I

(Tübingen: 1933), S. 41, 53f.，拙訳『神学論文集Ⅰ』(ブルトマン著作集一一)新教出版社，一九八六年，五一，六五ページ。

（5）M・エファングも，ブルトマンが「ケリュグマ神学者」になった時期を一九二〇年代と推定している。M. Evang, *Rudolf Bultmann in seiner Frühzeit* (Tübingen: 1988), S. 134.

（6）R. Bultmann, *Neues Testament und Mythologie: Das Problem der Entmythologisierung der neutestamentlichen Verkündigung* (Nachdruck der 1941 erschienen Fassung herausgegeben von Eberhard Jüngel) (München: 1985), S. 26, 山岡喜久男訳註『新約聖書と神話論』増訂第三版，新教出版社，一九五九年，四五ページ。

（7）idem, "Die Bedeutung des geschichtlichen Jesus für die Theologie des Paulus" (1929), *G. u. V.* I, S. 203f.，拙訳，二二九―二三〇ページ。

（8）idem, "Antwort an Ernst Käsemann," *G. u. V.* IV (Tübingen: 1965), S. 197，山形孝夫・一柳やすか訳『神学論文集Ⅳ』(ブルトマン著作集一四)新教出版社，一九八三年，二四六ページ。

（9）H. Ott, *op. cit.*, S. 1250.

（10）R. Bultmann, "Allgemeine Wahrheiten und christliche Verkündigung: Friedrich Gogarten zum 70. Geburtstag" (1957), *G. u. V.* III (Tübingen: 1960), S. 166，川村永子訳『神学論文集Ⅲ』(ブルトマン著作集一三)新教出版社，一九八四年，二〇九ページ(引用文は私訳)。

（11）idem, *Der Stil der paulinischen Predigt und die kynisch-stoische Diatribe* (Göttingen: 1910, Nachdruck 1984).

（12）*ibid.*, S. V (Gleitwort).

（13）idem, "Lebenslauf", Marburg, Januar 28, 1956 の中でブルトマンは，自分に影響を与えた神学者の名前を列挙しているが，ベルリン大学のH・グンケル，A・v・ハルナック，マールブルク大学のA・ユーリッヒャー，J・ヴァイス，W・ヘルマンとならべて，テュービンゲン大学ではK・ミュラーだけをあげている。このブルトマンの唯一の自伝は最初英語版で出され，S. M. Ogden (ed.), *Existence and Faith: Shorter Writings of Rudolf Bultmann* (New York: 1960), pp. 283-288 とC. W. Kegley (ed.), *op. cit.*, pp. xix-xxv に収録されている。内容はそれぞれ多少異なるが，問題の部分についてはどちらも同じである。なお，ドイツ語版はK. Barth, *Gesamtausgabe*, V-1 (K. Barth/R. Bultmann/Briefwechsel 1922-1966, herausg. von B. Jaspert) (Zürich: 1971), S. 313-321として現れた。

（14）A. Bultmann Lemke, "Der unveröffentlichte Nachlaß von Rudolf Bultmann: Ausschnitte aus dem biographischen

"Quellenmaterial", B. Jaspert (herausg.), *Rudolf Bultmanns Werk und Wirkung* (Darmstadt: 1984), S. 197.

(15) 一九〇五年七月七日付W・フィッシャー宛書簡。M. Evang, *op. cit.*, S. 9.

(16) K. Müller, "Aus der akademischen Arbeit („Selbstdarstellung")", *Aus der akademischen Arbeit: Vorträge und Aufsätze* (Tübingen: 1930), S. 12.

(17) *ibid.*, S. 32.

(18) idem, "Wissenschaft und Erbauung" (Studentenbibelstunde 16. Februar 1922), *ibid.*, S. 334-342, bes., S. 336, 342.

(19) idem, "Gefahr und Gegen der Theologie für die Religiosität" (Evangelisches Kirchenblatt für Schlesien 1902, Nr. 9f.), *ibid.*, S. 321-333.

(20) ブルトマンの関心が人間学にあることは、のちに彼がパウロについて書いたものを読めば明らかであろう。ただし、「語り—聴く」人間のあり方の考察は、ブルトマンによってそれ自体として深められていったわけではない。彼の神学的・人間学的分析は、書かれたテクストに示された問題の範囲を越えることはなかった。

(21) A. Bultmann Lemke, "Bultmann's Papers", E. C. Hobbs (ed.), *Bultmann, Retrospect and Prospect: The Centenary Symposium at Wellesley* (Philadelphia: 1985), p. 4.

(22) R. Bultmann, *Das verkündigte Wort: Predigten-Andachten-Ansprachen 1906-1941* (herausg. von E. Gräßer) (Tübingen: 1984). M. Evang, *op. cit.* E. Hauschildt, *Rudolf Bultmanns Predigten: Existentiale Interpretation und Lutherisches Erbe* (Marburg: 1989).

(23) M. Evang, *op. cit.*, S. 335.

(24) E・ハウシルトの研究(E. Hauschildt, *op. cit.*)は、ブルトマンの説教の展開をたどりながら、これを「実存論的に解釈する説教」(existential interpretierende Predigt)として明らかにしていく労作であるが、ブルトマンの生涯にわたる課題をルター神学との結びつきのうちに見出そうとする。そのため最後には、律法と福音とか、自由主義神学と弁証法神学とかの神学的テーマが前面に出てくることになる。

(25) S. M. Ogden (ed.), *op. cit.*, p. 288.

(26) 熊澤義宣『ブルトマン』(人と思想シリーズ)日本基督教団出版局、一九六二年、増補改訂版、一九八七年、四八—六〇ページ。

(27) 第三者の目から見れば、ブルトマンが告白教会の側につくかどうかは、必ずしも自明なことではなかったらしい。E. Busch, *Karl Barths Lebenslauf: Nach seinen Briefen und autobiographischen Texten* (München: 1975), 小川圭治訳『カール・バルトの生涯、一八八六―一九六八』新教出版社、一九八九年、三三一ページ。ブルトマンに大きな影響を与えたM・ハイデッガーは、当然ナチズム礼讃の手紙を書き送っていたと思われるが、戦後の両者の関係はきわめて冷やかなものであったと伝えられる。V. Farias, *Heidegger et le nazisme* (Lagrass: 1987), 山本尤訳『ハイデガーとナチズム』名古屋大学出版会、一九九〇年、三三三―三三四ページ。

(28) R. Bultmann, *Marburger Predigten* (Tübingen: 1956), S. 41, 49, 79, 87, etc., 西谷裕作・中山善樹訳「マールブルク説教集」『現代キリスト教思想叢書一二』白水社、一九八〇年、七四、八四、一三一、一四二ページなど。

(29) *ibid.*, S. 26, 西谷他訳、五〇ページ（一九三七年五月九日の説教）。

(30) *ibid.*, S. 98, 126, 147, 157, 188, 189f., 202, 206f., etc., 西谷他訳、一六〇、二〇二、二三三、二四九、二九六、二九八―二九九、三二六、三三五ページなど。

(31) *ibid.*, S. 189f., 西谷他訳、二九九ページ。

(32) *ibid.*, S. 207, 西谷他訳、三三五―三三六ページ。

(33) *ibid.*, S. 2, 西谷他訳、一三ページ(引用文は私訳)。

(34) *ibid.*, S. 12, 西谷他訳、二八―二九ページ(引用文は私訳)。

(35) idem, "Allgemeine Wahrheiten und christliche Verkündigung: Friedrich Gogarten zum 70. Geburtstag", *G. u.* V. III, S. 170f., 川村訳、二一五ページ(引用文は私訳)。

(36) idem, "Echte und säkularisierte Verkündigung im 20. Jahrhundert" (1955), *G. u.* V. III, S. 122, 川村訳、一五七ページ。

(37) *ibid.*, S. 127, 川村訳、一六四ページ。

(38) *ibid.*, S. 167, 川村訳、二一〇ページ(引用文は私訳)。

(39) レトリック批評の概観ならびに関連文献の紹介としては、B. L. Mack, *Rhetoric and the New Testament* (Minneapolis: 1990). さらに解釈学の伝統との関連を考慮しつつレトリック批評の意義を論じたものとしては、W. Wuellner, "Hermeneutics and Rhetorics", *Scriptura* (Special Issue) (Stellenhosch: 1989), pp. 1-54 がすぐれている。

(40) A. N. Wilder, *Early Christian Rhetoric: The Language of the Gospel* (New York: 1964).

(41) C. Perelman/L. Olbrechts-Tyteca, *The New Rhetoric: A Treatise on Argumentation*, transl. by J. Wilkinson/P. Weaver (Notre Dame: 1969).

(42) B. L. Mack, *op. cit.*, p. 19.

(43) *ibid.*, pp. 14f. すでに第一部第三章でふれたように、一九三〇年代以降に現れてきたレトリック再評価の動きの中では、旧来の説得技法、修辞技法としてのレトリックの性格規定に加えて、言語の創造性、新しい意味の産出をレトリックに期待したのであるから、マックの述べるレトリック理解はやや不十分であると思われる。しかし、新約聖書研究におけるレトリック批評は、実際このレベルで行われているようである。佐々木健一編『創造のレトリック』勁草書房、一九八六年におさめられた編者解説「レトリックの蘇生」(二五九―二八五ページ)を参照。

(44) 今までに日本語に訳されたものとしては、W. Wuellner, "Putting Life back into the Lazarus Story and its Reading: The Narrative Rhetoric of John 11" (unpublished), 山内真訳「ヨハネ福音書第一一章(ラザロの物語)の物語修辞法」東京神学大学神学会『神学』五二(信仰と歴史)、教文館、一九九〇年、二四三―二五六ページ。

(45) B. L. Mack, *op. cit.*, p. 7 (Editor's Foreword by D. O. Via). したがって、レトリック批評は単なる共時的分析ではない。今日の方法的模索の中では、通時的か共時的かという二者択一を越えたところが指向されていると言えよう。ただし、旧・新約聖書研究におけるいわゆる社会史的方法にはいろいろと問題があり、結果的には、従来「時代史」とか「周辺世界」とか呼ばれてきた内容をさほど大きく変えるものではない。この方向では、今のところ新しい成果はあまり期待できないと思われる。拙稿「パウロにおける都市と人間」『聖書と教会』日本基督教団出版局、一九八九年九月号、二―七ページ参照。

(46) *ibid.*, p. 12.

(47) B. L. Mack/V. K. Robbins, *Patterns of Persuasion in the Gospels* (California: 1989), p. 10.

(48) R. Bultmann, *Theologie des Neuen Testaments* (Tübingen: 1948-1953, 1958^{3}), S. 588, 川端純四郎訳『新約聖書神学Ⅲ』(ブルトマン著作集五)新教出版社、一九八〇年、一九四ページ。

(49) *ibid.*, S. 588, 川端訳、一九五ページ。

(50) J. Konrad, "Zu Form und Gehalt der Marburger Predigten Rudolf Bultmanns", *Theologische Literaturzeitung* 82, 1957, S. 481-494. J・コンラートによれば、聖書の「神話的」語り方は、「実存」のみならず「実体」にそくした証言内容の形

式として必要なのである。ここには、ブルトマンの非神話化論に対して繰り返し述べられてきた反対論の典型が見られる。

(51)　E. Hauschildt, *op. cit.* 注(23)参照。

(52)　そのような批判が不的確であることについては、H. Hübner, *Politische Theologie und existentiale Interpretation: Zur Auseinandersetzung D. Sölles mit R. Bultmann* (Witten: 1973).　cf. H. E. Tödt, *Rudolf Bultmanns Ethik der Existenztheologie* (Gütersloh: 1978).　B. Jaspert, *Sackgassen im Streit mit Rudolf Bultmann: Hermeneutische Probleme der Bultmannrezeption in Theologie und Kirche* (St. Ottilien: 1985), S. 93–112.

(53)　G. M. Martin, *Vom Unglauben zum Glauben: Zur Theologie der Entscheidung bei Rudolf Bultmann* (Zürich: 1976), S. 9.

おわりに

宗教学における「教典論」という研究領域を意識し始めたのはいつごろのことであったであろうか。すでに学生時代から新約聖書の研究を続けていたとはいえ、いわゆる「新約聖書学」の現状には、どこかなじめないものを感じていた。狭義の護教的動機に導かれて新約聖書を解釈することには、プロテスタント教会の一信徒ではあるとしても、「宗教学」を専攻するものにとっては必然性がなかった。また、伝統的新約聖書学の枠組を批判し、イエスの生き方を強調する現代の傾向にたいしても、結局A・シュヴァイツァーによって清算されたはずの一九世紀的イエス伝の再生産に終わるのではないかという疑念を拭い去ることができなかった。日本においてこの傾向がアカデミズムと結びつき、伝統的新約聖書学にとってかわる勢いをもてばもつほど、その疑念は強くなっていった。古典文献学の方法をとる限り、史料にそくしてイエス伝承をぎりぎりの点までさかのぼり、最後のところを仮説で補うという手法が説得力をもつのは当然であろう。しかし現実の宗教集団としてのキリスト教は、イエス伝承とその他の伝承をひっくるめて教典として採用し、その内容を解釈する作業をも含めて、宗教生活の中でさまざまな形で使用していった。その総体が、聖なるものとかかわる人間の営みとしての宗教であるならば、換言すれば、知恵や道徳に基づく人間の営みに解消されない何かをもつならば、そのよって立つところはいずこに求めるべきであろうか。

宗教現象は教典解釈の積み重ねにつきるものではない。教典解釈を行う教団専従者は、その決定的影響力を信じたいかもしれないが、それが教団構成員によってどのように受けとられるかは全く別の問題である。しかしながら他方、宗教現象を成り立たしめるために、教典は不可欠の役割を果たしているようにも見える。少なくともキリスト教を見る限り、そのことを疑うのはむずかしい。もしそうであるとすれば、教典の役割が表面に現れないような宗教現象においては、それにかわるものが存在するのであろうか。従来教典のイメージは、キリスト教の聖書をモデルとして形成されてきた。しかし聖書はむしろ教典の特殊なケースであり、諸宗教に見られる教典の形態や宗教生活におけるその位置づけは一様でない。教典を有する宗教を高等宗教と見なす宗教史の枠組が想定された時代もあったが、宗教の起源と発展段階をめぐる進化もしくは退化の図式が清算された現在、もはやそのような仮説は成り立たない。もし教典が宗教現象における必須の要素であるとすれば、従来の教典のイメージは何らかの形で修正されざるをえない。

以上述べてきたような諸々の問題を探求する試みの中から浮かび上がってきたのが、「宗教学の忘れられた研究領域としての教典論」という仮説である。キリスト教の正典としての旧・新約聖書を、ひとつの閉じられた世界もしくは完成された世界であるかのように扱う聖書学の蔭にかくれていた教典論を掘り起こすためには、聖書学の手法をふまえた上で、その先へ目を向けなければならない。教典論という以上、もちろんあらゆる宗教現象を射程に入れることになるが、既成宗教集団内の教典研究がその方法において多かれ少なかれ聖書学と重なり合っている現状からすれば、まず聖書学とのかかわりの中でその可能性を検討するところから始めるのもひとつの有力なアプローチであろう。したがってここではさしあたり、論述はメタ聖書学、ポスト聖書学の形をとっている。これは教典論の唯一の方法ではない。教典論なるものはまだ試論の段階にあり、宗教学の理論がすべてそうであるように、宗教現象の具体的・歴史的諸形態とひとつずつつき合わせていく必要がある。そうした試みを通して、そこで宗教概念あるいは教典概念をあてはめることがどの程度適切であるのかが、最終的に問われることになるであろう。

第一部では、現代的課題としての教典論がどのような背景から要請され、今後どのような展開を期待されているのかが考察された。元来F・マックス・ミュラーにその根源があり、そこから多くを学ぶとしても、教典論はやはり現代の状況と結びつかざるをえない。教典をとりまく現代の新しい状況とは、まず、文書を読むということの意味が、従来とは異なった形で理解されるようになったということである。文書は、特定の著者が自らの意図をもって書き記すものであるが、一度書き記されたときには、それは著者の手を離れ、読者によって受容される。そのさい読者は、著者の意図どおりに受容するとは限らない。著者の意図は歪曲されることもあるし、著者が思いもかけなかったような積極的意味が引き出されることもある。読むことは一種の創造的行為なのである。これはいわばあたりまえのことであり、今まで自覚せずに行われてきた営みと言えよう。教典解釈をめぐる諸問題も、この事実と照らし合わせて理解されなければならない。そうであるとすれば、教典に書き記された教えが一義的に伝承されるなどと簡単に考えるわけにはいかない。

さらに、教典をとりまく現代の新しい状況として、文字を書き記された文書が情報媒体の中で占める地位は、これまでのように高くなくなったことがあげられる。視覚以外の諸感覚はもちろんのこと、視覚の中でも、文字とならんで映像も重要なコミュニケーション手段であることが認識されるようになった。人間の知的生活の中で書物が果たしていた役割のかなりの部分が、他のものによってとってかわられようとしている。しかしこれもまた、事柄としては今に始まったことではなく、長い間書物が人間の歴史において特別の地位を与えられていたにすぎない。教典も通常書物の形態をとるので、書物をめぐる状況の変化は当然教典にも影響を及ぼす。宗教生活の中における教典の用いられ方は、もともと声に出して読むこと(朗誦)が基本であった。教典を黙読しつつ解釈するという方法は、比較的新しい時代に、しかも主として宗教集団の指導層でとられているにすぎない。そのさいにも、折々に読まれているのはあくまで教典の一部であり、全体の解釈は教義（教理）を構成する努力にゆだねられざるをえない。そして構成された教義は一貫した核を有するとしても、事実上時代とともに姿を変えつつ展開される。要するに教典に関しては、そこに何が書かれているかという問いもさることながら、それがどのように用いられているかという問いが重要なのである。現代においては、宗教的営みの中で、教典を用いること自体の比重が減少しつつあるという傾向もうかがわれる。

宗教現象全般がそうであるように教典も、それがおかれている文化的・社会的状況とのかかわりの中でとらえかえされなければならない。今日世界各地で勃興しているファンダメンタリズム運動は、教典と無関係ではない。その主張は厳密な教典解釈という形をとるが、若干距離をおいて見れば、この運動も、教典を用いるにあたってとられるひとつの典型的な方法である。それは、宗教集団がアイデンティティの崩壊を免れようとする一種のリアクションであるとも言えよう。こうした運動をもたらした背景には、世界的規模で進んでいくグローバリゼーションの潮流がある。この潮流に対する評価は必ずしも定まっていないが、いずれにせよ少なくとも現状では、この潮流をくいとめることはできないというのが、広く共有されている認識であろう。諸々の宗教集団は、今後ますます多くの共通の課題を担うようになることは明らかである。教典の問題を広い視野から考えるための切り口は決してひとつではない。宗教学はこの点で、既存の学問の枠を越えて、人文科学のみならず社会科学からも学ぶ必要がある。

第二部は、第一部で論及した基本的問題意識をふまえて、キリスト教の教典（正典）である新約聖書の一部を再検討する試みである。ここでとりあげられた例は、福音書の小部分と偽パウロ書簡と考えられる牧会書簡だけである。これらの箇所は、教典論の視座から聖書を見ていくにあたって、さしあたり有効なのではないかと思われたからである。まず福音書に関しては、福音書記者による編集の意図を問題とする。福音書記者のうちでルカは、歴史記述に最も近いところを目的としたと見られることが多かったが、彼が自らの意図を率直に述べた箇所を検討すると、必ずしもそうは考えられない。ルカの意図ははじめから歴史記述を越えており、そこにはすでに意識的に創作へ向かう動機が認められる。さらに福音書記者が共通して書き記しているイエスの譬は、それぞれの福音書記者の手で修飾をほどこされ、各種の比喩的表現として展開された。それは結果的に見れば、譬を読むものあるいは譬について語るもの(説教者)の想像力に可能性を残すことになった。要するに、イエスの言行を書き記す福音書は、単なる歴史記述や伝記、あるいは、処世訓の集積であったとすれば、それなりの文献的価値はもっていたとしても、教典にはなりえなかったであろう。教典となるためには、それがそのつど宗教集団の想像力に刺激を与え、宗教集団が「〜教」として前向きにアイデンティティを形成していくエネルギーを掘り起こさなければならない。

新約聖書の中心はパウロの真正な書簡であるが、本書ではそれらへの論及がほとんどない。しかしいわゆるパウロ神学がキリスト教の歴史を通して教義の中核を形成していったのは、やはり受容者の主体的かかわりをうながす一種の空隙が、彼の論理の中にひそんでいるからではないかと思われる。このようなパウロの「矛盾」が偽パウロ書簡の特質をはぐくんだというのが、筆者の長い間にわたる牧会書簡研究のひとつの仮説であった。牧会書簡は新約聖書の中のどうでもよい文書ではなく、特に教典論にとってはきわめて重要な文書である。これらの手紙はパウロの名を冠し、パウロにならって使信を展開しようとするが、書けば書くほど自然にパウロからずれていく。もちろんパウロと共通する部分がないわけではないが、全体の方向は明らかにパウロとは異なる。しばしばその基調はキリスト教市民倫理にあると言われるが、その指摘は決して間違っていない。しかし牧会書簡の著者の意識では、自分はパウロに忠実に従っていると考えており、この点はしっかりとおさえておく必要がある。

そもそもアイデンティティの形成は、「模倣」の動機がなければ拡散してしまい、焦点を結ばない。模倣を志しながらいつのまにかずれていくというのが、将来へ向かってのアイデンティティの形成であろう。そうなっていく基本的要因が社会的・文化的場の変化にあることは言うまでもない。教典が既存の文化の境域を越えて伝播するときに何が起こるかということも、教典をめぐって考慮すべきひとつの課題である。本書では、日本における聖書の受容を例としてとりあげたが、この種のアプローチはまだ試論の段階にある。

第三部は第二部とはやや趣きを異にする。これは第一部の「F・マックス・ミュラーの教典論」と同じ路線に立つ学説史的考察である。F・マックス・ミュラーが「宗教学者」であるのに対して、ここで考察の対象にしたR・ブルトマンは「新約聖書学者」である。つまり、キリスト教の教典(正典)である新約聖書の研究に、自らの使命を意識的に限定しようとするのがブルトマンなのである。しかも彼は、自覚的方法においては神学者なので、この限定はかなり根強い。ところが、そのような新約聖書学者ブルトマンも、彼特有の学問的良心のゆえに、ともすれば新約聖書学の限界を越えかかる。彼はそのつど限界内にふみとどまろうとするが、そこでは一種の力業を感じさせる場面もないわけではない。「決断」を強調したり、「ケリュグマ」を固持しようと試みたりするとき、ブルトマンが何にこだわっているのかが見えてくる。R・オットーやM・ハイデッガーと対比するならば、そのことは一層明確になるであろう。ブルトマンの力業は、逆に言えば、こだわってそこにふみとどまらざるをえないほど、現代の新約聖書学には、外すなわち教典論へ向かう風穴が広がりつつあるということである。そして彼の仕事を初期のものから再検討してみると、そこには意外にレトリック的なものへの関心がうかがわれる。そのことは、新約聖書がその思想(神学)とともに、その用法との関連でとらえかえされていたことを意味する。これは教典論が注目した方向にほかならない。

教典論的問題意識に基づいて探究すべき課題は多い。さまざまな宗教集団に固有の視点から教典論への通路を開かねばならないし、キリスト教の教典に関しても、検討しなければならない問題が数多く残されている。予想される内容の広がりからすると、教典論という名称もさしあたり、個々の宗教集団の教典研究を共通の場へ引き出すための旗印にすぎないかもしれない。人間生活が言葉に依存する限り、何らかの形で「教典的なもの」を作り出すことは避けられない。人間集団の営みの中で、言動の「教典化」とでも称されるような動向は、どのようにして起こり、どのような結果をもたらすのかということが、最終的には問われることになるであろう。そうであるとすれば、教典論もしくはその発展形態が、二一世紀の人類社会の動向と無縁であるとは思われない。

本書の各章の多くは、すでに発表した拙論に基づいている。もちろん加筆・組かえ・修正などが全体にわたってほどこされており、表現形式の統一がはかられているが、基本的論調はあまり変わっていない。はっきりと自覚されていない場合にも、それなりに一貫した問題意識があったのであろう。下敷きになっている拙論の初出は次のとおりである。

序　論　　未発表
第一部　第一章　「直観と教説」日本宗教学会『宗教研究』三〇〇、一九九四年
　　　　第二章　「教典論の新しい可能性」日本宗教学会『宗教研究』二五八、一九八三年
　　　　第三章　「教典の受容とその機能の変化」北海道大学『文学部紀要』四五—一、一九九六年
　　　　第四章　未発表
第二部　第一章　一　「原始キリスト教における歴史記述の問題」日本オリエント学会『三笠宮還暦記念・オリエント学論集』講談社、一九七五年

二　「初期キリスト教思想と比喩的表現」日本オリエント学会『創立二五周年記念・オリエント学論集』刀水書房、一九七九年

第二章　一　「『牧会書簡』の表現形態」北海道大学『文学部紀要』三一―一、一九八二年

二　「牧会書簡の『生活世界』」『関根正雄喜寿祝賀論文集・聖書の使信と伝達』山本書店、一九八九年

第三章　「教典の受容とその機能の変化」北海道大学『文学部紀要』四五―一、一九九六年

第三部

第一章　「R・ブルトマンと『宗教』」北海道大学哲学会『哲学』二〇＝二一（合併号）、一九八五年

第二章　「R・ブルトマンにおける『非神話化』と現代の神話論」現代人文科学研究所『淳心学報』一〇、一九九三年

第三章　「R・ブルトマンと『哲学』」『松木治三郎傘寿記念論集・新約聖書と解釈』一九八六年

第四章　「ケリュグマとレトリック」『中川秀恭八五歳記念論文集・なぜキリスト教か』創文社、一九九三年

おわりに　未発表

今まで何冊か著書や翻訳書を出してきたが、本書ほど出版交渉の段階で難渋した経験ははじめてであった。そのような寄り道さえしなければ、本書はすでに三年以上前に出版されていたであろう。出版の遅れにともなうさまざまな計画の停滞は、目に見えない形でかなり多くの具体的障害をもたらしつつあるようにも思われるが、こ

ここではこれ以上その問題にふれることは避けたい。本書の扱っている主題は既存の学問領域のはざまに落ちるものであり、仮説と試論の積み重ねが、全体としてうさんくささをかもし出すこともわかっていないわけではない。しかしこのたびは、かたくなにこのやり方に固執することにした。読者のことを考えていないと言われるかもしれないが、自分では逆に、読者のことを意識しすぎるがゆえにこうなったと思っている。他の複数の出版社との折衝の経緯をかえりみるとき、北海道大学図書刊行会の前田次郎氏には深く感謝しなければならない。氏は最初から本書を出版することに積極的で、手間のかかる多数の書類を作成し、筆者の勝手な希望を受け入れて、時の満ちるのを待っていて下さった。印刷にあたっては、実際の作業にあたられた今中智佳子さんから、細かい配慮と適切な助言をいただいた。本書の刊行が北海道大学図書刊行会の足をひっぱることのないようにと願うばかりである。

二〇〇一年初夏　江別にて

土屋　博

＊　なお、本書の出版にあたっては、平成一三年度科学研究費補助金(研究果公開促進費)の交付を受けることができた。

土屋　博（つちや ひろし）

1938年　東京に生まれる
1962年　北海道大学文学部（宗教学専攻）卒業
1967年　北海道大学大学院文学研究科博士課程単位取得
現　在　北海道大学大学院文学研究科教授
著　書　『牧会書簡』（日本基督教団出版局，1990年）
『聖書のなかのマリア』（教文館，1992年）
『聖と俗の交錯』（編著）（北海道大学図書刊行会，1993年）　その他
訳　書　R.ブルトマン『神学論文集 I』（新教出版社，1986年）その他

教典になった宗教

2002年2月28日　第1刷発行

著　者　土屋　博
発行者　佐伯　浩

発行所　北海道大学図書刊行会
札幌市北区北9条西8丁目北海道大学構内（〒060-0809）
tel.011(747)2308・fax.011(736)8605・http://www.hup.gr.jp/

㈱アイワード／石田製本

ISBN4-8329-6231-0

事項索引

あ 行

アナール学派　56
イエス伝　38, 110, 257
隠喩　104, 105, 108-110
影響史　61
エヴァンジェリカリズム　66-68

か 行

外典　6
神の国　104-108, 110, 115
カント哲学　20, 21
既成宗教　20
偽典　6
偽名性　151, 154
教義　1, 3, 4, 7, 18, 25, 34, 40, 54, 67, 87, 100, 101, 109, 118, 130, 131, 134, 148, 151, 169, 185, 226, 232, 249, 260, 261
経典　5
教典宗教　2, 17, 18, 22, 28, 29, 34, 70
「教典」という用語　4
教典論　3, 4, 8, 16, 20, 25, 27, 33, 34, 36, 41, 43, 49, 50, 52, 58, 59, 65, 70, 87, 162, 186, 200, 257-259, 260-263
虚構　94, 96
儀礼　2, 3, 8, 27, 58, 68, 148, 163, 164, 167, 168, 172
近代化　147, 170
寓喩　103, 109, 113
グノーシス主義　120, 134, 158
グローカリゼーション　83
グローバリゼーション　65, 72-78, 82, 83, 260
啓蒙主義　18, 21, 23, 33, 36
ケリュグマ　148, 198, 199, 214, 215, 219, 223, 232, 238, 240, 241, 249, 250, 251, 252, 262
言語(の)疾病　22, 23, 25, 30
口承文芸　43

さ 行

史実　94, 100, 120, 121, 148
自然的宗教　18, 19, 21, 26, 33
史的イエス　38, 101, 102, 116, 154, 185, 190, 239, 241
市民倫理　132-134, 153, 154, 261
社会史　39, 47, 55-59, 156, 159, 248
宗教学　1, 3, 7-9, 15, 16, 18, 25, 26, 28, 31, 32, 33-36, 40, 53, 59, 65, 73, 87, 119, 120, 154, 172, 186, 188, 195, 197, 198, 204, 209, 251, 257, 258, 260, 262
宗教学的　61, 65, 67, 72
宗教史　3, 4, 7, 9, 15, 23, 38, 56, 65, 66, 142, 154, 156, 188-192, 195, 200, 201, 204, 208, 250, 258
宗教史学　2, 9, 18, 35, 154, 189, 197, 198
宗教集団のアイデンティティの形成　7
宗教体験　53, 54, 117
宗教的　5, 7, 25, 54, 171, 172, 193, 230, 232
自由主義神学　35, 39
書簡体文学　118
書物　3, 5, 10, 17, 29, 35, 49, 57, 68, 168, 169, 259
進化の図式　20, 23
神秘主義　10, 24
神話　2, 3, 5, 6, 10, 15, 22, 23, 25, 30, 31, 42, 190, 198, 205, 207-217, 238, 239, 255, 256
生活世界　39, 56, 144-150, 153, 156
正典　4, 6-8, 17, 34-36, 38, 40, 41, 44, 53, 54, 59, 78, 90, 95, 97, 111, 121, 142, 143, 151, 161, 258, 260, 262
聖典　5
世俗化　71-73, 76-79, 90

た 行

譬　101-111, 113, 115, 261
譬論　102, 103
知識社会学　39, 40, 144, 146, 147, 150, 159
直喩　105
直観　24-26, 42, 46, 71, 76

手本　126-128, 132, 150, 152
読者　43, 52-55, 57, 259

は　行

バイブル　7, 35, 44
パウロ主義　131, 157
バシレイア　104, 106
パラボレー　103, 108
非教典宗教　17, 18, 20-22, 26, 28, 29
非宗教的　171
ファンダメンタリズム　36-38, 40, 44, 54, 64-72, 75-79, 81, 84, 141, 168-170, 260
福音書文学　117
文学社会学　40, 41, 49-51, 53, 55, 58, 59, 144
文学批評　39, 41, 50, 56, 60, 144, 150, 247, 248
文学理論　39, 41, 43, 46, 52, 53, 55, 57, 58, 61, 62
文学類型　97, 109, 118, 121-125, 210, 242
文化史　57
文芸学　38-40, 52, 121, 155
文芸批評　39, 45

ま　行

マーシャール　103, 108
無教会主義　165-172, 174-178
明喩　109
メタファー　25, 26
模範　109, 126-128, 130-132, 150, 152
模倣　125-127, 131, 262

ら　行

例話　107-109, 115
歴史学理論　55-58
歴史記述　90, 91, 93, 96, 97, 261
歴史的・批判的方法　35-41, 47, 49, 51-54, 58, 61, 67, 68, 77, 78, 100, 101, 111, 121, 144, 148, 154, 168, 185, 187, 188, 192, 200, 219, 232, 247, 250
レトリック　9, 51, 53, 121, 139, 167, 248-251, 255, 262
レトリック批評　50, 51, 55, 56, 60, 240, 248, 249, 254, 255
朗誦　5, 9

人名索引

あ 行

姉崎正治　9
荒井献　49
イーグルトン，T.　52, 53, 62
イーザー，W.　52
石橋智信　9
岩下壮一　168
ヴァイス，J.　189, 241, 252
ヴィデングレン，G.　34
ウィルソン，S. G.　120
ウェストコット，B. F.　44
ヴェーバー，M.　135, 144
ウェレック，R.　155
ウォーラーステイン，I.　73-76, 82
ヴォルター，M.　156
ウォーレン，A.　155
内村鑑三　165-170, 175-178
宇野円空　9
エスカルピ，R.　59
海老沢有道　173, 174
エファング，M.　252
エリアーデ，M.　66, 205, 215, 216
エレミアス，J.　101, 103
大貫隆　47
岡崎義恵　46
オット，H.　233, 240
オットー，R.　193-197, 200, 203, 219, 262
折口信夫　32, 41, 42, 47, 48
オルブレクツ＝テュテカ，L.　248

か 行

ガダマー，H.-G.　61
加藤玄智　9
カント，I.　20, 21
カンペンハウゼン，H. F. v.　120
キー，H. C.　39, 40, 56, 133, 144, 145, 147-149, 156, 159
岸本英夫　9, 84
キャドベリー，H.　93
キャンベル，J.　217
キュンメル，G.　154
ギル，S. D.　32
キルケゴール，S.　223
ギンズブルグ，C.　216
グラハム，W. A.　9, 10, 15, 27, 68
グルントマン，W.　98
グンケル，H.　193, 252
ケリー，J. N. D.　141
ゴルダマー，K.　34
コンツェルマン，H.　94, 96, 98, 106
コンラート，J.　255

さ 行

サヴィエル，F.　173
佐々木健一　51
佐野勝也　9
シェーラー，M.　146
シャルチエ，R.　56, 57
シュヴァイツァー，A.　257
シュヴァイツァー，E.　106, 110
シュタイガー，E.　46
シュッツ，A.　144-147
シュトローベル，A.　120
シュミット，S. J.　59
シュライエルマッハー，F. D. E.　190, 200, 219
シュールマン，H.　93-96
ショット，H. A.　120
スミス，W. C.　8, 70
スミス，W. R.　2
ゼムラー，J. S.　240
ゼリン，G.　107, 115, 116

た・な行

ダイスマン，A.　122, 123
タイセン，G.　40, 50, 144, 153
タイラー，E. B.　30
田川建三　10
竹内敏雄　45
塚本虎二　168, 176, 178
ディベリウス，M.　122, 249

デュメジル，G.　212, 216
道元　5, 10
トゥルンマー，P.　119, 158
ドッド，C. H.　101
ドーティ，W. G.　123
ドネルソン　154
トムリンソン，J.　76
豊田実　173
トレルチ，E.　192
トロクメ，E.　93, 96
ナイト，G. W.　130, 137
新村出　173
二宮宏之　57
野本真也　46

は　行

バー，J.　37, 67, 68
ハイデッガー，M.　215, 220-238, 262
ハイトミュラー，W.　189
パイフェール，J.　83
バイヤー，P.　73, 76
ハイラー，F.　28
ハウシルト，E.　253
バーガー，P. L.　59, 144, 146, 147
バーク，K.　248
バルト，K.　194, 240
ハルナック，A. v.　242, 252
ハルニッシュ，W.　110
ハンソン，A. T.　45, 120, 139, 158
ピアジェ，J.　144
比屋根安定　173
ヒューブナー，H.　242
フィオーレ，B.　157
フォード，J. M.　120
ブース，W.　248
ブーセット，W.　201
フッサール，E.　145-147
フライ，N.　42
ブルトマン，R.　105, 124, 154, 185-256, 262
フレイザー，J.　156
ペゲラー，C.　235
ヘボン，J. C.　171
ヘルダーリン，F.　223
ヘルマン，W.　194, 252
ペレルマン，C.　248
ヘンヒェン，E.　98
ボルンカム，G.　251
ボワイエ，L.　83

ま　行

マイヤー，J. W.　73
マイルズ，J. R.　46
マコーリー，J.　223
マースデン，G. M.　80
マック，B. L.　51, 249, 255
マックス・ミュラー，F.　3, 9, 15-32, 33, 259, 262
松村一男　217
マルクスセン，W.　103
マンハイム，K.　146
ミークス，W. A.　56
ミード，D. G.　154, 157
ミュラー，K.　242, 243, 247, 252
ミュラー，W.　31
メンシング，G.　28, 33, 34
モール，C. F. D.　120
モル，H. J.　144

や　行

ヤウス，H. R.　52
八木誠一　10
ヤジロウ　173
ヤスパース，K.　214, 231, 237, 238
ヤスパート，B.　207
柳田国男　43, 48
ユーリッヒャー，A.　101, 107, 113, 252
ユング，C. G.　205, 211, 215, 216

ら・わ行

ランツコフスキー，G.　9
リッチュル，A.　194, 243
リップス，H. v.　121
ルター，M.　223, 230, 237, 246, 253
ルックマン，T.　59, 144-147
ルーマン，N.　73
レヴィ＝ストロース，C.　212
レーヴィット，K.　231, 232
レベリング，M.　70, 81
ロバートソン，R.　73-76, 82
ロビンズ，V. K.　249
ワイルダー，A. N.　248

参考文献一覧

Ahmad, M., "Islamic Fundamentalism in South Asia: The Jamaat-i-Islami and the Tablighi Jamaat", M. E. Marty/R. S. Appleby (eds.), *Fundamentalisms Observed* (Chicago: 1991)

Almond, G. A./E. Sivan/R. S. Appleby, "Fundamentalism: Genus and Species", M. E. Marty/R. S. Appleby (eds.), *Fundamentalisms Comprehended* (Chicago: 1995)

Ammerman, N. T., "North American Protestant Fundamentalism", M. E. Marty/R. S. Appleby (eds.), *Fundamentalisms Observed* (Chicago: 1991)

Anton, P., *Exegetische Abhandlungen der Pastoralbriefe Pauli* (1753/55)

荒井献『イエスとその時代』岩波書店，1974 年

———「イエスと福音書文学——『放蕩息子の譬話』によせて」川島重成・荒井献編著『神話・文学・聖書——西洋古典の人間理解』教文館，1977 年

———「Q資料におけるイエスの譬の特徴について」日本新約学会『新約学研究』6，1978 年

荒井献他『総説・新約聖書』日本基督教団出版局，1981 年

Aran, G., "Jewish Zionist Fundamentalism: The Bloc of the Faithful in Israel (Gush Emunim)", M. E. Marty/R. S. Appleby (eds.), *Fundamentalisms Observed* (Chicago: 1991)

Austin, J. L., *How to Do Things with Words* (Oxford: 1960)，坂本百代訳『言語と行為』大修館書店，1978 年

Bailey, K. E., *Poet and Peasant: A Literary-Cultural Approach to the Parables in Luke* (Michigan: 1976)

Barclay, W., *The Letters to Timothy, Titus and Philemon* (Edinburgh: 1956)，柳生望・佐々木敏郎訳『テモテ・テトス・ピレモン』(バークレー聖書註解シリーズ)ヨルダン社，1971 年

Barr, J., *Fundamentalism* (London: 1977, 1981^2)，喜田川信・柳生望・谷本正尚・橋本秀生訳『ファンダメンタリズム——その聖書解釈と原理』ヨルダン社，1982 年

Barth, K., *Gesamtausgabe*, V-1 (K. Barth/R. Bultmann/Briefwechsel 1922-1966, herausg. von B. Jaspert) (Zürich: 1971)

Beardslee, W. A., *Literary Criticism of the New Testament* (Philadelphia: 1970)，土屋博訳『新約聖書と文学批評』ヨルダン社，1983 年

Berger, P. L./Th. Luckmann, *The Social Construction of Reality: A Treatise in the Sociology of Knowledge* (New York: 1966), 山口節郎訳『日常世界の構成――アイデンティティと社会の弁証法』新曜社, 1977 年

Berger, P./B. Berger/H. Kellner, *The Homeless Mind: Modernization and Consciousness* (New York: 1973), 高山真知子・馬場伸也・馬場恭子訳『故郷喪失者たち――近代化と日常意識』新曜社, 1977 年

Bernard, J. H., *The Pastoral Epistles* (Michigan: 1899, Rep. 1980)

Bertholet, A., *Die Macht der Schrift in Glauben und Aberglauben* (Berlin: 1949)

Beyer, P., *Religion and Globalization* (London: 1994)

Biderman, S., *Scripture and Knowledge: An Essay on Religious Epistemology* (Leiden: 1995)

Bigg, Ch., *Epistles of St. Peter and St. Jude* (The International Critical Commentary) (Edinburgh: 1901, 1956²)

Blank, R., *Analyse und Kritik der formgeschichtlichen Arbeiten von Martin Dibelius und Rudolf Bultmann* (Basel: 1981)

Boeft, J. D./M. L. van Poll-van de Lisdonk, *The Impact of Scripture in Early Christianity* (Leiden: 1999)

Boer, R., *Knockin' on Heaven's Door: The Bible and Popular Culture* (New York: 1999)

Bottigheimer, R. B., *The Bible for Children: From the Age of Gutenberg to the Present* (New Haven: 1996)

Bousset, W., *Das Wesen der Religion: dargestellt an ihrer Geschichte* (Halle: 1904)

Brox, N., *Die Pastoralbriefe* (Regensburger Neues Testament) (Regensburg: 1968, 1969⁴)

Bultmann Lemke, A., "Der unveröffentlichte Nachlaß von Rudolf Bultmann: Ausschnitte aus dem biographischen Quellenmaterial", B. Jaspert (herausg.), *Rudolf Bultmanns Werk und Wirkung* (Darmstadt: 1984)

――― "Bultmann's Papers", E. C. Hobbs (ed.), *Bultmann, Retrospect and Prospect: The Centenary Symposium at Wellesley* (Philadelphia: 1985)

Bultmann, R., *Der Stil der paulinischen Predigt und die kynisch-stoische Diatribe* (Göttingen: 1910, Nachdruck 1984)

――― "Das religiöse Moment in der ethischen Unterweisung des Epiktet und das Neue Testament", *ZNW* 13, 1912

――― *Die Geschichte der synoptischen Tradition* (Göttingen: 1921, 1964⁶), Ergänzungsheft, 1962², 加山宏路訳『共観福音書伝承史』I（ブルトマン著作集 1）新教出版社, 1983 年

——— "Die liberale Theologie und die jüngste theologische Bewegung" (1924), *G. u. V.* I

——— *Jesus* (Tübingen: 1926), 川端純四郎・八木誠一訳『イエス』未来社，1963 年

——— "Karl Barth, "Die Auferstehung der Toten" " (1926), *G. u. V.* I

——— "Urchristliche Religion (1915-1925)", *Archiv für Religionswissenschaft* 24, 1926

——— "Die Bedeutung des geschichtlichen Jesus für die Theologie des Paulus" (1929), *G. u. V.* I

——— "Die Krisis des Glaubens" (1931), *G. u. V.* II

——— *Glauben und Verstehen*（以下 *G. u. V.* と略記）(Tübingen: I 1933, II 1952, III 1960, IV 1965), 土屋博訳『ブルトマン著作集』11，山岡喜久男・小野浩・川村永子訳『ブルトマン著作集』12，川村永子訳『ブルトマン著作集』13，山形孝夫・一柳やすか訳『ブルトマン著作集』14，新教出版社，1986 年，1981 年，1984 年，1983 年

——— "Das Problem der 'Natürlichen Theologie' " (1933), *G. u. V.* I

——— "Reich Gottes und Menschensohn", *Theologische Rundschau*, NF9, 1937

——— "Die Frage der natürlichen Offenbarung" (1941), *G. u. V.* II

——— "Neues Testament und Mythologie: Das Problem der Entmythologisierung der neutestamentlichen Verkündigung", *Offenbarung und Heilsgeschehen* (München: 1941), 山岡喜久男訳註『新約聖書と神話論』増訂第 3 版，新教出版社，1959 年

——— "Anknüpfung und Widerspruch" (1946), *G. u. V.* II

——— *Kerygma und Mythos* I (Hamburg: 1948), II (Hamburg＝Bergstedt: 1952)

——— "Das Christentum als orientalische und als abendländische Religion" (1949), *G. u. V.* II

——— *Das Urchristentum: im Rahmen der antiken Religionen* (Zürich: 1949, 1963³), 米倉充訳『原始キリスト教』新教出版社，1961 年

——— "Zum Problem der Entmythologisierung", *Kerygma und Mythos*, II (Hamburg＝Bergstedt: 1952)

——— *Theologie des Neuen Testaments* (Tübingen: 1953, 1958³), 川端純四郎訳『新約聖書神学』I－III（ブルトマン著作集 3-5）新教出版社，1980 年

——— "Echte und säkularisierte Verkündigung im 20. Jahrhundert" (1955), *G. u. V.* III

——— "Autobiographical Reflections (1956)", *Existence and Faith: Shorter Writings of Rudolf Bultmann*, selected, translated and introduced by S. M. Ogden (New York: 1960)

——— "Lebenslauf", Marburg, Januar 28, 1956
——— *Marburger Predigten* (Tübingen: 1956), 西谷裕作・中山善樹訳「マールブルク説教集」『現代キリスト教思想叢書 11』白水社, 1980 年
——— "Allgemeine Wahrheiten und christliche Verkündigung: Friedrich Gogarten zum 70. Geburtstag" (1957), *G. u. V.* III
——— *History and Eschatology: The Gifford Lectures 1955* (Edinburgh: 1957), Harper Torchbook Edition (New York: 1962), 中川秀恭訳『歴史と終末論』岩波書店, 1959 年
——— "Der Begriff der Offenbarung im Neuen Testament", *G. u. V.* III.
——— "Antwort an Ernst Käsemann," *G. u. V.* IV
——— "Zum Problem der Entmythologisierung", *G. u. V.*, IV
——— "Reply", C. W. Kegley, (ed.), *The Theology of Rudolf Bultmann* (New York: 1966)
——— *Das verkündigte Wort: Predigten-Andachten-Ansprachen 1906-1941* (herausg. von E. Gräßer) (Tübingen: 1984)
——— "Mythos und Mythologie im NT", *RGG*³ IV
Busch, E., *Karl Barths Lebenslauf: Nach seinen Briefen und autobiographischen Texten* (München: 1975), 小川圭治訳『カール・バルトの生涯, 1886—1968』新教出版社, 1989 年
Campbell, J./B. Moyers, *The Power of Myth* (New York: 1988), 飛田茂雄訳『神話の力』早川書房, 1992 年
Chartier, R. (direction), *Pratique de la lecture* (Paris: 1985), 水林章他訳『書物から読書へ』みすず書房, 1992 年
——— *Lectures et lecteurs dans la France d'Ancien Régime* (Paris: 1987), 長谷川輝夫他訳『読書と読者——アンシャン・レジーム期フランスにおける』みすず書房, 1994 年
——— "Le monde comme représentation", *Annales* ESC, 1989, No. 6, 二宮宏之訳「表象としての世界」『思想』812, 岩波書店, 1992 年 2 月
——— "Marchés du livre et pratiques de lecture dans la France moderne. Aux origines culturelles de la Révolution française", 1991, 関根素子訳「近世フランスにおける書物市場と読書行為——フランス革命の文化的起源によせて」『思想』812, 岩波書店, 1992 年 2 月, 福井憲彦訳『読書の文化史——テクスト・書物・読解』新曜社, 1992 年
Conzelmann, H., *Die Mitte der Zeit: Studien zur Theologie des Lukas* (Tübingen: 1954), 田川建三訳『時の中心——ルカ神学の研究』新教出版社, 1965 年
——— *Die Apostelgeschichte* (Handbuch zum Neuen Testament) (Tübingen: 1963)

——— Art. "Reich Gottes, Im NT", *RGG*³, V

Crossan, J. D., *In Parables: The Challenge of the Historical Jesus* (New York: 1973)

Dargan, E. C., *A History of Preaching*, Vol. 1-3 (Michigan: 1905-1950), 関田寛雄監修・中嶋正昭訳『世界説教史』I-Ⅳ, 教文館, 1994-1997 年

Deissmann, A., *Licht vom Osten: Das Neue Testament und die neuentdeckten Texte der hellenistisch-römischen Welt* (Tübingen: 1908, 1923⁴)

Dibelius, M., *Aufsätze zur Apostelgeschichte* (Göttingen: 1951, 1968⁵)

——— *Geschichte der urchristlichen Literatur*, Neudruck der Erstausgabe von 1926 unter Berücksichtigung der Änderungen der englischen Übersetzung von 1936, Herausgegeben von F. Hahn (München: 1975)

Dibelius, M./H. Conzelmann, *Die Pastoralbriefe* (Handbuch zum Neuen Testament) (Tübingen: 1955, 1966⁴)

Dieckmann, B., *"Welt" und "Entweltlichung" in der Theologie Rudolf Bultmanns* (Paderborn: 1977)

Dinges, W. D./J. Hitchcock, "Roman Catholic Traditionalism and Activist Conservatism in the United States", M. E. Marty/R. S. Appleby (eds.), *Fundamentalisms Observed* (Chicago: 1991)

Dinkler, E., "The Idea of History in Earliest Christianity", *The Idea of History in the Ancient Near East* (New Haven: 1955)

——— *Signum Crucis: Anfsätze zum Neuen Testament und zur Christlichen Archäologie* (Tübingen: 1967)

Dodd, C. H., *The Parables of the Kingdom* (1935, Revised Edition 1936 [=1938]) (Glasgow: 1961), 室野玄一・木下順治訳『神の国の譬』日本基督教団出版部, 1964 年

Donelson, L. R., *Pseudepigraphy and Ethical Argument in the Pastoral Epistles* (Tübingen: 1986)

Doty, W. G., *Letters in Primitive Christianity* (Philadelphia: 1973, 1977²), 土屋博・宇都宮輝夫・阿部包訳『原始キリスト教の書簡文学』ヨルダン社, 1985 年

道元, 水野弥穂子校注『正法眼蔵』1-4, 岩波文庫, 1990-1993 年

Eagleton, T., *Literary Theory: An Introduction* (Oxford: 1983, 1996²), 大橋洋一訳『文学とは何か』岩波書店, 1985 年, 新版, 1997 年

海老沢有道『日本の聖書——聖書和訳の歴史』日本基督教団出版部, 1964 年, 新訂増補版, 日本基督教団出版局, 1981 年

Eißfeldt, O., Art. "Religionsgeschichtliche Schule", *RGG*², IV

Eliade, M. (ed. in chief), *The Encyclopedia of Religion*, Vol. 5 (New York: 1987)

——— *Aspects du Mythe* (Paris: 1963), 中村恭子訳『神話と現実』(エリアーデ著作集

7）せりか書房，1973年
——— *Myth and Reality* (New York: 1963)，中村恭子訳『神話と現実』(エリアーデ著作集7）せりか書房，1973年
——— *The Myth of the Eternal Return* or *Cosmos and History*, transl. from the French (*Le Mythe de l'êternel retour: archêtypes et rêpêtition*, Paris, 1949) by W. R. Trask (Princeton: 1971)，堀一郎訳『永遠回帰の神話——祖型と反復』未来社，1963年
Escarpit, R., *Sociologie de la littêrature* (Collection QUE SAIS-JE?) (Paris: 1958)，大塚幸男訳『文学の社会学』白水社，1959年
Evang, M., *Rudolf Bultmann in seiner Frühzeit* (Tübingen: 1988)
Farias, V., *Heidegger et le nazisme* (Lagrass: 1987)，山本尤訳『ハイデガーとナチズム』名古屋大学出版会，1990年
Feine, P./J. Behm/W. G. Kümmel, *Einleitung in das Neue Testament* (Heidelberg: 1965[14])
Fernhout, R., *Canonical Texts: Bearers of absolute Authority. Bible, Koran, Veda, Tipitaka* (Amsterdam: 1994)
Finegan, J., *Handbook of Biblical Chronology: Principles of Time Reckoning in the Ancient World and Problems of Chronology in the Bible* (Princeton: 1964)，三笠宮崇仁訳『聖書年代学』岩波書店，1967年
Fiore, B., *The Function of Personal Example in the Socratic and Pastoral Epistles* (Rome: 1986)
Ford, J. M., "A Note on Proto-Montanism in the Pastoral Epistles", *NTS* 17, 1970-1971
Frankemölle, H., *In Gleichnissen Gott erfahren* (Stuttgart: 1977)
Frye, N., *Anatomy of Criticism: Four Essays* (Princeton: 1957)，海老根宏他訳『批評の解剖』法政大学出版局，1980年
——— *The Great Code: The Bible and Literature* (London: 1982)
藤本浄彦 "Eine Betrachtung über die Verbesserung des Buches 'Das Heilige' von Rudolf Otto—in Beziehung auf die Kritik R. Bultmanns über 'Das Heilige' (1. Aufl.)"，竹中信常博士頌寿記念論文集『宗教文化の諸相』山喜房佛書林，1984年
『福音書』塚本虎二訳，岩波書店，1963年
Funk, F. X./K. Bihlmeyer, *Die Apostolischen Väter* (Tübingen: 1924, 1970[3])
Gadamer, H.-G., *Wahrheit und Methode* (Tübingen: 1960)
Gill, Sam D., "Nonliterate Traditions and Holy Books: Toward a New Model," F. M. Denny/R. L. Taylor (eds.), *The Holy Book in Comparative Perspective* (Columbia: 1985)

Ginzburg, C., *Miti Emblemi Spie: Morfologia e storia* (Torino: 1986), 竹山博英訳『神話・寓意・徴候』せりか書房，1988 年

Gold, D., "Organized Hinduisms: From Vedic Truth to Hindu Nation", M. E. Marty/ R. S. Appleby (eds.), *Fundamentalisms Observed* (Chicago: 1991)

Goldammer, K., *Die Formenwelt des Religiösen: Grundriss der systematischen Religionswissenschaft* (Stuttgart: 1960)

Goppelt, L., *Die apostolische und nachapostolische Zeit* (Die Kirche in ihrer Geschichte) (Göttingen: 1962, 1966²)

Graham, W. A., Art. "Scripture" in M. Eliade (ed. in chief), *The Encyclopedia of Religion*, Vol. 13 (New York: 1987)

——— *Beyond the Written Word: Oral Aspects of Scripture in the History of Religion* (Cambridge: 1987)

Griffiths, P. J., *Religious Reading: The Place of Reading in the Practice of Religion* (New York: 1999)

Grundmann, W., *Das Evangelium nach Lukas* (Theologischer Handkommentar zum NT) (Berlin: 1961², 1971⁶)

Haenchen, E., *Die Apostelgeschichte* (Kritischexegetischer Kommentar über das NT) (Göttingen: 1956¹⁰, 1965¹⁴)

Halbertal, M., *People of the Book: Canon, Meaning, and Authority* (Cambridge: 1997)

Hanson, A. T., *The Pastoral Letters* (The Cambridge Bible Commentary) (Cambridge: 1966)

——— *Studies in the Pastoral Epistles* (London: 1968)

——— *The Pastoral Epistles* (The New Century Bible Commentary) (London: 1982)

Harnisch, W., *Die Gleichniserzählungen Jesu: Eine hermeneutische Einführung* (Göttingen: 1985), 廣石望訳『イエスのたとえ物語――隠喩的たとえ解釈の試み』日本基督教団出版局，1993 年

Hasler, V., *Die Briefe an Timotheus und Titus* (*Pastoralbriefe*) (Zürcher Bibelkommentare) (Zürich: 1978)

Hauck, F., Art. "*παραβολή*, Profangriechisch", *ThW*, V

Hauschildt, E., *Rudolf Bultmanns Predigten: Existentiale Interpretation und Lutherisches Erbe* (Marburg: 1989)

Heidegger, M., *Phänomenologie und Theologie* (Frankfurt am Main: 1970)

——— *Gesamtausgabe*, I Abteilung, Band 9 (Frankfurt am Main: 1976), 辻村公一／ハルトムート・ブッナー訳『道標』(ハイデッガー全集 9)創文社，1985 年

——— "Phänomenologie und Theologie", *Gesamtausgabe*, I Abteilung, Band 9

Heiler, F., *Erscheinungsformen und Wesen der Religion* (Stuttgart: 1961)
Holtz, G., *Die Pastoralbriefe* (Theologischer Handkommentar zum Neuen Testament 13) (Berlin: 1966, 1980[3])
Hübner, H., *Politische Theologie und existentiale Interpretation: Zur Auseinandersetzung D. Sölles mit R. Bultmann* (Witten: 1973)
Husserl, E., *Die Krisis der europäischen Wissenschaften und die transzendentale Phänomenologie* (Beograd: 1936), *Husserliana*, Bd. VI, 1954, 細谷恒夫訳『ヨーロッパの学問の危機と先験的現象学』『世界の名著』62，中央公論社，1980 年
市川裕・鎌田繁編『聖典と人間』大明堂，1998 年
池田英三「ホメーロスの比喩――その問題点を尋ねて」北海道大学『文学部紀要』19-2，1971 年
井上順孝・大塚和夫編『ファンダメンタリズムとは何か――世俗主義への挑戦』新曜社，1994 年
Iser, W., *Der Akt des Lesens: Theorie ästhetischer Wirkung* (München: 1976), 轡田収訳『行為としての読書――美的作用の理論』岩波書店，1982 年
石黒毅「社会学と現象学」『講座・現象学』4(現象学と人間諸科学)，弘文堂，1980 年
Isocrates, *ad Nicoclem*, 10
磯前順一「宗教概念および宗教学の成立をめぐる研究概況」『現代思想』8(感情労働)，2000 年
岩本裕『仏教説話』筑摩書房，1964 年
岩下壮一『カトリックの信仰』(ソフィア書院，1949 年)，講談社，1994 年
井筒俊彦『コーランを読む』岩波書店，1983 年
Jaspers, K./R. Bultmann, *Die Frage der Entmythologisierung* (München: 1954), 西田康三訳『聖書の非神話化批判――ヤスパース・ブルトマン論争』(ヤスパース選集 7)理想社，1962 年
Jaspert, B., *Sackgassen im Streit mit Rudolf Bultmann: Hermeneutische Probleme der Bultmannrezeption in Theologie und Kirche* (St. Ottilien: 1985)
――― (herausg.), *Bibel und Mythos: Fünfzig Jahre nach Rudolf Bultmanns Entmythologisierungsprogramm* (Göttingen: 1991)
Jauss, H. R., *Literaturgeschichte als Provokation* (Frankfurt am Main: 1970), 轡田収訳『挑発としての文学史』岩波書店，1976 年
Jeremias, J., *Die Briefe an Timotheus und Titus* (Das Neue Testament Deutsch) (Göttingen: 1935, 1970[10]), 泉治典・大友陽子・高橋三郎訳『テモテへの手紙・テトスへの手紙』(ＮＴＤ新約聖書註解 9)ＮＴＤ新約聖書註解刊行会，1975 年
――― *Die Briefe an Timotheus* (Das Neue Testament Deutsch) (Göttingen: 1936, 1975[9])

——— *Die Gleichnisse Jesu* (Göttingen: 1947, 1962[6]), 善野碩之助訳『イエスの譬え』新教出版社, 1969 年
——— “Zur Datierung der Pastoralbriefe”, *ZNW* 52, 1961
Jewett, R., *Dating Paul's Life* (London: 1979)
Johnson, R. A., *The Origins of Demythologizing: Philosophy and Historiography in the Theology of Rudolf Bultmann* (Leiden: 1974)
Jülicher, A., *Die Gleichnisreden Jesu* (I 1885, 1899[2] [=Tübingen: 1910]; II 1899 [=Tübingen: 1910]) I–II (Darmstadt: 1963)
Jung, C. G., *Memories, Dreams, Reflections*, recorded and edited by A. Jaffé (New York: 1961), 河合隼雄・藤縄昭・出井淑子訳『ユング自伝——思い出・夢・思想』2, みすず書房, 1973 年
門脇清・大柴恒『門脇文庫・日本語聖書翻訳史』新教出版社, 1983 年
Käsemann, E. (herausg.), *Das Neue Testament als Kanon: Dokumentation und kritische Analyse zur gegenwärtigen Diskussion* (Göttingen: 1970)
——— (herausg.), *An die Römer* (Handbuch zum Neuen Testament) (Tübingen: 1973, 1980[4]), 岩本修一訳『ローマ人への手紙』日本基督教団出版局, 1980 年
加藤精司『フッサール』清水書院, 1983 年
Katz, S. T. (ed.), *Mysticism and Language* (New York: 1992)
——— *Mysticism and Sacred Scripture* (New York: 2000)
川端純四郎「ブルトマンにおける実存的宗教論の問題」日本基督教学会『日本の神学』5, 教文館, 1966 年
川島重成「イーリアスにおける神々と比喩」国際基督教大学・キリスト教と文化研究所編『キリスト教と文化』1, 1964 年
———「『イーリアス』の比喩をめぐって」日本西洋古典学会編『西洋古典学研究』13, 岩波書店, 1965 年
茅野良男『初期ハイデガーの哲学形成』東京大学出版会, 1972 年
———『ハイデガーにおける世界・時間・真理』朝日出版社, 1981 年
———『ハイデッガー』(人類の知的遺産 75) 講談社, 1984 年
Kee, H. C., *Christian Origins in Sociological Perspective: Methods and Resources* (Philadelphia: 1980), 土屋博訳『初期キリスト教の社会学』ヨルダン社, 1988 年
——— *Miracle in the Early Christian World: A Study in Sociohistorical Method* (New Haven: 1983)
Kegley, C. W. (ed.), *The Theology of Rudolf Bultmann* (New York: 1966)
Kelly, J. N. D., *A Commentary on the Pastoral Epistles* (Black's New Testament Commentaries) (London: 1963, 1976)
Kepel, G., *La Revanche de Dieu* (Paris: 1991), 中島ひかる訳『宗教の復讐』晶文社,

1992年
Kermode, F., *The Genesis of Secrecy: On the Interpretation of Narrative* (Cambridge: 1979), 山形和美訳『秘義の発生——物語の解釈をめぐって』ヨルダン社，1982年
Kingsbury, J. D., *Matthew: Structure, Christology, Kingdom* (Philadelphia: 1975)
『キリスト教年鑑』1995年版，キリスト新聞社，1994年
岸本英夫『宗教学』大明堂，1961年
Klein, G., "Lukas 1, 1-4 als theologisches Programm", *Zeit und Geschichte: Dankesgabe an R. Bultmann zum 80. Geburtstag* (Tübingen: 1964)
Knight III, G. W., *The Faithful Sayings in the Pastoral Letters* (Michigan: 1968, Rep. 1979)
国学院大学日本文化研究所編『グローバル化と民族文化』新書館，1997年
Konrad, J., "Zu Form und Gehalt der Marburger Predigten Rudolf Bultmanns", *Theologische Literaturzeitung* 82, 1957
Kort, W. A., *"Take, Read": Scripture, Textuality, and Cultural Practice* (Pennsylvania: 1996)
Köster, H., *Einführung in das Neue Testament, im Rahmen der Religionsgeschichte und Kulturgeschichte der hellenistischen und römischen Zeit* (Berlin: 1980)
熊澤義宣『ブルトマン』(人と思想シリーズ)日本基督教団出版局，1962年，増補改訂版，1987年
Kumazawa Yoshinobu/David L. Swain (compiled and ed.), *Christianity in Japan, 1971-90* (Successor to *The Japan Christian Yearbook*), (Tokyo: 1991)
Kümmel, W. G., *Die Theologie des Neuen Testaments: nach seinen Hauptzeugen: Jesus・Paulus・Johannes* (Göttingen: 1969), 山内真訳『新約聖書神学——イエス・パウロ・ヨハネ』日本基督教団出版局，1981年
Lake, K., *Apostolic Fathers* (Loeb Classical Library), I (London: 1912, 1965)
Lanczkowski, G., *Einführung in die Religionswissenschaft* (Darmstadt: 1980), 三小田敏雄他訳『宗教学入門』東海大学出版会，1983年
Lattke, M., *Register zu Rudolf Bultmanns Glauben und Verstehen Band I-IV* (Tübingen: 1984)
Levering, M. (ed.), *Rethinking Scripture: Essays from a Comparative Perspective* (New York: 1989)
Linnemann, E., *Gleichnisse Jesu* (Göttingen: 1961, 1966[4])
Lock, W., *The Pastoral Epistles* (The International Critical Commentary)(Edinburgh: 1924, 1952[3])
Löwith, K., *Heidegger: Denker in dürftiger Zeit* (Göttingen: 1961), 杉田泰一・岡崎英輔訳『ハイデッガー——乏しき時代の思索者』未来社，1968年

Lüdemann, G., *The Unholy in Holy Scripture: The Dark Side of the Bible* (transl. by J. Bowden) (Louisville: 1997)

MacDonald, M. Y., *The Pauline Churches: A Socio-historical Study of Institutionalization in the Pauline and Deutero-Pauline Writings* (Cambridge: 1988)

Mack, B. L., *Rhetoric and the New Testament* (Minneapolis: 1990)

——— *The Lost Gospel: The Book of Q & Christian Origins* (San Francisco: 1993), 秦剛平訳『失われた福音書——Q資料と新しいイエス像』青土社，1994 年

Mack, B. L./V. K. Robbins, *Patterns of Persuasion in the Gospels* (California: 1989)

Macquarrie, J. "Philosophy and Theology in Bultmann's Thought", C. W. Kegley (ed.), *The Theology of Rudolf Bultmann* (New York: 1966)

Madam, T. N., "The Double-edged Sword: Fundamentalism and the Sikh Religions Tradition", M. E. Marty/R. S. Appleby (eds.), *Fundamentalisms Observed* (Chicago: 1991)

前田恵学『原始仏教聖典の成立史研究』山喜房仏書林，1964 年

Marshall, I. H., *Luke: Historian and Theologian* (Devon: 1970)

Martin, G. M., *Vom Unglauben zum Glauben: Zur Theologie der Entscheidung bei Rudolf Bultmann* (Zürich: 1976)

Marty, M. E./R. S. Appleby (eds.), *Fundamentalisms Observed* (Chicago: 1991)

——— "Conclusion: An Interim Report on a Hypothetical Family", M. E. Marty/R. S. Appleby (eds.), *Fundamentalisms Observed* (Chicago: 1991)

——— (eds.), *Fundamentalisms and Society* (Chicago: 1993)

——— (eds.), *Fundamentalisms and the State* (Chicago: 1993)

——— (eds.), *Accounting for Fundamentalisms* (Chicago: 1994)

——— (eds.), *Fundamentalisms Comprehended* (Chicago: 1995)

Marxsen, W., "Redaktionsgeschichtliche Erklärung der sogenannten Parabeltheorie des Markus", *ZThK*, 52, 1955

——— *Einleitung in das Neue Testament: Eine Einführung in ihre Probleme* (Gütersloh: 1963, 1964[3])

Max Müller, F., *Deutsche Liebe: Aus den Papieren eines Fremdlings* (Leipzig: 1857), 相良守峯訳『愛は永遠に』角川書店，1951 年

——— *Chips from a German Workshop*, Vol. 1: Essays on the Science of Religion (London: 1867)

——— *Introduction to the Science of Religion* (London: 1873), 比屋根安定訳『宗教学概論』誠信書房，1960 年；塚田貫康訳『宗教学入門』晃洋書房，1990 年

——— (transl.), *Emmanuel Kant's Critique of Pure Reason*, Incommemoration of the centenary of its first publication, with an introduction by L. Noire (London:

1881)
——— *Lectures on the Origin and Growth of Religion: As illustrated by the Religions of India: Hibbert Lectures 1878* (London: 1882, Rep. New York: 1976)
——— *Natural Religion: Gifford Lectures 1888* (London: 1889, Rep. New York: 1975)
——— *Physical Religion: Gifford Lectures 1890* (London: 1891, Rep. New York: 1975)
——— *Anthropological Religion: Gifford Lectures 1891* (London: 1892, Rep. New York: 1975)
——— *Theosophy or Psychological Religion: Gifford Lectures 1892* (London: 1893)
——— (ed.), *The Sacred Books of the East*, transl. by various oriental scholars, 50 vols. (Oxford: 1900, Rep. Delhi: 1981)
McCutcheon, R. T., "The Category 'Religion' in Recent Publication: A Critical Survey", *Numen* 42 (Leiden: 1995), 磯前順一／R・カリチマン訳「『宗教』カテゴリーをめぐる近年の議論」『現代思想』8(感情労働), 2000 年
Mcknight, E. V., *What is Form Criticism?* (Philadelphia: 1969), 加山久夫訳『様式史とは何か』ヨルダン社, 1982 年
McLuhan, M., *The Gutenberg Galaxy: The Making of Typographic Man* (Toronto: 1962), 森常治訳『グーテンベルクの銀河系——活字人間の形成』みすず書房, 1986 年
Meade, D. G., *Pseudonymity and Canon: An Investigation into the Relationship of Authorship and Authority in Jewish and Earliest Christian Tradition* (Tübingen: 1986)
Meeks, W. A. (herausg.), *Zur Soziologie des Urchristentums* (München: 1979)
——— *The First Urban Christians: The Social World of the Apostle Paul* (New Haven: 1983), 加山久夫監訳『古代都市のキリスト教』ヨルダン社, 1989 年
Menoud, Ph. H., "Remarques sur les textes de l'ascension dans Luc-Actes", *Neutestamentliche Studien für R. Bultmann* (Berlin: 1954)
——— " 'Pendant quarante jours' (Actes i. 3)", *Neotestamentica et Patristica: Freundesgabe O. Cullmann* (Leiden: 1962)
Mensching, G., *Die Religion: Erscheinungsformen, Strukturtypen und Lebensgesetze* (Stuttgart: 1959), 下宮守之・田中元訳『宗教とは何か——現象形式・構造類型・生の法則』法政大学出版局, 1983 年
Metzger, W., *Die letzte Reise des Apostels Paulus: Beobachtungen und Erwägungen zu seinem Itinerar nach den Pastoralbriefen* (Stuttgart: 1976)
Michaelis, W., "Pastoralbriefe und Wortstatistik", *ZNW* 28, 1929
Miles, J. R., "Radical Editing: Redaktionsgeschichte and the Aesthetic of Willed

Confusion", R. E. Friedman (ed.), *The Creation of Sacred Literature: Composition and Redaction of the Biblical Text* (Berkeley: 1981)

Miller, J. W., *The Origins of the Bible* (New York: 1994)

宮地哉恵子 "Nineteenth-Century Japanese Translations of the New Testament", *The Japan Christian Review*, 61, 1995

Mörchen, H., "Zur Offenhaltung der Kommunikation zwischen der Theologie Rudolf Bultmanns und dem Denken Martin Heideggers", B. Jaspert (herausg.), *Rudolf Bultmanns Werk und Wirkung* (Darmstadt: 1984)

Moule, C. F. D., *The Birth of the New Testament* (London: 1966), 大竹庸悦訳『新約聖書の誕生』日本基督教団出版局, 1978 年

無教会史研究会編著『無教会史 I（第一期・生成の時代）』新教出版社, 1991 年

———『無教会史 II（第二期・継承の時代）』新教出版社, 1993 年

———『無教会史 III（第三期・結集の時代）』新教出版社, 1995 年

Müller, K., "Aus der akademischen Arbeit („Selbstdarstellung")", *Aus der akademischen Arbeit: Vorträge und Aufsätze* (Tübingen: 1930)

——— "Gefahr und Gegen der Theologie für die Religiosität" (Evangelisches Kirchenblatt für Schlesien 1902, Nr. 9f.), *Aus der akademischen Arbeit: Vorträge und Aufsätze* (Tübingen: 1930)

——— "Wissenschaft und Erbauung" (Studentenbibelstunde 16. Februar 1922), *Aus der akademischen Arbeit: Vorträge und Aufsätze* (Tübingen: 1930)

中沢洽樹『日本の聖書学』山本書店, 1968 年

Nash, M., "Islamic Resurgence in Malaysia and Indonesia", M. E. Marty/R. S. Appleby (eds.), *Fundamentalisms Observed* (Chicago: 1991)

NHK 世論調査部（のちに NHK 放送文化研究所）編『現代日本人の意識構造〔第 3 版〕』日本放送出版協会, 1991 年

日本基督教団出版局編『聖書学方法論』日本基督教団出版局, 1979 年

『日本聖書協会 100 年史』日本聖書協会, 1975 年

二宮宏之「思想の言葉」『思想』812, 岩波書店, 1992 年 2 月

西谷修・鵜飼哲・港千尋『原理主義とは何か』河出書房新社, 1996 年

野本真也「旧約学における文芸学的方法の位置」同志社大学『基督教研究』42-1, 1978 年

Ogden, S. M. (ed.), *Existence and Faith: Shorter Writings of Rudolf Bultmann* (New York: 1960)

小口偉一・堀一郎監修『宗教学辞典』東京大学出版会, 1973 年

岡崎義恵『文芸学概論』勁草書房, 1951 年

Ong, W. J., *Orality and Literacy: The Technologizing of the Word* (London: 1982),

桜井直文他訳『声の文化と文字の文化』藤原書店，1991 年
大林太良『神話学入門』中央公論社，1966 年
大貫隆 "Zur literatursoziologischen Analyse des Johannesevangeliums: Auf dem Wege zur Methodenintegration", *Annual of the Japanese Biblical Institute*, Vol. VIII, 1982
——『福音書研究と文学社会学』岩波書店，1991 年
折口信夫「国文学の発生(第 4 稿)——唱導的方面を中心として」『折口信夫全集』第 1 巻，中央公論社，1965 年
——「日本文学の発生　序説」『折口信夫全集』第 7 巻，中央公論社，1966 年
Ott, H., *Geschichte und Heilsgeschichte in der Theologie Rudolf Bultmanns* (Tübingen: 1955)
—— *Denken und Sein: Der Weg Martin Heideggers und der Weg der Theologie* (Zürich: 1959), 川原栄峰・小川圭治訳『思考と存在——マルティン・ハイデガーの道と神学の道』(現代キリスト教思想叢書 14) 白水社，1975 年
—— "Kerygma——Dogmatisch," *RGG*^{3}
Otto, R., *Das Heilige* (Breslau: 1917, München: 1979$^{41-44}$), 山谷省吾訳『聖なるもの』岩波書店，1968 年
—— *Reich Gottes und Menschensohn: Ein religionsgeschichtlicher Versuch* (München: 1934, 1954^3)
小澤三郎『幕末明治耶蘇教史研究』日本基督教団出版局，1973 年
Perelman, C./L. Olbrechts-Tyteca, *The New Rhetoric: A Treatise on Argumentation*, transl. by J. Wilkinson/P. Weaver (Notre Dame: 1969)
Perrin, N., *Jesus and the Language of the Kingdom: Symbol and Metaphor in New Testament Interpretation* (Philadelphia: 1976)
Pöggeler, O., *Der Denkweg Martin Heideggers* (Pfullingen: 1963), 大橋良介・溝口宏平訳『ハイデッガーの根本問題——ハイデッガーの思惟の道』晃洋書房，1980 年
Robertson, R., *The Sociological Interpretation of Religion* (Oxford: 1970), 田丸徳善監訳『宗教の社会学——文化と組織としての宗教理解』川島書店，1983 年
—— "Globalization, Politics, and Religion", J. A. Beckford/Th. Luckmann (eds.), *The Changing Face of Religion* (London: 1989)
—— *Globalization: Social Theory and Global Culture* (London: 1992), 阿部美哉訳『グローバリゼーション——地域文化の社会理論』東京大学出版会，1997 年
Sachedina, A. A., "Activist Shi'ism in Iran, Iraq, and Lebanon", M. E. Marty/R. S. Appleby (eds.), *Fundamentalisms Observed* (Chicago: 1991)
佐々木健一編『創造のレトリック』勁草書房，1986 年
佐竹明『ピリピ人への手紙』(現代新約注解全書) 新教出版社，1969 年

――「共観福音書のたとえにおける二種の人間群」同『新約聖書の諸問題』新教出版社，1977 年

Schelkle, K. H., *Die Petrusbriefe, Der Judasbrief* (Herders theologischer Kommentar zum Neuen Testament) (Freiburg: 1961, 1976[4])

Schmithals, W., "Pastoralbriefe", *RGG*[3], V (Tübingen: 1961)

Schnider, F., *Die verlorenen Söhne: Strukturanalytische und historisch-kritische Untersuchungen zu LK 15* (Freiburg: 1977)

Schulz, S., *Q: Die Spruchquelle der Evangelisten* (Zürich: 1972)

―― *Die Mitte der Schrift: Der Frühkatholizismus im Neuen Testament als Herausforderung an den Protestantismus* (Stuttgart: 1976)

Schürmann, H., *Traditionsgeschichtliche Untersuchungen zu den synoptischen Evangelien* (Düsseldorf: 1968)

―― *Das Lukasevangelium* (Herders theologischer Kommentar zum Neuen Testament, Band III), Erster Teil (Kommentar zu Kap. 1, 1–9, 50) (Freiburg: 1969)

Schütte, H.-W., "Karl Barth an Eduard Thurneysen vom 3. Juni 1919", *Religion und Christentum in der Theologie Rudolf Ottos* (Berlin: 1969)

―― *Religion und Christentum in der Theologie Rudolf Otto* (Berlin: 1969)

―― "Rudolf Bultmann an Rudolf Otto vom 6. IV. 1918", *Religion und Christentum in der Theologie Rudolf Ottos* (Berlin: 1969)

Schutz, A., *On Phenomenology and Social Relations*, ed. by H. R. Wagner, (Chicago: 1970), 森川真規雄・浜日出夫訳『現象学的社会学』紀伊国屋書店，1980 年

―― *The Structures of Life-World*, transl. by R. M. Zaner/H. T. Engelhardt Jr. (Northwestern: 1973)

―― *Strukturen der Lebenswelt* (Frankfurt am Main: 1975)

Schweizer, E., *Gemeinde und Gemeindeordnung im Neuen Testament* (Zürich: 1959), 佐竹明訳『新約聖書における教会像』新教出版社，1968 年

―― "Zur Frage des Messiasgeheimnis bei Markus", *SNW*, 56, 1965

―― *Das Evangelium nach Matthäus* (Das Neue Testament Deutsch) (Göttingen: 1973), 佐竹明訳『マタイによる福音書』NTD 新約聖書註解刊行会，1978 年

―― *Jesus, das Gleichnis Gottes: Was wissen wir wirklich vom Lebeu Jesu?* (Göttingen: 1995), 山内一郎監修・辻学訳『イエス・神の譬え』教文館，1997 年

Scroggs, R., "The Sociological Interpretation of the New Testament: The Present State of Research", *New Testament Studies*, 26, 1980

Sellin, G., "Gleichnisstrukturen", *Linguistica Biblica*, 1974

―― "Lukas als Gleichniserzähler: die Erzählung vom barmherzigen Samariter (LK 10_{25-37})", *ZNW*, 65, 1974, *ZNW*, 66, 1975

Shott, H. A., *Isagoge historico-critica in libros Novi Foederis sacros* (Ienae: 1830)
Silver, D. J., *The Story of Scripture: From Oral Tradition to the Written Word* (New York: 1990)
島薗進「新宗教の宗教意識と聖典――『おふでさき』の文体について」池田英俊・大濱徹也・圭室文雄編『日本人の宗教の歩み』大学教育社，1981 年
『新聖書大辞典』キリスト新聞社，1971 年
『新約聖書略解』日本基督教団出版局，2000 年
『使徒教父文書』(《聖書の世界》別巻四・新約 II）小河陽訳，講談社，1974 年
Smart, N./R. D. Hecht (eds.), *Sacred Texts of the World: A Universal Anthology* (Bath: 1982)
Smith, W. C., *The Meaning and End of Religion* (Minneapolis: 1962)
——— *What is Scripture?: A Comparative Approach* (Minneapolis: 1993)
Spicq, C., *Les Epitres pastorales* (Etudes Bibliques) (Paris: 1947, 1969^4)
Staiger, E., "Die Kunst der Interpretation", in *Die Kunst der Interpretation: Studien zur deutschen Literaturgeschichte* (Zürich: 1955), 新田博衛訳「文芸解釈の方法」世界の名著 81『近代の芸術論』中央公論社，1979 年
Stegemann, W., *Der Denkweg Rudolf Bultmanns: Derstellung der Entwicklung und der Grundlagen seiner Theologie* (Stuttgart: 1978)
Stenger, W., "Timotheus und Titus als literarische Gestalten", *Kairos* 16, 1974
Strobel, A., "Schreiben des Lukas? Zum sprachlichen Problem der Pastoralbriefe", *NTS* 15, 1968-1969
Stuhlmacher, P., *Vom Verstehen des Neuen Testaments: Eine Hermeneutik* (Göttingen: 1979), 斎藤忠資訳『新約聖書解釈学』日本基督教団出版局，1984 年
鈴木範久『「代表的日本人」を読む』大明堂，1988 年
――― 監修『聖書と日本人』大明堂，2000 年
鈴木修次『文学としての論語』東京書籍，1979 年
Swearer, D. K., "Fundamentalistic Movements in Theravara Buddhism", M. E. Marty/R. S. Appleby (eds.), *Fundamentalisms Observed* (Chicago: 1991)
田川建三『マルコ福音書』上巻，新教出版社，1972 年
―――『書物としての新約聖書』勁草書房，1997 年
竹内敏雄『文芸学序説』岩波書店，1925 年
田丸徳善「R・オットーと宗教学」竹中信常博士頌寿記念論文集『宗教文化の諸相』山喜房佛書林，1984 年
Theißen, G., *Urchristliche Wundergeschichten* (Göttingen: 1974)
——— *Soziologie der Jesusbewegung* (München: 1977), 荒井献・渡辺康麿訳『イエス運動の社会学――原始キリスト教成立史によせて』ヨルダン社，1981 年

——— *Studien zur Soziologie des Urchristentums* (Tübingen: 1979)
Theologische Rundschau, N. F. 41 Jg., 1976
Thiering, B., *Jesus the Man: A New Interpretation from the Dead Sea Scrolls* (New York: 1992), 高尾利数訳『イエスのミステリー——死海文書で謎を解く』NHK出版，1993年
Thiselton, A. C., *The Two Horizons: New Testament Hermeneutics and Philosophical Description with Special Reference to Heidegger, Bultmann, Gadamer, and Wittgenstein* (Exeter: 1980)
Thomlinson, J., *Cultual Imperialism: A Critical Introduction* (London: 1991), 片岡信訳『文化帝国主義』青土社，1997年
——— *Globalization and Culture* (Cambridge: 1999), 片岡信訳『グローバリゼーション——文化帝国主義を超えて』青土社，2000年
Tödt, H. E., *Rudolf Bultmanns Ethik der Existenztheologie* (Gütersloh: 1978)
Tompkins, J. P. (ed.), *Reader-Response Criticism: From Formalism to Post-Structuralism* (Baltimore: 1980)
Torm, F., "Über die Sprache in den Pastoralbriefen", *ZNW* 18, 1917/18
Trocmé, E., *Le 'Livre de Actes' et l'Histoire* (Paris: 1957), 田川建三訳『使徒行伝と歴史』新教出版社，1969年
Trummer, P., *Die Paulustradition der Pastoralbriefe* (Frankfurt am Main: 1978)
——— "Corpus Paulinum—Corpus Pastorale: Zur Ortung der Paulustradition in den Pastoralbriefen", K. Kertelge (herausg.), *Paulus in den neutestamentlichen Spätschriften: Zur Paulusrezeption im Neuen Testament* (Freiburg: 1981)
辻村公一「ブルトマンとハイデッガー——信仰と思惟」京都哲学会『哲学研究』42-493，1964年
———『ハイデッガー論攷』創文社，1971年
塚本虎二『福音書異同一覧——前三福音書共観』新地書房，1951年
———『私の無教会主義』伊藤節書房，1962年
土屋博「マルコの譬論」北海道大学『文学部紀要』16-2，1966年
———「編集史における多様性と統一性」日本基督教学会『日本の神学』10，1971年
———「共観福音書研究における編集史的方法」〈旧・新約合同学会シンポジウム発題要旨〉日本新約学会『新約学研究』創刊号，1973年
———「イエス生誕物語における歴史と虚構——福音書記者ルカの思想に関する一考察」北海道大学『文学部紀要』23，1975年
——— "The History and the Fiction in the Birth Stories of Jesus——An Observation on the Thought of Luke the Evangelist", *Annual of the Japanese Biblical Institute*, I, 1975

———「福音書研究の方法に関する一考察」日本オリエント学会『オリエント』20-1，1977年
———「初期キリスト教における『教会』」『聖書と教会』日本基督教団出版局，1977年2月号
———「最近の譬研究の動向とその思想史的背景」日本新約学会『新約学研究』7，1979年
———「『牧会書簡』の表現形態」北海道大学『文学部紀要』31-1，1982年
———「教典論の新しい可能性」日本宗教学会『宗教研究』258，1983年
———「パウロにおける都市と人間」『聖書と教会』日本基督教団出版局，1989年9月号
———『牧会書簡』日本基督教団出版局，1990年
———『聖書のなかのマリア——伝承の根底と現代』教文館，1992年
内村鑑三『基督信徒の慰』(1893年)，『内村鑑三全集』2，岩波書店，1980年
——— *Japan and Japanese* (1894年)，『内村鑑三全集』3，岩波書店，1982年
——— *How I Became a Christian: Out of My Diary* (1895年)，『内村鑑三全集』3，岩波書店，1982年
———『宗教座談』(1900年)，『内村鑑三全集』8，岩波書店，1980年
———「無教会論」(1901年)，『内村鑑三全集』9，岩波書店，1981年
———「『無教会』雑誌」(1901年)，『内村鑑三全集』9，岩波書店，1981年
———「聖書は如何なる意味に於て神の言辞なる耶」(1902年)，『内村鑑三全集』10，岩波書店，1981年
———「余の旧き聖書より」(1906年)，『内村鑑三全集』14，岩波書店，1981年
———「余の北海の乳母　札幌農学校」(1907年)，『内村鑑三全集』15，岩波書店，1981年
———「無教会主義を棄てず」(1912年)，『内村鑑三全集』19，岩波書店，1982年
———「WHAT IS CHRISTIANITY? 基督教とは何である乎」(1914年)，『内村鑑三全集』21，岩波書店，1982年
———『聖書全部神言論』(1918年)，『内村鑑三全集』24，岩波書店，1982年
———「〔私は無教会主義を……〕」(1930年)，『内村鑑三全集』32，岩波書店，1983年
——— "There are Three Witnesses to the Truth"『内村鑑三全集』40，岩波書店，1984年
van der Veer, P. (ed.), *Convertion to Modernities: The Globalization of Christianity* (New York: 1996)
Verner, D. C., *The Household of God: The Social World of the Pastoral Epistles* (California: 1983)
"Veröffentlichungen von Rudolf Bultmann", R. Bultmann, *EXEGETICA: Aufsätze*

zur Erforschung des Neuen Testaments, ausgewählt, eingeleitet und herausgegeben von E. Dinkler (Tübingen: 1967)

Via, Jr., D. O., *The Parables: Their Literary and Existential Dimension* (Philadelphia: 1967)

Vielhauer, Ph., *Geschichte der urchristlichen Literatur: Einleitung in das Neue Testament, die Apokryphen und die Apostolischen Väter* (Berlin: 1975)

Vietta, E., *Die Seinsfrage bei Martin Heidegger* (Stuttgart: 1950), 川原栄峰訳『ハイデッガーの存在論』理想社, 1964 年

Voll, J. O., "Fundamentalism in the Sunni Arab World: Egypt and the Sudan", M. E. Marty/R. S. Appleby (eds.), *Fundamentalisms Observed* (Chicago: 1991)

von Campenhausen, H. F., "Polykarp von Smyrna und die Pastoralbriefe", Sitzungsberichte der Heidelberger Akademie der Wissenschaften, Philosophisch-historische Klasse, 1951, *Aus der Frühzeit des Christentums: Studien zur Kirchengeschichte des ersten und zweiten Jahrhunderts* (Tübingen: 1963)

von Lips, H., *Glaube-Gemeinde-Amt: Zum Verständnis der Ordination in den Pastoralbriefen* (FRLANT) (Göttingen: 1979)

Wallerstein, I., *The Modern World-System: Capitalist Agriculture and the Origins of the European World-Economy in the Sixteenth Century* (New York: 1974), 川北稔訳『近代世界システム』I，II，岩波書店，1981 年

——— *Historical Capitalism* (London: 1983), 川北稔訳『史的システムとしての資本主義』岩波書店，1985 年

Watson, D. F./A. J. Hauser, *Rhetorical Criticism of the Bible: A Comprehensive Bibliography with Notes on History and Method* (Leiden: 1994)

Weber, M., "Die Wirtschaftsethik der Weltreligionen: Vergleichende religionssoziologische Versuche——Einleitung——", *Gesammelte Aufsätze zur Religionssoziologie*, I (Tübingen: 1920), 大塚久雄・生松敬三訳『宗教社会学論選』みすず書房，1972 年

Weder, H., *Die Gleichnisse Jesu als Metaphern: Traditions-und redaktionsgeschichtliche Analysen und Interpretationen* (Göttingen: 1978)

Wendland, H.-D., *Ethik des Neuen Testaments: Eine Einführung* (Das Neue Testament Deutsch, Ergänzungsreihe, 4) (Göttingen: 1970), 川島貞雄訳『新約聖書の倫理』日本基督教団出版局，1974 年

White, J. L., *The Form and Function of the Body of the Greek Letter: A Study of the Letter-body in the Non-literary Papyri and in Paul the Apostle* (Montana: 1972)

Widengren, G., *Religionsphänomenologie* (Berlin: 1969)

Wikenhauser, A./J. Schmid, *Einleitung in das Neue Testament* (Freiburg: 1953, 1973[6])
Wilder, A. N., *Early Christian Rhetoric: The Language of the Gospel* (New York: 1964)
Wilson, S. G., *Luke and the Pastoral Epistles* (London: 1979)
Windisch, H., "Zur Christologie der Pastoralbriefe", *ZNW* 34, 1935
Wolter, M., *Die Pastoralbriefe als Paulustradition* (Göttingen: 1988)
Wuellner, W., "Hermeneutics and Rhetorics", *Scriptura* (Special Issue) (Stellenhosch: 1989)
——— "Putting Life back into the Lazarus Story and its Reading: The Narrative Rhetoric of John 11" (unpublished), 山内真訳「ヨハネ福音書第 11 章(ラザロの物語)の物語修辞法」東京神学大学神学会『神学』52(信仰と歴史), 教文館, 1990 年
Wünsch, G., Art. "Otto, Rudolf" *RGG*[3], IV
八木誠一『宗教と言語・宗教の言語』日本基督教団出版局, 1995 年
山内昌之編『「イスラム原理主義」とは何か』岩波書店, 1996 年
柳田国男「口承文芸史考」『定本　柳田国男集』第 6 巻, 筑摩書房, 1963 年
吉田敦彦・松村一男『神話学とは何か』有斐閣, 1987 年
Young, F., *The Theology of the Pastoral Letters* (Cambridge: 1994), 土屋博・土屋幸子訳『牧会書簡の神学』新教出版社, 2000 年
『1992 年度・日本聖書協会年報』日本聖書協会, 1993 年